20世紀経済史

ユートピアへの緩慢な歩み

下

目次

［上巻目次］

第9章 ファシズムとナチズム

Fascism and Nazism

ロシアの作家アレクサンドル・ソルジェニーツィンは、こう書いた。

マクベスには自己正当化の根拠が弱かった……イアゴーも哀れな子羊だ。シェークスピアの悪党どもの想像力と精神力は、十人ほどの人を殺すにも足りなかった。彼らにはイデオロギーがなかったからである。

イデオロギー！　それは、邪悪な所業に念願の正当化を、悪党に必要な不退転の決意を与える。それは、自己の行為を自分にも他人にも善と見せかけ、非難や呪いを回避し賞賛と名誉を受けられるようにする社会理論だ……

イデオロギーのせいで、二〇世紀は数百万単位の人々を虐殺する邪悪な所業を経験することになった。この事実を否定、無視、あるいは隠蔽することはできない。[1]

彼の挙げた例に異端審問がある。異端審問は「キリスト教を強化する」ためとして正当化された。征服者は「本国の偉大さ」を浸透させるためとして同じことをした。さらに「植民化は文明によって、ナチスは民族によって」正当化された。フランス革命で最も過激だったジャコバン派は「平等、友愛、将来世代の幸福」によって正当化された。ユートピアのような未来を思い描き、それにもうすぐ手が届くと考えること、たとえ非情で冷酷で残忍な行動であってもそれをすればユートピアが近づき、空想が現実になり、地上にユートピアが出現すると信じ込むこと、それがイデオロギーの呪いである。

経済の歴史もイデオロギーと無縁ではない。その大きな原因は、経済史家がイデオロギーの影響を免れないことにある。数字や指標は都合のいい解釈の裏付けに使うこともできるが、ソルジェニーツィンが指摘するとおり、それにも限界がある。一〇〇〇万人単位の意図的な殺人を否定、無視、あるいは隠蔽することは不可能だ。長い二〇世紀の半ばあたりに出現したグロテスクなイデオロギーの数十年間は、目を背けたくなるがしかし直視しなければならない歴史を作り出した。政治的・経済的イデオロギーが際立った数十年であり、この時期を論じるたびに私はショックを受ける。戦間期には三つのイデオロギーが互いに衝突し、経済と社会のしくみを根本的に変えようとした。

三つのうち、二〇世紀を代表するイデオロギーはすでに取り上げた。第一次世界大戦前でさえこのイデオロギーは他を圧倒していた。それはあの「市場は与え、そして奪う。市場の御名に祝福あれ」である。ただし、第一次世界大戦前の秩序を純化し強化するためには大きな修正が必要だった。イデオロギーのポイントは「祝福あれ」という言葉にある。祝福の対象を社会進化論（社会ダーウィン主義）で置き換えたのはきわめて有害だった。アメリカの鉄鋼王にして慈善家のアンドリュー・カーネギーの言葉はそのことを露呈している。「競争の法則のために社会が支払う代償は……大きい」と認めながらも、「それを逃れることはできない……この法則はときに個人にとって厳しいものではあるが、人類にとっては最善のものだ。なぜなら、最も適した者の存続を確実にするからである」[2]。自由放任の市場経済がなせる悪をも善とみなさなければならないというわけだ。

二つ目は前章で取り上げた。レーニンとスターリンによる実際の社会主義である。これもまた、経済の再構築のために費やすべき努力を規定したイデオロギーだった。ただし社会主義の場合は、制度としての市場を排除した。このイデオロギーでは将来のすべての災いの根源は市場にあるからだ。したがって工業化による物質的ゆたかさでもってユートピアを建設することも排除された。どのみち彼らのイデオロギーによれば、ユートピアは実際に、それも遠からず実現することになっている。

レーニンとスターリンのイデオロギーが、他のどのイデオロギーよりも大規模な犠牲者の山を築くことは、もちろん二〇世紀初めの時点ではわかっていなかった。いや第一次世界大戦が終わった時点でもはっきりしなかったし、第二次世界大戦が近づく時期にさえあやふやだった。

そして三つ目がファシズムである。多くの思慮深く鋭敏で情熱的な人々がためらわずにこのイデオロギーに資金を投じた。彼らにはそうする十分な理由があった。ファシズムは、いかにもおぞましく破壊的なイデオロギーに見えたはずである。実際、他のすべての人、たとえば現実主義者、社会主義者、市場信奉者、自由主義者が束になって阻止しようと試みたとしても、おそらくファシズムが恐怖のレースに勝利していただろう。五〇〇〇万人がファシズムによって殺されたと推定されるが、世界制覇を狙うファシストにとってはそれもフルコースの前菜でしかなかった。

ファシズムもまた、本源的には、経済の再構築のために費やすべき努力を規定したイデオロギーだった。ファシズム以前の経済は人々を階級別に組織していた。そのような経済では利権政治が出現し、利益団体間の交渉や対立が顕著になる。これに対してファシズムが唱えるのは国民の団結であり、連帯と共通の目的に基づく政治である。組織された労働組合が富裕な経営者と交渉する市場経済ではこのような連帯は望めない。しかも世界経済はグローバルな資源の再分配を必要とする。重要なのは、勤勉で酷使される貧しいプロレタリアートという階級ではなく、資源も帰属集団も土地も持たないプロレタリアートという国民なのだという。ファシズムの指導者にとって最重要目標の一つは、自国民の利益のためになるように世界経済を誘導することだった。世界のエリートたち、国境を越えて力を振るうあの「根無草のコスモポリタン」

どもの利益になってはならない。

ベニート・ムッソリーニは、ヨーロッパで第二次世界大戦が勃発するまでは世界のファシズムの指導者だった。彼はイタリア社会党の日刊機関紙「アヴァンティ」の編集長として政治の表舞台に躍り出る。そしてスイスのイタリア人労働者を扇動し、ゼネストをするようけしかけて逮捕され、国外追放された。オーストリア＝ハンガリー帝国のイタリア語圏であるアルプス地方で社会主義の扇動家として活動した。イタリアの帝国主義的なリビア征服を非難した。それやこれやで第一次世界大戦前夜までに、ムッソリーニはイタリアで最も名の知れた社会主義系のジャーナリスト兼政治家の一人にのし上がっていたのである[3]。

一九一四年七月二九日、すなわちオーストリア＝ハンガリー帝国がセルビアに宣戦布告した翌日、各国が軍隊の動員に忙殺される中、社会党の指導者たちはブリュッセルに集結した。第二インターナショナルの国際会議のためだった。これより前に開催された一九一二年と一九〇七年の二大会では、参加者は次の点で合意していた。労働者階級に国境はないこと。戦争の脅威に対してはゼネストで抗議すること。労働者は一斉に道具を置き、機械を止め、鉄道運行を停止し、軍事工場を閉鎖する。そうなれば外交官が職務を果たし平和が維持されるだろう。

だがこの日のブリュッセルでは様子がちがった。オーストリア社会民主党指導者のヴィクトル・アドラーは、ウィーンでは労働者が反戦デモをするどころか、戦争に歓喜して街頭に繰り出していると述べた。アドラーの長年の持論は「労働者階級と一緒になってまちがうほうが、労働者階級に反対して正しいよりも好ましい」というものである。[4]かくしてオーストリアの社会主義者は皇帝支持に回ることになった。フランスでは閣僚会議議長のルネ・ヴィヴィアニが社会主義者である。そのヴィヴィアニはフランスの労働者に対し、国を守るために戦おうと呼びかけていた。交戦国の社会主義指導者のうち、戦争反対を表明したのは一握りに過ぎない。ドイツのフーゴー・ハーゼ、ローザ・ルクセンブルク、カール・リープクネヒト、ロシアのウラジーミル・レーニンである。

イタリアの社会主義者はこのジレンマに直面しなくて済んだ。当時の彼らは、自分たちの平和主義の原則と国民のための戦争を謳う政府との二者択一を迫られていなかったからだ。一八八二年にイタリアはドイツおよびオーストリアと三国同盟を結んでいた。ただしそれは防衛目的だったため、イタリア政府は今回ドイツとオーストリアは防衛側ではなく侵略側だとして中立を宣言したという次第である。イタリアの社会主義者たちは政府に喝采を送った。

だがムッソリーニはブリュッセルでの分裂と欧州各国の態度に心底動転していた。第二インターナショナルはナショナリズムに立ち向かうために結成されたにもかかわらず、崩壊したのである。「もはや政党はない、ここにいるのはドイツ人だけだ」とドイツ皇帝ヴィルヘルム二世は高らかに宣言したが、その時点ではたしかに彼は正しかった。この発言の意味は、何らかの刺激があれば国際労働者階級は雲散霧消し、代わって登場するのは国民だ、ということである。国民の間では階級の分離は重要性を失うということだろう。

ムッソリーニが知っていた、そして愛していたイタリアの社会主義者はナショナリズムに転向した。彼らはオーストリアのイタリア語圏を征服したいがために、英仏などの連合国側につきたがった。「カルディ、コリドーニ、ラ・リギエール」とムッソリーニは彼らに呼びかけた。「戦争の擁護者たちよ！　この高揚感の伝染には誰も染まらずにいられまい。だが私は最後まで伝染を防ぐ砦になりたい」[5]。だがそうは言っても、ムッソリーニは大衆運動の先頭に立ちたいタイプだった。彼は、大衆がまちがっているときにそれに逆らうことが義務だと心得ていたジョージ・オーウェルとはちがう。オーウェルは、「鼻先に絶え間ない闘争があるとわかっていても」義務に従うタイプだった[6]。

というわけで開戦からはやくも三カ月目には、ムッソリーニは砦になることを断念する。自分が率いようとするイタリアの労働者がナショナリズムを社会主義より優先するのであれば、自分も従うまでだ。かくして第二インターナショナルの崩壊と労働者たちの戦争への熱狂を目の当たりにしたムッソリーニは転向する。階級は強度のある大規模な運動を続けるだけの体力がなく、弱い圧力でもかんたんに解体されてしまう。対照的に民族国家には十分な強度があった。

ムッソリーニは次第に自分には心理的にマルクス社会主義は合わないと感じるようになる。社会主義からは、戦時中に目にした愛国的な高揚感の発露がまったく得られない。社会主義の指導者たちは、連帯は国民共同体と密接に結びついているのであって、国際的な労働者階級や広くは人類全般と結びついているのではないという事実をいっこうに認識できないように見えた。

社会主義者であることは、ナ、ショ、ナ、リ、ズ、ム、の大衆運動を率いることと相容れないように感じられた。ムッソリーニにとって、成就の可能性があるのはナショナリズムだけだった。そこで彼は新しい新聞「イル・ポポロ・ディタリア」を創刊し、仏英側に立って介入を呼びかける。以前の同志たちは、どうせフランスの諜報部からカネをもらって手先になったのだろうとムッソリーニを非難した（おそらく豹変前にはそうではなかったが、豹変後はまちがいなく手先になっていたと考えられる。彼らの支援はイタリアをフランス側で参戦させようというイタリア人の運動にとって重要だったが、フランスにとってはさほどでなかった）。一九一四年一一月二四日、ムッソリーニはイタリア社会党から除名され、退路を絶たれる。元社会主義者となったムッソリーニは、別のもっと強力な運動の指導者となった。

その運動とは何か。

もともとムッソリーニは「ファシズム」という言葉を仮の名前として使っていた。そもそも彼がやったのは単なる観察である。主に経済に関する国内の抗議活動、たとえば尊厳を勝ち取るとか貧困を脱するためのデモ、ストライキ、投票に労働者階級を動員するのはむずかしい。その一方で、アルト・アディジェ、トレンティーノ、フリウリ、ウディネ、トリエステを奪還あるいは奪取するための血生臭い破壊的な戦争に動員するのはたやすい。血と土に根ざした民族集団としての国民に訴えかければ大衆を行動に駆り立てることができるが、これに対して抽象的な観念、道徳的原理、万人の連帯といったものではそうした効果は期待できない。そこでムッソリーニは、自分の観察した動員方法を教義にまとめあげる。すると大勢が彼に従うようになった[7]。

運動としてのファシズムの核となっているのは、限界の軽視である。とりわけ、理性に基づく論拠によって示される限界を無視し、現状は意思の力で変えられるという信念、意思が究極の論理として働くのだという暴力的な主張を前面に押し出した。実際、彼らにとって重要なのはまさにその主張だった。一方、イデオロギーとしてのファシズムの核は、批判である。準自由主義的な産業資本主義と議会政治には成功のチャンスがあったのに失敗したという批判だ。失敗の形はさまざまだが、どれも互いに関係がある。イデオロギーは失敗の副次的な要因ではあったものの、けっして重要でなかったとは言えない。何らかの主義の指導者に従うことを選ぶ場合、そのイデオロギーに共感しているはずだからだ。以下では、エリート政治家たちが第一次世界大戦後に再構築しようとし、ファシストが批判した偽古典的・準自由主義的秩序の失敗をくわしく吟味したい。なお、以下に挙げる失敗は現実に起きたものだという点に注意されたい。

第一の失敗は、マクロ経済の失敗である。準自由主義的資本主義は、潤沢な雇用機会と高度成長を保証できなかった。

第二は、分配の失敗である。準自由主義的資本主義は、富裕層をより富裕にして残りはみな貧しいままにした。あるいは、教育水準が高い中流下層階級と未熟練の工場労働者階級との所得格差を適正に維持することに失敗した。要するに準自由主義的資本主義は目的を達成できなかった。所得分配のどの部分を重視するかにもよるが、産業資本主義がもたらした所得分配はあまりに不平等(富裕層をより富裕にして残りはみな貧しいまま)か、十分に不平等でない(教育水準の高い中流下層階級が未熟練の工場労働者階級に吸収された)か、どちらかだった。十分に不平等でなかった責任は、明示的あるいは暗示的な民族・人種・宗教の区別に無頓着で、ユダヤ人、ポーランド人、スラブ人あるいはその他少数民族との平等を推し進めすぎ、愛国的な大衆をいっそう刺激したことにある。

第三は、道徳的な失敗である。市場経済はほとんどの場合に人間的な関係性をよそよそしい市場取引に変える。あなたがこれをしてくれるなら、私はお金を払いましょう、という具合だ。だが人々は、お金を役に立つ商品に機械的に換えることに、あるいは逆に自分の労働を機械的にお金に換えることに、居心地の悪さを感じている。競い合った末に賞品を勝ち取ったり、あるいは贈り物をやり取りしたりするほうが、同じものを買うよりもずっと満足度が高い。サクラに金をやって喝采されるより、自力で評価を勝ち取るほうがずっといい。金をもらって大衆に加わるより指導者に従うほうが気分が高揚する。こうした感情面を無視し抑圧しようとし、万事が現金という中枢部を通過しなければならなくなった結果、市場社会では生活の多くの部分から人間性が失われてしまった。

第四は、連帯意識の失敗である。偽古典的・準自由主義的資本主義は、すべての人（ある文化で括られ、ある地理的範囲内で暮らすすべての市民）が連帯意識を持つこと、民族国家の住民が個人的利害よりはるかに強力な共通の利害を持つことに気づかなかった。連帯意識が存在する状況では、経済政策は「労働組合主義」あるいは「協調組合主義」に則って立案すべきである。つまり政府は雇用主と組合の仲立ちをし、両者が正しい関係性を築けるよう必要に応じて厳しい態度に出る必要がある。労働の対価と雇用機会の量は、市場の力に委ねるのではなく政府による調整であるべきだ。これらは社会の健全性にとってあまりに重要なので、市場原理に委ねるわけにはいかない。

第五は、政府の失敗である。準自由主義的資本主義だけでなく、準自由主義的政府も失敗したということだ。議会は無能で愚かである。何の構想も持ち合わせていない日和見主義者の集まりで、特別利益団体に便宜を図ってやるだけの腐りきった利益供与者か、公共の利益ではなく自分たちのごく少数の支持者だけを満足させようとするイデオロギーに凝り固まった連中ばかりだった。だが国が必要とするのは、規範や見てくれに拘泥せず、自分の考えを率直に口にし、何が必要かを訴えられる強い指導者である。

これらの実際に起き指摘もされた失敗の多くが、煮えたぎる不満に直結した。この不満に形と方向性を与えることで、ファシズムの基礎となる最初の三つの方針が決まっていった。

ムッソリーニの方針は、ナショナリズムの発露である。彼はイタリアが「尊敬される」ことを望んだ。そして、イタリア国境を北はアルプス方面に、東はユーゴスラビア方面に動かそうとした。できる限り遠くへ、である。第二の方針は、反・社会主義である。彼は若いならず者集団を雇って街頭に送り込み、社会主義者を見つけ次第叩きのめし、労働者階級の組織化を妨害した。

第三の方針は、協調主義と称するものである。具体的には、市場の無秩序状態をある種の政府主導の計画に置き換えることだ。すくなくとも、賃金水準と所得は政府主導で決める。ファシズムは労働と職業の尊厳を重んじ、労働と労働者を市場の基準のみでは評価しない。

そして人々を立ち上がらせ行動させるためには、言い換えれば彼らの階級の利害を民族国家の利害に従属させるためには、強い指導者が必要だ。それがムッソリーニである。このことは方針というよりは大前提だった。じつは国民は政治家が満たせるような欲求など持ち合わせていない。国民に必要なのは、自分たちの先頭に立って国家の目的を語ってくれる人、何が彼らの利益になるのかを教えてくれる人だった。支配者は国民の声を聞いて従うべきではない。自ら語り、命じることが必要だった。

いったいこれを真の「ファシズム」と呼べるのだろうか。それともこれは、ただの信用詐欺なのではないか。

ムッソリーニのファシズムは、人の信頼に付け込む詐欺だったと言ってよいだろう。通常の政治運動は、利益集団が母体になるものだ。自分たちの幸福がよき社会の一部であると考え、幸福を高められる政策を立て、連帯を通じてそうした政策を推し進めようとする集団である。だがファシズムは、通常の政治運動ではなかった。

権力を掌握するためには、自分が新しいイデオロギーの預言者にならなければならないとムッソリーニは考えた。彼には、これからやる暴政を覆い隠すマントとしての教義が必要だった。また、敵を分裂させ混乱させておく必要もあった。ファシズムは日和見主義であって、さまざまな矛盾を指導原理で取り繕っていたというのが正しい。この観点からすれば、ファシズムはつねに一種の信用詐欺だったのであり、それを操っていたのはペテン師だった。ファシズムの目標とは、地位と富と権力を獲得するために世界で指導的立場に立つことにほかならない。そのためにムッソリーニは指導者を欲しがっている国民を見つける必要があった。次に国民と繊細な心理的駆け引きを行い、彼らがどこに連れて行ってほしがっているかを探り出す。そこで彼は国民を虜にし、まんまと献金をせしめるという段取りだった。

となれば、ムッソリーニがやってきたのは大々的な目眩しであって、世界に、いやすくなくともイタリアに、彼とファシズムは本物だと信じさせることだったと言いたくなる。ムッソリーニがしばらくの間それに成功したことはまちがいない。当初イタリアではファシズムを抑圧しようとする政治家が多数派になったかと思うと、次にはファシズムと共闘しようとする政治家が多数派になるという具合だった。総選挙で一定の支持を勝ち得たムッソリーニは、一九二二年に政府に叛旗を翻し、国家ファシスト党が各地で武装蜂起する。要求はムッソリーニを首相にすることだった。最終的に国王が彼を首班指名し、ついにムッソリーニはイタリアの独裁者となる。彼は周到な殺人、収監、政治的駆け引きを駆使して、英米の連合国軍が一九四三年に押し寄せるまで二〇年にわたってイタリアの国家指導者《ドゥーチェ》であり続けた。

ファシズムが組織化されておらず、自己矛盾を孕み、混乱していて主張が曖昧だったことはたしかだが、大方の政治運動はそうしたものである。そうした運動がいざ政党を結成するとか既存政党と手を組むといったことになった場合、意見の相違を曖昧にし理念の明確化を避けることによって、友好関係や団結を維持しようとする。違いを際立たせれば関係に亀裂が入るからだ。

ファシズムの主張がある意味で本物になったのは、疑いの余地のない別の事実に依拠している。それは、いかにも本物らしい信用詐欺にひっかかる人が二〇世紀にはあまりにも多かったという事実だ。実際には大方のファシストはほとんどの期間にわたって、自分たちが何に反対しているのかはよくわかっていたものの、何のために戦っているのかははっきりわかっていなかった。ファシズムを自称する体制には、だいたいにおいて六つの特徴が見受けられる。指導者は代表するのではなく命令する。血と土をよりどころとする統一的な共同体が存在する（そして共同体に属さない人々を拒絶し軽蔑する）。調整とプロパガンダが行われる。ある種の伝統的な階層制が支持される。社会主義と自由主義を憎悪する。ほぼ必ず「根無し草のコスモポリタン」

に対する憎悪が存在する。根無し草のコスモポリタンとは、彼らの反ユダヤ主義的世界観によればユダヤ人および何らかの形でユダヤ人のようなふるまいをする人間のことである。

ファシズムはしばしば唯一の選択肢だったと言われる。自由民主主義を認めず、社会主義を恐れ、ひとたび労働者階級が自分たちの票数に気づいたら自由民主主義は不可避的に社会主義に発展すると信じているなら、たしかにそうだろう。第一次世界大戦後、多くの人々は古い秩序の回復が不可能であることはあきらかだと考えた。となると多くの反・社会主義者にとって、ファシズムが残された唯一の選択肢に見えたのである。君主制は論外だ。出自と爵位に基づく貴族制も終わりだ。神権政治などもってのほかである。金権政治は大衆の支持を得られない。これに対して、ファシズムは得られた。大勢の人々がファシズムに賛同し支持したし、支持しようとしていた。

戦間期に生きヨーロッパとラテンアメリカの政府を目の当たりにした人なら、ファシズムこそが未来の希望だと容易に確信できただろう。ほぼすべての国で民主主義は後退し、大恐慌という経済の難問に答えを出すことができず、また社会の騒乱を鎮めることもできなかった。第二次世界大戦直前の時点で、世界の民主主義国と言えばほんのひと握りに過ぎない。イギリスとその自治領（オーストラリア、ニュージーランド、カナダ、たぶん南アフリカ）、アメリカ（白人にとってはという条件付き）、アイルランド、フランス、低地帯諸国（ベルギー、オランダ、ルクセンブルク）、そして北欧（フィンランド、スウェーデン、ノルウェー、デンマーク）、これだけである。他のすべての国は、右派・左派を問わず権威主義、非・民主主義、または反・民主主義国家だった。

第一次世界大戦後のドイツでは、ドイツ社会党の支持者はソチと呼ばれていた。ドイツ語のSozialist（社会主義者）の最初の二音節をとった呼び名である。またバイエルン州都市部の住民は地方に住む人をIgnatz（イグナッツ）と呼んでバカにする習慣があった。これは田舎者、いなかっぺ、というほどの意味である。このイグナッツを短く呼びやすくすると、ナチとなる。というわけで、バイエルン州で一九二〇年代にアドルフ・ヒトラーとその全国社会主義ドイツ労働者党に敵対する人々は、ヒトラーらのことを「ナチス」と呼ぶようになる。こうしてこの名前が定着した。

ヒトラーが一九三三年に権力を掌握（首相に就任）し、翌三四年に地位を固める（大統領を兼務）と、人気が高まった。それにはもっともな理由があった。[8]というのも、ヒトラーが権力の座について、従来の正統的金融・財政政策を放棄すると、比較的すみやかにドイツは大恐慌から立ち直ったからである。うしろにゲシュタポが控えていて賃金引き上げ、労働条件改善、ストライキ権の要求や煽動を抑圧したことに加え、政府の公共事業や軍備増強計画で需要が急増したおかげで、失業率は一九三〇年代を通じて下がり続けた。大恐慌はアメリカ以外ではドイツが世界で最も深刻だったにもかかわらず、ドイツの回復は日本と北欧を別にすれば比較的早かったのである。

平時の国家指導者としてのヒトラーは、雇用の創出と武器製造に集中し、工業生産力の増強や国富の拡大には関心がなかったように見える。なるほどヒトラーは国道を整備した。だが都市と都市を結ぶとか資源の生産地と工場を結ぶのではなく、できるだけ数多く建設することを最優先した。最優先課題はあくまで政治的効果と軍事力の強化だった。

政治的効果は理解できる。ナチ運動はまだ規模が小さかった。ピーク時でさえ、社会主義者と共産主義者を議場から強制的に退席させてようやく過半数を確保するという体たらくだった。そのときでさえ、議場に残った議員が賛成票を投じたのは、一九三三年の「謎の」議事堂火災後のパニックの中でヒトラーに全権を委任する法律に対してだけである。この少数対多数の構図を意識していたことが一因となって、ヒトラーとナチ党はより強い政治的支持を得ることが喫緊の課題だと考えたのだろう。そして巨大インフラ整備を遂行することですくなくとも外見だけでも大きく見せようとした。

だが武器や軍隊となると、どうなのか。なぜこれらが優先課題になるのだろうか。まちがって世界大戦を引き起こしてしまうことは、一度ならありうるだろう。だが神の名にかけていうが、二度までも起こす輩はいまい。

ヒトラーはこの意見に同意しなかったようだ。実際、彼は第一次世界大戦を心地よく感じていた。

第一次世界大戦で彼が経験したことを考えると、まともな人間なら心地よい戦争とは感じないと思われる。だが彼にとっては心地よかった。[9]

ヒトラーは一九一四年八月にバイエルン王国陸軍に志願した。本来はオーストリア国民だが、オーストリアの兵役検査で不適格と判定されたためである。一〇月に晴れて第一六予備歩兵連隊に入隊した。この連隊は最初の司令官の名をとってリスト連隊という通称で知られる。おおむね訓練を受けていない新兵で構成された歩兵師団の一部で、緊急出動ということで直ちに戦場に送り込まれた。リスト連隊がまず送られたのは、第一次イーペル会戦である。対する敵はイギリス遠征軍で、今後延々と続く苦闘の第一弾をここで経験することになった。

ドイツ人はこの会戦のことを「イーペルの幼児虐殺」と呼ぶ。いうまでもなく、キリスト誕生を受けてユダヤのヘロデ大王が二歳以下の男児を皆殺しにした逸話からの連想である。この比喩は適切だと言えるだろう。なにしろ二〇日の間にドイツ側九万人のうち四万人が戦死または負傷したのだ。リスト連隊は二五〇〇名編成だったが、会戦後に生き残り、退院して原隊に復帰できたのは四二名だけだった。

リスト連隊も、他の同様の連隊も、第一次世界大戦中に当然予想されたパターンをたどった。経験のない彼らを前線に送り込んで粉砕され、もはや戦闘不能となった兵士は放り出され、なんとか軽傷で済んだ少数の兵士をかき集めて再編することの繰り返しである。リスト連隊は、ソンム（一九一六年）、フロメル（一九一六年）、アラス（一九一七年）、パッシェンデール（一九一七年）の戦いに参加し、そのたびに大量の戦死者を出した。一九一六年にヒトラーは塹壕に入ろうとしたときに炸裂弾が破裂し、大腿部を負傷している。二カ月入院し、その後は予備役としてミュンヘンで待機するよう命じられた。彼は我慢できず、戦友が戦場にとどまる中、自分も前線に戻してくれと懇願する。願いは聞き届けられた。その後、一九一八年一〇月にイギリスの毒ガス攻撃で一時的に視力を失う。戦争の最後の二五日間は病院ですごすことになった。

それでもこの経験でヒトラーが戦争嫌いになることはなかった。

戦争が終わると彼は復員し、目的を見失う。どれほど熱心に戦争に参加したところで、彼は司令部が平時の軍隊に残しておきたいような兵士ではなかった。だが諜報部のカール・マイヤー大尉が一九一九年半ばに潜入諜報員としてヒトラーをスカウトする。マイヤーはヒトラーに訓練を施したうえで社会主義者のスパイとしてさまざまな政治組織や集会に送り込んだ。その一つが、アントン・ドレクスラー率いるドイツ労働者党だった。ドレクスラーはヒトラーを「バカな小男」と軽蔑しながらもその雄弁術には感銘を受ける。そして一九一九年九月には彼に入党を勧めるにいたった。

その五カ月後、ドイツ労働者党は名称に「国民社会主義」が付け加えられて、ナチ党となった。「国民」のほうはヒトラーは熱狂的に支持したが、「社会主義」のほうは彼の反対を押し切ってつけられたものである。この名称変更の意図はおそらく、社会主義になろうかどうしようか迷っているドイツ人を誘い込むためだろう。ナチスも社会主義者と同じく、現行システムに満足していない無党派層の取り込みを狙っていた。やがてある時点から名称変更に意味はなくなる。名称がどうあれ、国民社会主義ドイツ労働者党はヒトラーの党になった。

ヒトラーの党がどういう党であるかを雄弁に物語るほんの一例として、この党がヒトラーを招き入れた人間をどう扱ったかをみてみよう。

一九二一年にヒトラーはついに自分を勧誘し師となってくれたドレクスラーをナチ党指導者の座から放り出す。ドレクスラーは一九二三年に離党した。師であるドレクスラーが弟子のためにすべてをやってくれてから数年後の一九二五年に発表された『わが闘争』の中で、ヒトラーは師についてこう述べている。「ただの労働者であり、弁士としての才能はなく、それ以上に兵士ではない」。そのうえ「気が弱く優柔不断」で「真の指導者ではない」、「運動を率いたり……反対を乗り越えて新しい思想に導くために暴力的手段を行使したり……するだけの熱量がない」[10]。ドレクスラーは一九四二年にミュンヘンで死去する。自然死だった。他の人に比べれば平和に世を去ったと言える。

ヒトラーをスパイとして採用したマイヤーは、最初は右翼だったがだんだんと左翼に転じる。そして一九二五年にドイツ社会民主党に入党し、党の準軍事組織の指導者をしていたが、一九三三年にヒトラーが権力を掌握したときにフランスに逃亡する。ナチスが一九四〇年にフランスを占領すると、彼はゲシュタポの手配リストに載り、逮捕・連行されて、まずはザクセンハウゼン強制収容所へ、その後ブーヘンヴァルト強制収容所に移送され、大戦末期の一九四五年二月九日に空襲に巻き込まれて死亡した。

ナチズムが依拠していた論理の大半は、トーマス・ロバート・マルサスが一七九八年に発表したあの有名な著作『人口論』をヒトラーがあまりに真剣に評価し、その理解に基づいて打ち立てられたものだと言うことができる。人口と食料の均衡が崩れ、前者が後者に比して増えすぎると、もはや手の施しようがなくなるとマルサスは主張した。そうなったら人類の末路は戦争、飢餓、疫病、死のいずれか、あるいはすべてということになる。対策としてマルサスは「道徳的抑制」を提唱した。具体的には結婚を遅くし、性行為を減らし、篤い信仰心を持つ。そうすれば平均的な生活水準を餓死すれすれから引き上げることができるという。

本書をここまで読み進めた読者は、マルサスの理論は『人口論』発表以前の人類の生活は的確に分析したが、その後の歴史についてはまちがった指針を与えたことを理解しているだろう。歴史を振り返ると、彼が引き出したのは教訓というより罠だった。それも放置すれば避けられない罠である。不十分な食料供給で人口増が抑制されなければ貧困に陥るという。だがマルサス以後の歴史を見ると、科学的発見の合理化と定型化、技術革新、その大規模な実用化によりマルサスの罠は消滅している。

だがヒトラーはマルサスから別の教訓を引き出していた。マルサスの罠は将来の政策を考えるうえで、社会ダーウィン主義などよりずっと有用だとヒトラーは主張した。「ドイツの人口は年九〇万人ほど増えている。この新たな市民を養っていくことは年々困難になり、最終的には悲劇的な結末に終わる」と彼は『わが闘争』に書いている。[11]

ヒトラーには選択肢が四通りあった。第一は産児制限による人口増加の抑制である。だがヒトラーはドイツの人口が減ることはドイツ民族の弱体化につながると考えていた。第二は農業生産性の向上である。だが彼はマルサスと同じ理由、すなわち収穫逓減の法則からこの政策は破滅につながるとして却下した。第三は「工業と商業を通じて国外の需要を刺激し」、外貨を稼いで外国から食料を買うことである。ヒトラーの目には、この選択肢は「不健全」だと映った。そのうえ非現実的でもあった。というのもイギリスはけっしてドイツが工業・商業立国として力をつけることを認めないと考えられたからである。認めさせるには一戦交えるほかない。だがイギリスが第一次世界大戦のときのように兵糧攻めという武器を再び巧みに使ってきたら、勝利はイギリスのものになる。

残された第四の選択肢は、領土拡張だった。ヒトラーはこう書いている。

われわれは……ある民族に他の民族の五〇倍もの土地を与えることが神の意思であるはずがないという見解を冷静かつ客観的に採用すべきである……われわれは、政治的に定められた国境によってわれら固有の正義に基づく国境が曖昧になることを許してはならない……ここで、自己保存の法則が働く。友好的な方法で拒絶されたことは腕力で奪わねばならない……ヨーロッパで土地が必要なら、ロシアを犠牲にして手に入れることになる。すなわち新生ドイツ国家は、かつてのドイツ騎士団がたどった道を再び行軍し、ドイツ国民の耕作地と日々のパンのためにふるわれたドイツ人の剣によって、手に入れるのだ。[12]

ヒトラーは歴史の不正確な理解と神の思し召しという正当化に基づいて、ドイツは流血を伴う野蛮な領土拡張を続けるべきだと結論を下した。「われわれは、六〇〇年前に中断したことを再開する。終わりのない南進と西進を打ち切り、東の土地に目を向けるのだ。ついにわれわれは戦前の植民地と貿易政策を捨て去り、未来のための土地政策へと転換する[13]」。

だがドイツはいったいどうやって東方に領土を拡張するのか。この点について彼には確信があった。運命（あるいは神、あるいは宇宙の正義、あるいは自己保存の法則）がすでにドイツのために介入しているという。「ロシアをボルシェヴィキの手に渡すことによって、ロシアは指導的上層部のゲルマン民族魂をロシア国民から奪った」。さらに彼がいうには、この集団は「『ボルシェヴィキの』ユダヤ人に取って代わられた」。かくしてヒトラーは、数千年におよぶ反ユダヤ主義的な憎悪と恐怖と嫌悪をいまや科学的な響きの社会ダーウィン主義のマントで覆い隠し、こう宣言した。「ユダヤ人が大ロシア帝国を永遠に維持することなどできるはずがない」。よって、「東の巨大帝国はもはや熟して落ちるばかりになっている」。

ドイツがすべきことは、十分な規模の軍隊を待機させ、機が熟すのを待つだけである。準備は整えておかねばならないが、忍耐強く待たねばならない。一九四一年六月にロシア侵攻を開始する際に、ヒトラーはナチの軍隊にこう述べている。「ドアを蹴破るだけでよい。そうすれば、腐った構造物は崩れ落ちてくる」。

ではここで、ナチズムの核に組み込まれている四つの信念を挙げておこう。一つ目は、ドイツ人の根深い反ユダヤ主義。二つ目は、ドイツ国家および「アーリア」人種は特別に英雄的な運命を定められた種族だとする思い込み。三つ目は、戦争は国家と人種の強さと存在価値を試す究極の試金石だという戦争観。そして四つ目は、住民の絶滅や追放を伴う征服は、ドイツ人により多くの「生存圏」を確保するために必要だという発想である。征服によって、ドイツ国民を養うのに必要な農作物を育てる広大な土地がドイツの農民に与えられることになる。

この四つの信念には三つの前提がある。一つ目は指導原理である。政治秩序の維持には卓越した指導者が必須だというような単純な信念ではなく、指導者の野望を邪魔するような障害物に対する強い嫌悪、さらには憎悪がそこにはあった。障害物の一つが議会制度であり、ヒトラーのみるところ、議員は利益団体を代表してあさましい無駄な駆け引きに明け暮れていた。二つ目は服従させるためには恐怖を利用すること、三つ目は市民一人ひとりから組織・団体にいたる社会のすべての構成員を国家の大義に尽くさせることである。

これがナチズムである。ソ連における実際の社会主義がユートピアへの期待から始まって、最後は恐怖のディストピアの泥沼に落ち込んだのに対し、ナチズムは人種と国家による暴力的闘争は不可避であるとのディストピア的な見通しから始まって、求めていた恐怖のディストピアを完全に実現することになる。

ヒトラーは一九三九年三月一五日にドイツの戦車を（まったく抵抗に遭わずに）プラハに進軍させチェコスロバキア全土を併合したとき、マルサス経済学の理解とアーリア民族支配の信念に基づく自分のイデオロギー、すなわちナチズムを試した。この小手調べに続いて同年九月にはより重大な試練に臨む。ドイツの戦車にポーランド国境を越えさせたのだ。このときは抵抗に遭ったものの、三週間足らずでポーランド軍を撃破している。こうして第二次世界大戦がヨーロッパで始まった。するとヒトラーは、生存を賭けた真剣さでイデオロギーを貫き通す。ドイツの戦車にソ連との国境を越えて進撃するよう命じたのである。もちろん抵抗された。ドイツは大英帝国相手に激戦を繰り広げていたにもかかわらず、ソ連に挑戦状を叩きつけたのだった。東方進出こそヒトラーの外交政策の究極の目的だったからである。すなわち剣の力でもってドイツ国民のためのパンを勝ち取り、ドイツ農民のための耕地を獲得することである。そのために彼はドイツ東部国境の向こう側にいるスラブ民族を絶滅、追放、または奴隷化しようとした。

ヒトラーはナチズムに組み込まれた論理を大量虐殺に応用し、無数の共犯者とともに「ユダヤ人問題」の最終解決を実行した[14]。

ヒトラーの戦争の死者はおそらく五〇〇〇万人に達するとみられる。だがもしナチスが戦争に勝っていたら、すなわちヨーロッパ大陸をウラルまで征服し大地がドイツの農民のものになっていたら、その数は三倍以上になっていただろう。そして勝利に酔いしれアーリア至上主義に凝り固まった彼らがアフリカに、ウラルの東と南のアジアに何をしたかは、考えるだにおそろしい。

これは歴史とイデオロギーが答えを出すべき問いである。

私がファシストとナチスを同列に扱ったのはまちがっていただろうか。

かつて多くの人が（一部の人はいまでも）ファシストに熱狂したことはまちがいない。たとえば政治哲学者のレオ・シュトラウスがそうだ。シュトラウスは一八九九年にドイツ系ユダヤ人の両親の下に生まれ、一九三二年にパリに、一九三七年にアメリカに移住し、シカゴ大学教授になった人物である。アメリカの右派知識人にもてはやされ、うち何人かは彼から直接教えを受けた。そのシュトラウスは一九三三年に、ナチスのやり方はまちがっていたとしても、自分自身はいまなお「ファシズム、権威主義、帝国主義」の原則を信奉していると誇らしげに述べたものである。[15]

極右から強く支持された経済学者のルートヴィヒ・フォン・ミーゼスもそうだった。彼はユダヤ人の両親の下にオーストリア＝ハンガリー帝国で生まれた。現在はウクライナ領となっている地域である。ミーゼスは一九二七年に「ファシズムをはじめ独裁の確立をめざした同種の運動の大半はよき意図から生まれたものだった……彼らの運動は、さしあたってはヨーロッパの文明を救った。それによってファシズムが勝ち取ったものは永遠に歴史の中に生きている」

と書いている。[16] もっとも同じ著作の中でミーゼスはファシズムを「緊急時のその場しのぎ」とみなし、「それ以上の位置付けをするのは致命的な誤りだ」と警告を発し、「暴力という決定的な力に対する無条件の信頼」を理由に非難もしている。なぜならミーゼスにとっては、社会主義の息の根を止めるには拳や棍棒よりも思想が重要だったからだ。ユダヤ人のミーゼスもまた（一九三四年にスイスに逃れたのち）一九四〇年にアメリカに移住しており、拳が思想に勝つことを実感したはずである。

一九八〇年代の初めには、自由至上主義の寵児となったフリードリヒ・フォン・ハイエクがマーガレット・サッチャーに書簡を送り、イギリスはファシスト的なアウグスト・ピノチェトの手法にかなり近づいていると示唆した。ピノチェトは一九七三年のクーデターで大統領府を襲撃しサルバドール・アジェンデ大統領を殺害したが、ハイエクはチリを隷従への道から救ったとしてこれを高く評価していた。サッチャーからの礼儀正しい返信の中に、彼の求めた共感を読み取ることができる。「チリでとられた政策の中には受け入れ難いものがありました……私たちは私たちのやり方で私たちの時代に改革を実現していかなければなりません」[17]。こうした人たちはみな（サッチャーは別として）一時的な戦術とはいえファシズムとの同盟や友好をもてあそんだし、中にはもっと深入りした者もいた。議会制民主主義では実際の社会主義に抵抗するだけの力を発揮できないと考え、文明に対する破滅的な脅威に立ち向かうには捨て身の対策が必要だと信じたのである。

数十年にわたってあちこちの大陸に忽然と現れたファシストたちの歴史を振り返り、彼らをヒトラーとその狂信的な虐殺者たちと同列に扱うとすれば、それはファシストに不当な汚名を着せることになるだろうか。ファシストという種族があるとすれば、ナチスよりだいぶ穏やかであることはまちがいなかろう。ファシストの経済思想はおおむね否定形で表すことができる。彼らは社会主義ではない。また、産業の国有化と資本家階級の財産没収というマルクス主義の基本が経済運営の正しい方法であるとも考えていなかった。その一方で、「国民の生存圏」というヒトラーの教義も受け入れなかった。彼らはナチスほど残忍でも反ユダヤ主義でもなかった。

だがそれ以外ではファシストはイデオロギー的にナチスと変わらないし、両者は互いに認め合ってもいた。ヒトラーがムッソリーニを「アルプスの南にいる偉大な男」と呼び深い敬愛を捧げたのは偶然ではない[18]。ムッソリーニが第二次世界大戦でヒトラーと組んだのも、ヒトラーとムッソリーニが一九三〇年代のスペイン内戦の際にフランコに軍事援助を行ったのも、偶然ではない。いずれにせよ、ヒトラーの第三帝国崩壊後にヨーロッパから逃げ出したナチスがフアン・ペロンのアルゼンチンに温かく迎え入れられたという事実は、両者の親和性を示す何よりの証拠といえよう。

ファシズムを実際の社会主義と同列に扱わなかったのはまちがっていただろうか。結局のところ、ファシストと実際の社会主義者の間にはどれほどの違いがあるのだろう。

ムッソリーニ本人を筆頭に痛ましいほど多くの人が、一方から他方へ直接転向したとみられる。これは左から右への転向には当たるまい。むしろU字型の転向だ。いや、色相環を思い浮かべるほうがいいかもしれない。赤と青は波長の点では両極端に近い。だがマゼンタのペンキにシアンをすこし混ぜると、青ができる。マゼンタのペンキにイエローをすこし混ぜると、赤ができる。ジョージ・オーウェルが「われわれはみな社会主義者ではないのか?」との問いを発したことは有名だ。[19]彼は一九三七年にバルセロナにおり、同地のマルクス主義の一派（マルクス主義統一労働者党）に加わっていたが、スターリン主義を奉じる社会主義者はその一派の殲滅を図った。その間、フランコのファシストたちは市外で待機していたという。

ただ、両者の政策には重大な違いがある。

ヘルマン・ラウシュニングによると、ヒトラーは彼に「なぜ銀行や工場を社会化する必要があるのか。われわれは人間を社会化するのだ」と語ったという。[20]この発言から、実際の社会主義は制度とモノの流れの掌握を最優先し、人間の思想・言論・行動の統制は二の次だったのに対し、ファシズムは後者を最優先したことがわかる。これはほんとうに根の深い違いだったのだろうか。また実際の社会主義にとって地位の不平等は重大な意味を持っていたが、物質的不平等や支配層の贅沢は単に悩ましいというだけだった。対照的にファシストにとって、物質的不平等や支配層の贅沢で悩まされるのは、計画通りにことが進んでいないことを意味した。

これらは根本的な違いなのだろうか。それとも、「全体主義」と呼ばれる大きな分類にどちらも属していて、単に表面的に違うだけなのだろうか。

ここで、イギリスの社会主義者で歴史家のエリック・ホブズボームを参照することにしたい。ホブズボームは第二次世界大戦前から一九五六年までは正規の共産党員だったが、その後はやや穏健になった。歴史に関する彼の多数の著作の中にはいくつかの独白めいたものが紛れ込んでおり、その思いがけない内面の暴露に私は衝撃を受けた。最初に衝撃を受けたのは一九九四年に発表された『極端な時代』である。彼のいう短い二〇世紀すなわち第一次世界大戦（一九一四年）からソ連崩壊（一九九一年）までの期間が論じられている。彼のいう古い時代に執筆していたホブズボームは、「モスクワと同調する共産党」に参加することが世界革命を望む者にとって「唯一の選択肢」だとまだ信じていた。「レーニンの新しい党は……ごく小さい組織も極端に効率的にする。なぜなら、党は党員に並外れた献身と自己犠牲、軍隊以上の規律と結束、あらゆる犠牲を払っても党の決定を実行する集中を命じることができるからだ」とホブズボームは書いている。「敵対的な人でさえ深く感銘を受けるほどだ」と。[21]

ファシストの英雄的リーダーに対する信仰とホブズボームのモスクワの独裁者への無条件服従の信念の間には、髪の毛一筋ほどの違いもないのではないか。なにしろホブズボームは、独裁者がたとえ誰であっても、そう、仲間のほぼ全員を殺すような人間であっても、賞賛に値し、深く感銘を受けるらしい。追随者になるとは献身と自己犠牲をつねに差し出す用意をすることであり、そのような人間はムッソリーニとヒトラーから文句なしの承認を得られるだろう。スターリンの同志だったボルシェヴィキのグリゴリー・ジノヴィエフは、最期の言葉として「これはファシストのクーデターだ」と言ったとされる。その直後にスターリンの部下に射殺された。[22]

二〇世紀以前には、イデオロギーは宗教とは違って、人間を百万、一千万の単位で殺すということはなかった。そのような行為を敢えてするだけの価値はないと考えられていたからである。貴族的な軍国主義、実際の社会主義、ファシズムが出合って初めて大量虐殺への熱狂が生まれた。よって、ユートピアをめざして経済を組織した結果として国家やグローバルなイデオロギーの潮流がディストピアを建設するにいたったのは、二〇世紀になってからだった。このような結果を招いてから指導者たちは方向転換し、ディストピアを正当化する。妥協は必要だ、それが将来のユートピア実現にとってよいことなのだ、と。

ディストピア的、いや全体主義的と見なすべき運動のこまかな違いを説明するために、無用の精神的・歴史学的エネルギーが使われてきたというのが私の見解である。それらの運動には、公式の教義としてはともかく実行面では共通性が多く、そのような分析に費やされた時間は無駄だったと感じる。アウシュビッツ、マイダネク、トレブリンカ、ダッハウなどの強制収容所の守衛たちは、収容所列島の守衛たちと非常によく似ていた。

エネルギーを注ぐべきだったのは、あのような運動がどこで力と勢いを得たのかを知ることのほうである。なぜ世界は人々によい暮らしのできる社会を用意できなかったのか。なぜ全面的な再編が必要だったのか。カール・ポラニーはファシズムと社会主義について、ポラニー的権利を実現する能力または意思のなかった市場社会への反動だったという見方をしている。市場社会は、心地よく暮らせる場を保障できなかった。なぜなら、土地の利用一つとっても収益性という試験に合格しなければならなかったからだ。市場社会は、人々に相応しい所得を保障することができなかった。なぜなら、仕事に対して払う賃金も、やはり収益性という試験に合格しなければならなかったからだ。市場社会はまた、人々に安定した雇用を保障することができなかった。なぜなら、市場に埋め込まれた価値連鎖を支えるための支出も、やはり収益性という試験に合格しなければならなかったからだ。こうした失敗は、経済と社会を根本的に再構築し、ポラニー的権利が尊重される社会を作るべきだという主張に勢いを与えた。そして何百万人もの人々が、ファシズムと実際の社会主義にはそれができると期待をかけたのである。

だがそうはならなかった。ファシズムも実際の社会主義も人々の権利さらには生命を数百万単位で暴力的かつ絶対的に奪った。なぜ人間はあれほどやすやすとだまされたのか。ドイツの社会主義者ローザ・ルクセンブルクは一九一九年にレーニンが乗り出した進路を目の当たりにしており、それを「公的活動の暴力化、すなわち計画的暗殺、人質の射殺」と表現している。[23]ドイツの自由主義者マックス・ウェーバーはやはりレーニンの社会学的実験の行き着く先を見通しており、その結末は「人間の死体の山」になると一九一八年に書いている。[24]同様にイギリスの外交官エリック・フィップスは、イギリスがヒトラーの『我が闘争』を真剣に文字通り受け止めていたら、「われわれは論理的な結論として〝予防的〟戦争という政策の採用を迫られたはずだ」と一九三五年に書いている。[25]

ファシズムへの転換の危険性はあきらかだったし、この道を選んだらよき社会へののろのろ歩きでさえ成功の確率が低いことは、はっきりしていたはずだ。

ユートピア信仰はかくも強い麻薬なのである。

第10章

第二次世界大戦

World War II

ほとんどの国がまだ大恐慌に苦しめられていた一九三〇年代に、ドイツはすみやかに回復を遂げる。だが回復を促したのは平和的な政府支出だというナチスの説明は、ヒトラーの体制がやったこととと食い違っていた。

一九三五年三月、ヒトラーはヴェルサイユ条約の軍備制限に違反して徴兵制の復活を発表する。あからさまな再軍備宣言だった[1]。第一次世界大戦で勝利した連合国側は、複雑な外交政策の問題に直面することになる。孤立主義をとるアメリカは、ヨーロッパへの兵士の派遣や駐屯にまったく関心がない。イギリスとフランスの有権者は、世界大戦は二度とごめんだという立場である。そこにヒトラーが再軍備と国益の主張をしたのだから、英仏は困難な選択を迫られたわけである。

一九三〇年代の外交的力関係は均衡していなかった。英仏の軍備が整っていて大恐慌の影響をあまり受けず、ドイツは武装解除しているうえに深刻な不況に喘いでいたからではない。不均衡だったのは、英仏が戦争に近づくようなことは絶対にしたくないと考えており、かつ他の誰もが第一次世界大戦と同じようにおぞましい戦争を望んでいなかったからである。しかしヒトラーはそのような考えを持っておらず、ドイツの権力層もヨーロッパの他の国々とは見解を異にしていたことが不均衡の原因だった。

英仏の外交政策は宥和と名付けられたが、まさに適切な命名だったと言えよう。ヒトラーに外交上の勝利を与える。勝利を小出しにする。小さな成功に投資させれば、成功と引き換えにした約束を守るにちがいない。イギリス大使のエリック・フィップスは、一九三五年の日記にこう書いている。もし英仏が「彼の署名のある協定でもって……彼を縛る」ことができるなら、きっと「協定を守る」はずだ。「イギリスとフランスにとっては部分的にしか同意できず、イタリアにとっては断固拒絶するほどではない協定を結ぶことによって、ドイツにこれ以上他国に大砲を向けさせないよう時間稼ぎができるだろう」というのがフィップスの見立てである。「何年か経てばヒトラーにしても大人になるはずだ[2]」。

もしこれを戦略と呼べるなら、この戦略はうまくいかなかった。

ヒトラーには外交的示威活動を展開するにあたって、彼にしてみればもっともな言い分が多々あった。第一次世界大戦を終結させたヴェルサイユ条約は、ドイツの兵力を上限一万人に制限している。だが他国は兵力削減などいっさい行っていない。これではドイツは、デンマークやユーゴスラビアによる侵攻さえ恐れなければならない世界で唯一の強国になってしまう。これは公平ではない。それに、残忍で暴虐的な独裁者が率いるナチスドイツはのけ者扱いだという各国の対応は、ヨーロッパの外交では意味をなさない言葉遣いだ。しかるべき承認を得た国家が国境線の内側で何をしようとも他国の関与するところではないという考え方は、深く根付いているはずである。

ヨーロッパ外交の言葉として意味を持つのは、言語だった。ある地域、ある市町村において多数派が話す言語である。ヴェルサイユ条約も、第一次世界大戦後に行われた移住も、不完全ながらもできうる限り言語の境界線に沿って国境を引き直すことをめざしていた。ただしドイツは例外だった。ドイツ語を話す人々を統治するのはドイツ政府だけではなかった。イタリア、オーストリア、ハンガリー、チェコスロバキア、ポーランド、リトアニア、フランス、ルーマニア政府によっても統治されていたのである。

ヒトラーがドイツを並以下の国に貶《おとし》めている軍備制限を撤廃することと、ドイツ人の少数民族問題を解決すべく国境を言語境界線に沿うよう引き直すことに外交政策の目的を限定する限りにおいて、英仏をはじめ他国がノーというのはむずかしい。

英仏はドイツに侵攻し、ヒトラーを追放し、不安定な傀儡《かいらい》政権を樹立してドイツ人のナショナリズムに火をつけたかったのだろうか。答えはイエスではあったが、大筋ではそう願っているという程度だった。ひとりウィンストン・チャーチルだけが、他のお粗末な選択肢に比べればそれがいちばんましな解決だと認識するだけの大局観を持ち合わせていたのである[3]。もっとも彼自身は無謀な人間だという烙印を押されていた。自治を求めるインド人にいっさい譲歩しなかったのはまちがいだったし、一九二五年にイギリスの大蔵大臣としてデフレ政策を熱心に支持したのもまちがいだった。二度の離婚歴のあるシンプソン夫人との結婚をめぐってエドワード七世を支持したのもまちがっていた。さらに、第一次世界大戦においてフランスとベルギーではなくトルコでの勝利をめざした彼の計画もまちがいだったとされた[4]。こうしたわけだから、ドイツの脅威をことさら強調し無用の争いを引き起こそうとする今回の彼の意見を正しいと考える人はいなかった。

大恐慌のさなかにあって、英仏の政治指導者は、自分たちがヴェルサイユ条約のすべての条項を執行する以上に重大な問題を抱えていると考えていた。中には、ドイツが西ヨーロッパ諸国の共同体に再び加わることを積極的に望む者もいたのである。ドイツがほんとうに武装解除したら、ソ連国境とライン川の間に兵力の真空地帯ができてしまう。ポーランドとソ連は一九二〇年代前半に戦争をしており、赤軍は首都ワルシャワに迫ったことがある。小賢しい連中は、強いドイツ軍がいれば共産ロシアに対する緩衝装置として機能するはずだと弁じ立てた。一九三〇年代にドイツは陸・海・空軍をハイペースで増強しヴェルサイユ条約に定められた上限を大幅に超えてしまったが、英仏は事実上何もしなかった。

ヒトラーは一九三六年三月にヴェルサイユ条約の別の条項にも違反した。形ばかりの軍隊をラインラントに進駐させたのである。ラインラントはドイツ西部のライン川中・下流域の呼称で、一九一八年以降非武装地帯に指定されていた。英仏は再び同じ選択を迫られたわけだが、両国は再び無気力だった。ヨーロッパの他の国には非武装地帯は存在しない。ドイツに非武装地帯から出ていくよう要求したら、ドイツ人のナショナリズムに火をつけてしまうだろう。それに、条約遵守を強制しようとすれば、ドイツに侵攻し、ヒトラーを追放し、傀儡政権を樹立しなければならない……

ヒトラーは一九三八年三月にオーストリアを併合した。オーストリア国民の大多数は民族的にはドイツ人と同じであり、ドイツ語を話す。オーストリア併合に際してヒトラーは、ドイツ国民を一つの国家にまとめただけであると述べた。それによって一九世紀後半に犯された政治的誤り（オーストリアのドイツ人居住地域をドイツの政治的境界から除外した）を正したのであり、連合国が自国およびヨーロッパの他の国々に適用した民族自決の原則をドイツにも適用していたら、正すべき誤りはなかったはずだという。さらに、ドイツの軍隊はなんの抵抗も受けずにオーストリアに入り、すくなくとも一部の地域では熱狂的に歓迎されたとヒトラーは主張した。

オーストリアを併合すると、次にヒトラーは第一次世界大戦後のヨーロッパにおける第二の誤った国境に目を向ける。ズデーテン地方である。チェコスロバキア北部・西部のドイツとの国境地帯で、中世のボヘミア王国の国境線が踏襲され、国境地帯の山岳部はチェコの最前線の防衛拠点となっていた。ここもドイツ語を話す人々が多く住んでいたことはまちがいない。そのごく一部は迫害されていると訴え、ドイツによる併合を望んでいた。もっとも彼らに資金援助していたのはドイツである。

イギリス政府はフランス防衛を約束しており、そのフランスはチェコスロバキアの国土の完全性を保障すると約束していた。チェコスロバキアとしては、山岳地帯と最前線の拠点を明け渡す気はまったくなかった。それでも英仏両国政府はズデーテン地方の人々がドイツに呑み込まれることを防ぐために戦争を起こす気にはならなかったのである。西欧民主国家の軍事顧問たちは、第二次世界大戦が引き起こされようものなら前線から遠くに住む市民が第一次世界大戦の恐怖を味わうことになることを恐れた。

彼らが正しいと証明されるはずだった。

戦争を回避するために、イギリス首相ネヴィル・チェンバレンとフランス首相エドゥアール・ダラディエは一九三八年九月二九〜三〇日にミュンヘンに赴き、ヒトラーと協定を結んだ。ヒトラーはズデーテン地方を併合し、チェコスロバキアのそれ以外の地域の独立を尊重する。イギリスとフランスはチェコスロバキアの独立を保証する。チェコスロバキア代表は、交渉が行われた会議場に入ることさえ許されなかった[5]。

チェンバレンが帰国すると群衆は歓呼で迎える。戦争は避けられたのだ。自分の評判に生涯取り返しのつかないほどの傷をつけたとも知らずに、チェンバレンは「名誉ある平和」を実現したと宣言する。「われわれの時代は平和が続くと信じる」と[6]。しかし、庶民院で保守系議員から鼻つまみ者扱いされていたチャーチルの見解は違った。ミュンヘン会談の前に、彼は元首相のデービッド・ロイド・ジョージにこう書き送っている。「今後数週間と経たないうちに、われわれは戦争か恥辱かの選択を迫られるだろう。どちらの決断が下されるかについて疑いの余地はほとんどない[7]」。

ヒトラーはまずチェコスロバキアの「スロバキア」の部分で分離独立運動を後押しした後、一九三九年三月一五日にチェコスロバキア全土を併合した。英仏は何の行動も起こさなかった。チェンバレンは「この宣言［ヒトラーが支援した分離独立運動による独立宣言］は、われわれが［ミュンヘンで］保証を申し出た国境線を持つ国に、内部崩壊による終止符を打つことになった。よってわが政府は協定の義務にこれ以上縛られることはない」と述べている[8]。

だがそのわずか二日後には、チェンバレンは態度を一変させる。チェコスロバキア併合に関してではない。宥和政策に関してだった。

チェンバレンらは、ポーランドとルーマニアに改めて安全を保証する。ドイツがポーランドかルーマニアを攻撃したら、イギリスとフランスはドイツに対して宣戦を布告する、とチェンバレンは公の場で宣言した。こう宣言すれば、ヒトラーのこれ以上の冒険的外交は阻止できると考えたらしい。

だがなぜ阻止できるのだろうか。英仏とポーランドの間にナチスドイツが構えているというのに、イギリスの軍隊と軍艦はポーランドをどうやって助けられるのか。ヒトラーは、英仏ははったりをかけているのだと結論づけた。それにヒトラーの望みは、東方攻撃だった。アメリカが北米に住んでいた原住民にやってのけたことをヨーロッパ・ロシアに住むスラブ民族にやりたかったのである。アメリカがそうだったように、ヒトラーの望みは巨大な穀倉地帯、この場合で言えばウクライナを手に入れることだった。その後、アメリカの先住民族と同じように「涙の道」を通ってスラブ民族を移住させ、ドイツ人が入植する。そして巨大な農場で機械化農業を営むという段取りである。

一九三九年春にヒトラーは再び国境線を引き直そうとする。今度は、ドイツ語を話すゲルマン民族が住む「ポーランド回廊」である。ポーランド回廊とは、ヴェルサイユ条約でドイツからポーランドに割譲された西プロイセンとポーゼン北部地方のことで、ドイツと東プロイセンを分断していた。

英仏の外交政策担当者が冷酷至極だったら、肩をすくめただけだっただろう。ヒトラーが東方進出を狙っている？　大いに結構。好きにやらせたらよい。ヒトラーが東で戦争をしたところで、すくなくとも当面はこちらに関係はないと結論づけたかもしれない。ヒトラーが西に目を転じるようなことがあれば、そのとき交渉すればよい、と。

だが彼らはそうはしなかった。なにしろポーランドとルーマニアの安全を保証しているのだ。ここで英仏は、戦争を阻止すべく一気にリスクの高い行動に出る。

チェンバレンと外相のハリファックス伯爵は、阻止に失敗したら何が起きるかを一瞬たりとも考えなかったようにみえる。自分たちが戦争を望んでいない以上、ヒトラーもそうだと考えたのである。つまりヒトラーもはったりをかけているというわけだ。誰だって第一次世界大戦の二の舞はごめんだ、そうだろう？

一方の側にいたのは、戦争すれすれまで近づく気はあるものの誰も戦争は望んでいないといまだに考えている人たちだった。彼らはヒトラーに十分な外交的勝利を与えたつもりでおり、最後の一線を決めておけば戦争勃発を防げると信じていた。反対側にいたのは、現状では戦争は不可避であり、むしろ望ましくもあり、何より「生存圏」の確保のためには必要だと考える連中だった。しかも英仏の政治家は、自分たちのカードが強いときにゲームから降りていた。なぜ彼らはカードが弱いときに、具体的にはどちらの国も軍事的にポーランドを救える状況ではないときに、ゲームから降りなかったのか。

ただし英仏がゲームから降りない場合、ドイツは西部国境で戦争をすることになる。ヒトラーが一時的にスターリンのソ連との同盟に乗り出したのは、このためだ。

スターリンは非ファシスト国家の間で「人民戦線」と「集団安全保障」を追求し、ファシズムに対抗しようとしていた一九三〇年代でさえ、ずっとヒトラーに共闘の探りを入れていた。しかしヒトラーはいっこうに関心を示さず、スターリンとの取引にようやく乗ってきたのは一九三九年になってからである。このときになってヒトラーは、ソ連の中立が自分のポーランド征服、いや当面はその半分の征服に役立つと気づいたのだった。ヒトラーとスターリンは、ブーク川の中間でポーランドを分割することに同意する。さらにソ連は、バルト三国（リトアニア、ラトビア、エストニア）の併合にドイツからゴーサインをもらった。

すべての誤算の元凶になったのは、スターリンだった。独ソ不可侵条約のおかげで、ヒトラーは一正面の戦争を三つ連続的に戦うことが可能になる。まずポーランド、次に英仏、そしてソ連である。アメリカが参戦するまでソ連は辛くも生き延びたが、まさに命からがらというところだった。アメリカの工場と兵站《へいたん》の支援によってソ連赤軍はなんとか食料、燃料、車両、移動手段を確保できたのである。また英米軍が主戦場に復帰できたのも、アメリカ陸軍と空軍がいたからこそだった。ソ連にとっては、英仏の強力な守備隊が大陸欧州にいた一九三九年にドイツと戦うほうが、ドイツが一意専心して向かってきた一九四一〜四三年にドイツと戦うよりはるかにましだっただろう。

スターリンを、さらにはスターリンが治めるソ連を理解するのはつねに困難だ。このむずかしさをチャーチルは「暗号の中の神秘で包まれた謎」と表現した[9]。それでも、クレムリン宮殿の内側でどんな会話が展開されていたか推測することは不可能ではない。

問：同志、ヒトラーとは何でありましょうか。

答：資本主義者の手先である。

問：同志、ヒトラーはなぜソ連相手に本気の戦争を仕掛けようと考えるのでしょうか。

答：われわれの資源を安上がりに手に入れ、後ろ盾となっている資本主義者に大儲けをさせたいからだ。

問：では同志、破格の安値で資源を提供してやったらどうなりましょうか。

答：侵攻する理由がなくなり、とりやめるだろう。

問：その後はどうなりましょうか、同志。

答：資本主義の最終段階でつねに起きることが起きるだろう。巨大化した資本主義者は帝国主義者になり、市場を巡って凄惨な戦争を繰り広げることになる。

問：なるほど。では戦争が終わったらどうなりましょうか。

答：第一次世界大戦終結時にやったことをやるまでだ。われわれが踏み込み、社会主義陣営を拡大する。

問：そうしますと同志、われわれの目的とは何でありましょうか。

答：欲しがるだけ資源をくれてやってヒトラーをひとまず満足させる。そして、時機が到来するのをひたすら待つのだよ、同志。

おそらくスターリンは、第一次世界大戦がそっくり再現されるというまちがった予想をしていた。塹壕戦が長引いて仏独国境で膠着状態が続き、その間に新たな若者世代がばたばたと死んでいくだろう。するとブルジョワ国家は次々に疲弊し、新たな国家群が熟した果実のようにソ連率いる共産主義革命にこぼれ落ちてくる、と。はっきりしているのは、たとえ一時的にもせよヒトラーと手を組む危険性をスターリンが認識していなかったことである。

この取り合わせでは、一方の側は、市場資本主義国家は仲間同士で激しく競争して敗退し、最終的にはプロレタリアートのパラダイスが実現すると信じている。そして反対側は、ユダヤ人ボルシェヴィキの陰謀こそが、自分たちの穀倉地帯になるべく運命付けられた大地との間に立ちはだかる生存の脅威だと信じている。

一九三九年九月にヒトラーとスターリンはポーランドに軍隊を進め、領土を分割した。そしてわかったのは、今度ばかりは英仏がはったりをかけていたのではなかったことである。両国は約束を実行した。ヒトラーとナチスの軍隊がポーランド侵攻を実行したのは九月一日未明である。その日の午後にはイギリス首相のチェンバレンが自身の激越な批判者であるチャーチルの元を訪れ、戦時内閣への参画を要請した。その後まる二日チャーチルへの連絡は途絶えるが、この間の意思決定プロセスに何があったのか知っている人はもはや生きていないだろう。ともかくも、ナチスの攻撃から五〇時間後の九月三日午前九時にイギリス政府はドイツ軍に対しポーランドからの撤退を要求する。そして午前一一時にはドイツに対して宣戦布告した。直ちにフランスが追随している。もっとも両国の軍隊は戦闘準備ができていなかったし、そもそもポーランドから遠く離れていた。結局ポーランドは一カ月あまりで独ソの手に陥ちる。

要するに英仏ははったりこそかけていなかったものの、戦争の準備もしていなかった。さらに言えば、ドイツとどう戦うかについても何の計画もなかった。しかもその後何の展開もない。ポーランド降伏から八カ月が過ぎても、西部戦線はどこも静まりかえっていた。

チェンバレンとダラディエが一九三〇年代にとった行動と不作為をこき下ろすのが通例になっている。彼らは、ヒトラーがまだ弱かったときに彼を叩き潰さなかった。ヒトラーが強くなったときに、彼と戦う準備を整えていなかった。彼らは米ソに呼びかけて反ファシズムを謳う大同盟を構築する構想もなかった。あらゆる証拠が、英仏いずれの指導者も、やるべきだったのにやらなかった失敗を帳消しにする努力さえしなかったことを示している。

だが他の見方もできる。ナチスドイツと国境を接する唯一の国であるダラディエのフランスは、自ら宣戦布告したのだ。他の国はみな、ヒトラーから最後通牒を突きつけられてやむなく、いやだいたいは単に侵攻が始まってから宣戦布告しただけである。スターリンのロシアにいたっては、独ソ不可侵条約に署名し忠実に守っていた矢先に攻め込まれた。一九三〇年代に自ら宣戦布告した国は、フランスを除けばチェンバレンのイギリスだけである。ただしイギリスはドイツと国境を接していない。それにイギリスの宣戦布告は、他に選択の余地がなくなり、政治的存続がこの戦争に懸かっていると（正しく）判断してようやく行われたものである。しかも布告しておきながら、どう戦うか何のプランもなかった。それでも彼らには、史上最強の独裁国家を粉砕するために自分の帝国と国民を死地に送り込む覚悟があった。そう考えれば、ダラディエとチェンバレンが控えめな美点を示した瞬間を大目に見てやってもよかろう。なにしろ相手が相手だったのだ。

いずれにせよ彼らの美点は報われなかった。

一九四〇年五月一〇日のオランダ・ベルギー侵攻からわずか六週間でフランスは降伏する。[10]休戦協定が締結され、北部は占領された。これに先立つ五月末から六月初めにダンケルクに追い詰められたイギリス遠征軍の兵士が本国に撤退した。このとき大量の装備を残していかざるを得なかった。だが誰もが驚いたことに、その時点でチャーチルが率いていたイギリスは、和平交渉に訴えようとはしなかった。彼らは戦い続け、英仏海峡を渡って上陸するようヒトラーにけしかけさえした。しかしヒトラーは乗らなかった。一九四〇年には昼間に爆撃部隊をイギリス上空に送り込み、それ以降は夜間に空爆を行っている。彼はヴェルナー・フォン・ブラウンのロケット建造計画に潤沢に資金を投じ、一九四四年には「報復兵器」としてVシリーズの弾道ミサイルの生産に漕ぎ着けている。[11]

しかしフランスが降伏すると、ヒトラーは軍隊を東部戦線に転じさせた。東方進出を彼がつねに望んでいたことはすでに述べたとおりである。一九四一年六月二二日、ドイツ軍はソ連に侵攻した。だがこのときヒトラーは経済と社会を全面的に戦争に向かわせてはいない。手持ちの軍隊を差し向けただけだった。

スターリンは最初の直感から、反撃するなと赤軍に命じる。ナチスを「挑発する」ことを恐れたのだ。その結果、ソ連の空軍は地上に駐機したまま戦争初日に破壊された。国境防衛に当たっていた陸軍兵士はその場に立ったまま殺された（または捕虜になった）。スターリンの直感は高い代償を払わされたのである。

スターリンはそれまで、脅威と感じたらいかなる軍隊も繰り返し追い払ってきた。彼が作り上げたシステムでは、悪い知らせをもたらす者は職業と地位を失うか、往々にして生命をも奪われることになりかねない。ナチスが攻撃を仕掛けてきたとき、赤軍は改革の過渡期にあり、一九三九年以前に構築された防御体制をとっていなかった。さらにポーランド分割後は国境線が西に移動したこともあり、防衛体制も十分でなかった。その結果、一九四一年六月～八月初めのリガ、ブレスト＝リトフスク、リヴィウをはじめとする国境地帯の戦闘で、ソ連は大規模かつ装備の整った（ただし訓練は行き届いていない）軍隊（第一梯団）をまるごと失うことになる。

だが一九四一年八月にはナチスの補給線は伸びきってしまい、前進をひとまず止めざるを得なくなる。スターリンと軍総司令部（スタフカ）はこの状況を見誤り、小休止後のナチスが一九四一年八月末～一〇月初めにスモレンスク、キーウ（キエフ）で攻撃を仕掛けてくると、後退せず反撃の糸口を見つけようとした結果、大規模かつ装備の整った（ただし訓練は行き届いていない）二つ目の軍隊（第二梯団）までそっくり失うことになった。つまりナチスのロシア侵攻からわずか四カ月で、四〇〇万人近い編成のソ連軍が壊滅的打撃を被ったのである。ナチスは攻撃の手を緩めなかった。一九四一年一二月七日、アメリカ参戦とほぼ時を同じくして、ドイツ軍はレニングラード、モスクワ、ハルキウ、ロストフの間近に迫る。一九四一年時点の独ソ国境から平均すると一〇〇〇キロ離れている。

しかしソ連には三番目の軍隊があった。こちらは規模は同程度だが装備は他の梯団に比べて不十分だった。それでも一九四一～四二年の冬季大反攻でこの第三梯団が持ちこたえ、反撃し、戦い抜いたのである。[12]

一九四一年一二月にアメリカはついに第二次世界大戦に参戦する。いや正確には、大日本帝国海軍によって戦争に引きずり込まれた（フランスとイギリス以外、自ら対独戦争に名乗りを上げた国はないことを思い出してほしい）。現地時間で一二月七日、空母六隻で編成された日本海軍の機動部隊がオアフ島の真珠湾を急襲したのである。この時点で太平洋戦争は一九三七年の日本の中国侵攻から数えてすでに五年目に突入していた。

ヨーロッパにおける第二次世界大戦には、第一次世界大戦のイメージがつきまとう。まずマクロレベルで両者には共通性がある。第一次世界大戦による経済的・政治的・人的損害は甚大で、ヨーロッパの安定と繁栄の土台を粉砕した。またミクロレベルでもそうだった。平時の通常の成り行きで、スターリンやヒトラーがあのような好機を手にしたとは思えない。同じことが地球の反対側にも当てはまる。第一次世界大戦と大恐慌は日本を帝国主義に突き進ませる強力な一撃となった。

第一次世界大戦は、日本の工業化を間接的に促進する役割も果たしている。ヨーロッパは、敵対関係にあるアジア諸国への輸出を打ち切った。となると、これまでヨーロッパから買っていた工業製品をどこから買えばいいのか。あきらかな答えが、ハイペースで工業化が進んでいた日本だった。日本の工業生産も製品輸出も第一次世界大戦中に四倍近くに拡大する。日本製品に対する強い需要はインフレを引き起こし、大戦中に物価は二倍以上に上昇している。

戦後、ヨーロッパがアジア向け輸出を再開すると、日本企業は厳しい競争にさらされた。おりあしく日本経済は一九二三年の関東大震災で大打撃を受ける。震災で、五万人とも一〇万人とも言われる犠牲者が出た。だがこうした逆境を跳ね返して日本の工業化は進み、一九二〇年代のうちに付加価値で工業が農業を追い抜くにいたった。

日本の製造業は、多くの国の製造業がそうであるように、当初は労働力を未婚の若い女性に依存していた。雇用主にしてみれば、このような労働力は相対的に経験が乏しいうえ、離職率が高い。そこで二〇世紀前半に未婚女性の短期的な労働力と、熟練した男性の長期的な労働力との均衡化が図られた。

この過程で考案されたのが、今日「終身雇用制」と呼ばれる制度である。日本の男性労働者は学校を卒業すると正社員あるいは見習いとして採用され、終身雇用を保障される。会社への忠誠と引き換えに昇給、医療保険、年金給付が与えられる。このような制度が日本に定着したのは、日本の社会に合っていたからだろう。加えて日本は深刻な不況を回避できたため、企業が労働者を大量解雇するような状況に追い込まれなかったという点も見逃せない。

一九三〇年代まで、日本経済を支えていたのは綿織物、家具、アパレル、まだ萌芽期の重工業だった。これらの新興製造業を支配していたのは財閥である。一種の企業連合で、役員の相互交換、業務提携、株式の相互保有、共通の取引銀行や保険会社などが特徴だ。日本型の金融資本主義はドイツのそれとかなり似ている。

大恐慌は一九三〇年に日本を襲った。他国に比べればいくらか穏やかな形ではあったが、日本の輸出、とくに絹の輸出は大幅に落ち込む。金本位制を採用していたため、日本経済はデフレ危機の淵に瀕する。そこで日本政府は金本位制から離脱する決断を下すと同時に、軍事支出を中心に政府支出を拡大して対応した。大恐慌は日本経済を脅かしはしたが、息の根を止めはしなかったのである。さらに重要だったのは、大恐慌でヨーロッパの帝国主義国家が軒並み危機に陥ったことだった。

そこで日本政府は一九三一年に拡張政策に転じる。日本は満州への勢力伸長を図り、傀儡国家である満州国の「独立」を宣言する。この間も再軍備に邁進し、一九三七年の中国への全面攻撃へと進んでいく。政府から軍需物資や満州国でのインフラ建設の資本財の発注があり、日本の工業生産を一段と促進することになった。一九三七年以降、日本は戦時経済一色となり、軍艦、戦闘機、エンジン、ラジオ、戦車、機関銃の生産が急ピッチで進められた。

だが対中戦争を継続するためには、石油が必要である。日本はアメリカやのちにインドネシアとなる地域（当時はオランダ領東インドだった）から石油を輸入していた。ルーズベルト大統領は、大日本帝国の勢力拡大を阻止しようと躍起になる。そして一九四一年七月二五日、すなわち日本軍がインドネシア南部に進駐した翌日に、アメリカ国内にある日本の金融資産をすべて凍結するよう命じた。

日本政府はアメリカで石油を買い付けて日本に向けて積み出してよいとの正式許可を得ていたものの、資産を凍結されてしまったらその代金をどうやって払えばいいのか。石油代金に充当する資金の凍結解除を要請する日本政府の書面が国務次官補ディーン・アチソンの元に届けられたが、回答した形跡はない。お役所仕事のせいだったのか。それともそれがアメリカ政府の方針だったのか。方針だったとして、誰が言い出したのか。今日にいたるまではっきりしない。しかし一二月七日より前に大統領か軍部が資産凍結を事実上の石油禁輸に切り替えたのか。しかも石油禁輸はインドネシアからの石油も対象だった。オランダ植民地の当局は、ドル建ての支払いを要求したからである。

つまりアメリカは資産凍結令によって、アメリカ以外からの石油も含めた日本への全面的な石油禁輸を実行したわけである。石油なしには日本の軍事マシンは回らない。石油禁輸は日本に究極の選択を突きつけたことになる。アメリカの要求をすべて呑むか、でなければ開戦か。日本にとっては、最低でもオランダ領東インドの油田を確保することが死活的に必要だった。このことは十分に予測可能だったし、予測されていたはずだし、対抗策も練られていたはずである。その対抗策は、アメリカ軍部が太平洋で採用していた警告措置をはるかに上回るレベルのものでなければならなかった。

日本の指導者にとって選択の余地はなかった。日本軍は先制攻撃を、それもすさまじい先制攻撃を仕掛ける。一九四一年一二月七日の日本の攻撃は、太平洋地域にイギリス、オランダ、アメリカが保有していた軍事基地への攻撃で始まった。中で最も名高いのが真珠湾攻撃で、太平洋艦隊の戦艦が次々に撃沈された。しかしそれよりもダメージが大きかったのは、フィリピンのクラーク空軍基地への攻撃だった。この攻撃でB17重爆撃機十数機が破壊され、大日本帝国海軍の侵攻を許すことになる。

真珠湾攻撃がなかったら、またその直後のヒトラーによるアメリカへの宣戦布告がなかったら、アメリカが参戦したかどうかは大いに疑わしい。一九四一年後半のアメリカの世論は、イギリスとソ連に十分な武器を与え、最後の一人になるまでヒトラーと戦い抜くことには賛成だが、アメリカの若者は戦場から遠ざけておきたいというものだった。このような意見が引き続きアメリカの政策で重視されていたら、歴史はまったく違ったものになっていただろう。

第二次世界大戦の交戦国は、拡大した後に縮小した。ヨーロッパでは、戦争はフランス、イギリス、ポーランドがナチスドイツと戦う形で始まり、一九三九年九月末までにドイツとソ連がポーランドを征服した。ソ連はフィンランドに侵攻し、その年の冬から一九四〇年春にかけて戦った末に停戦にいたる。一九四〇年春にはドイツがノルウェー、デンマーク、ベルギー、オランダ、ルクセンブルク、フランスに侵攻し、次々に降伏させた。ここでイタリアがドイツ側で参戦する。一九四〇年夏には、ヨーロッパでドイツと戦っているのはイギリスだけになった。同年末から翌四一年初めにかけてギリシャとユーゴスラビアが連合国側に加わるが、どちらも一九四一年春にはドイツに制圧される。そして四一年夏にドイツがソ連に侵攻し、同年一二月七日に大日本帝国海軍が太平洋域のイギリス、オランダ、アメリカの領土に攻撃を仕掛け、その翌日にドイツがアメリカに宣戦布告する（この時点では奇妙なことに、日ソ中立条約により日本とソ連の間では平和が保たれていた）。事ここにいたって戦争は真の世界大戦となる。

これは「総力戦」だった。ピーク時には、アメリカの国内総生産（ＧＤＰ）の四〇％近くが戦争に回されている。イギリスの場合は六〇％だ。そして六〇〇〇万人（プラスマイナス一〇〇〇万人）が戦争で、または戦時中に、または戦争の結果として死んだ。

第二次世界大戦をどう捉えたらいいだろうか。

まずは死者だけを考えてみよう。

第二次世界大戦が終結した時点で、ヨーロッパでは四五〇〇万人、アジアでは一五〇〇万人が暴力または飢餓により死んでいたと推定される。その半分以上がソ連の住民だった。だが第二次世界大戦後のソ連国境の西側でさえ二〇人に一人が殺され、中央ヨーロッパではこの比率は一二人に一人に近かったとみられる。第一次世界大戦では死者の圧倒的多数を兵士が占めていたが、第二次世界大戦では兵士は半分以下だった。生データでは公平な評価はできないにしても、死者数を示す以下の数字は何かを物語っているはずだ。

ヨーロッパのユダヤ人：六〇〇万人（死亡率七〇％）（三分の一がポーランド人）
ポーランド：六〇〇万人（死亡率一六％）（三分の一がユダヤ人）
ソ連：二六〇〇万人（死亡率一三％）
ドイツ：八〇〇万人（死亡率一〇％）
日本：二七〇万人（死亡率四％）
中国：一〇〇〇万人（死亡率二％）
フランス：六〇万人（死亡率一％）
イタリア：五〇万人（死亡率一％）
イギリス：四〇万人（死亡率一％）
アメリカ：四〇万人（死亡率〇・三％）

戦争の経過を説明する一助として、戦術面、作戦面にまず注目してみよう。最初の三つの大きな戦い、すなわちポーランド侵攻（一九三九年九月）、フランス侵攻（一九四〇年五月〜六月）、ソ連侵攻の最初の半年（一九四一年六月二二日〜年末）を検討する。

一九三九年のポーランド侵攻では、ドイツは兵士四万人を戦死または負傷で失ったのに対し、ポーランドは二〇万人に達したうえ一〇〇万人が捕虜になっている。一九四〇年のフランス侵攻ではドイツは兵士一六万人を失ったのに対し、連合軍兵士は三六万人を失い、二〇〇万人が捕虜になった。一九四一年のソ連侵攻の最初の半年では、ドイツは兵士一〇〇万人を失ったのに対し、ソ連は兵士四〇〇万人を失い、さらに四〇〇万人が捕虜になっている。

要するに、ナチスはどの敵に対しても戦争の遂行において戦術面でまさっていた。彼らは爆撃機を急降下させる技術も、戦車の隊列を扱う方法も、奇襲攻撃や側面攻撃や塹壕戦のやり方も熟知していた。戦間期のドイツ軍にナチスが加えたのは一〇万人の兵士に過ぎない。だがその一〇万人が戦術的優位性を恐るべき水準に引き上げる術を学び、あるいは新たに開発したのだった。第二次世界大戦の第一の教訓は、こうだ。ナチスを相手に戦うときは、戦術的に圧倒されることを想定しなければならない。ナチスの軍隊の二〜五倍の兵士を戦場に送り込んでも負ける可能性が高いのである。戦争が始まった時点では、どの国もそうだった。そして連合国側が教訓を学んだ戦争後半になっても、驚いたことにそれは変わらなかったのである。

しかもナチスは作戦面でも敵にまさっていた。ここから第二の教訓を引き出すことができる。ナチスを相手に戦うときは、大規模集団を形成する自軍の兵士が往々にして圧倒され、包囲され、分断され、補給を断たれ、パニックに陥って敗走し、挙句に大量投降を強いられると想定しなければならない。そのような事態が実際に一九四四年一二月に起きている。ナチス体制崩壊のわずか五カ月前のことだ。このときドイツの第五装甲師団はアメリカ陸軍第一〇六歩兵師団をまるごと包囲し、投降に追い込んだ。ベルギー＝ドイツ国境にあるアルデンヌの森と呼ばれる高地で、厳冬だった当時は雪が積もっていた。

端的に言って、戦術面、作戦面での優位性は戦争においてはきわめて大きな意味を持つ。もう一度、一九四〇年のフランス侵攻を振り返ってみよう。フランスはドイツがアルデンヌの森の北側からベルギーに攻め込むとみていた。アルデンヌの森は道路が整備されておらず作戦行動が取りにくいことに加え、ムーズ川が自然の防御となるからである。このため、同地の守備は弱小の第九軍に任せていた。ところがナチスの主力部隊はアルデンヌの森を通過して攻撃してきたのである。

戦闘が始まってから三日と経たないうちに、ナチスの攻撃の主力がアルデンヌを通ることがはっきりし、フランスは対抗策を講じ始める。アーネスト・メイの『奇妙な勝利』によると、フランスの行動は的確だった。五月一二日午後三時にフランスのシャルル・アンツィジェール陸軍大将は「予想されるドイツの攻勢を撃退するための増援」を命じ、メイによると「予備軍の中で最強の三師団」が応援に加わる。第三機甲師団、第三自動車化師団、第一四歩兵師団である。「この歩兵師団は精鋭揃いだった」とメイは書いている[13]。

五月一五日までにこの三師団がさらに増強される。ベルギーの平原に展開していたフランスの第一機甲師団が、南に移動して第九軍に加わったのだ。この機甲師団は第九軍の後方に配置され、第六軍を形成することになった。また第二機甲師団も第九軍に加わることになり、新たに編成された第四機甲師団の司令官にシャルル・ドゴールが就任した。ドゴールは、最初に突破したドイツ軍を南の側面から攻撃するよう命じられていた。

つまり、推定八〇〇両の戦車を備えた重機甲師団が四つに、フランスの戦略的予備だった合計一六の歩兵師団がドイツの攻撃に備えたわけである。彼らに何が起きたのか。答えを聞く前に、フランスの四師団が持つ戦車の数は、ドイツの主力部隊である七装甲師団が持つ戦車の数とほぼ同じだったことに留意されたい。

以下が実際に起きたことである。

フランスの第一機甲師団は単純に燃料切れになった。燃料を積んだトラックが来るのを待っているところへ、あのエルウィン・ロンメル将軍率いる第七装甲師団が通りかかる。ロンメルがこの好機を逃すはずもなく、第一機甲師団は粉砕され、戦場から抹殺された。

フランスの第二機甲師団はばらばらで、戦いを始めることすらできなかった。集合地点がすでにドイツ軍に制圧されていたためである。ウィリアム・シャイラーの『第三帝国の終わり』

によると、「移動の命令が［第二機甲師団に］伝えられたのは……五月一三日になってからだった」という。しかも「戦車と大砲の車列が出発できたのは一四日の午後になってからだった」。挙句に「物資を満載した車両群がドイツの師団に遭遇し」後退を余儀なくされる。なにしろ車両群は護衛がついておらず「火器も備えていなかった」からだ。そのときまでに戦車と大砲は「サンカンタンとイルソンの間」で準備されていたものの、「広大な三角地帯にただ散らばっていた」[14]。

アンツィジェールは第三機甲師団に対し、いったん南へ後退するよう命じる。この師団の任務は、ドイツ軍がムーズ川の渡河に成功して南進した際に左翼から側面攻撃をかけることだと判断したからである。フランス第六軍の各師団は、第二機甲師団と同じく、戦闘体制を整えるべくもたついている間にゲオルク＝ハンス・ラインハルト将軍率いる第六装甲師団に五月一五日と一六日に撃破された。

シャイラーが書いたとおり、「五月一〇日には……スダンとメジエールでムーズ川から八〇キロ以内の地点、すなわちムーズ川まで夜のうちに走破できる距離に停止していた」フランスの三つの重機甲師団は、「すべてが浪費された……一両として適切に展開されることはなかった」。車両は残らず戦闘不能になったのである。

ドイツが五月一〇日にベネルクス三国に攻め込んだ時点では、フランス側には機甲師団が三つしかなかった。五月一一日には、最高司令部が傍若無人で傲慢なドゴールに第四機甲師団の編成を命じた。一七日にはドゴールが反撃し、ドイツの最前線を数時間混乱に陥れることに成功する。だからドゴールの第四機甲師団は十分に戦場で存在感を発揮したと言える。だがシャイラーが書いたとおり、この師団は「強度が足りず、師団としての訓練もしていなかった」[15]。フランスが降伏してもドゴールは屈せず、自らを「自由フランス」の指導者と名乗り、「何が起ころうとも、フランスの抵抗《レジスタンス》の炎は消えてはならないし、消えることはないだろう」とフランス国民に呼びかけている[16]。この呼びかけは一定の効果をあげる。そして「自由フランス」はアメリカから武器の供給を受け、一九四五年まで連合軍とともに戦った。

フランスはなぜ負けたのか。まず、戦術面で失敗した。戦場での相対的な死傷者数をみればそれはあきらかだ。また、戦略面でも失敗した。ドイツの攻撃の主力に弱い第九軍をあてたのはその典型例だ。一方、強力な師団は包囲に対して脆弱な北部に残っていた。そのうえ作戦面でも失敗している。

五月一〇日にチャーチルは海軍大臣を退任し、国王から組閣の大命を受けてチェンバレンに代わって首相となる。五日後、フランスの首相ポール・レノーから電話があった。「我が国は敗北しました。敗れたのです。戦いに負けたのです。パリは無防備です。われわれは制圧されました」とレノーは繰り返した。

翌五月一六日、チャーチルは英仏海峡を渡る。パリの飛行場までは一時間足らずだった。そして一眼見ただけで、状況は飛行機に乗る前に考えていたよりはるかにひどいことがわかった。

フランスの最高司令官であるモーリス・ガムラン参謀総長は、状況を無味乾燥な言葉で簡潔に説明した。その言葉はチャーチルの脳裏に焼き付いている。

スダンの南北八〇～一〇〇キロにわたって、我が方の前線はドイツ軍に蹂躙された。フランス軍は撃破され無秩序に敗走した。敵の装甲車両の進撃スピードは途方もないレベルだ……装甲部隊の背後には八～一〇の歩兵師団が続く。これらはすべて自動車化されており、ぐんぐん進む。彼らが前進するにつれてフランス軍は分断され、右にも左にも死屍累々といった状況になった。[17]

ガムランは、ドイツ軍は数日のうちにパリに入るだろうと述べた。ショックを受けたチャーチルは、明快な英語とへたくそなフランス語でフランス軍の戦略的予備はないのかと質問した。

ガムラン将軍は私の方を向いて首を振り、肩をすくめてこう答えた。〝一切ない〟……私は唖然とした。偉大なフランス軍とその総司令官について、いったいどう考えればいいのか？……フランス軍たるものは、敵の最初の猛攻に対して激越な反撃ができるだけの師団を持てるはずだし、持っていなければならない……あんなに驚いたことは私の人生で初めてだったかもしれない……我に返った私は、いつどこで攻撃に転じるつもりかと将軍に尋ねた……彼は、〝数で劣り、装備で劣り、方法で劣っている以上……〟と答え、望みはないとばかりに肩をすくめた。[18]

チャーチルはまちがっていた。すでに述べたように、フランスは戦略的予備を持っていたし、それを一週間のうちに戦場に送り込み待機させていた。だが戦術、戦略、作戦の組織的な失敗により実際の戦闘ではまったく役に立たず、この失敗がフランスの運命を決定づけることになったのである。

チーズばかり食べている負け犬だとフランスを馬鹿にする前に、ヒトラーの第三帝国崩壊の直前にアルデンヌの森（バジルの戦い）でアメリカの第一〇六歩兵師団に何が起きたかを思い出してほしい。同じことが一九四三年二月に、チュニジアのカセリーヌ峠でロイド・フリーデンダール少将率いるアメリカの第二軍に起きていた。これはアメリカ軍とナチスの軍隊との最初の戦闘だった。アメリカだけではない、ポーランド、オランダ、ベルギー、フランス、ユーゴスラビア、ギリシャ、イギリス、ソ連などあらゆる国が、すくなくとも最初の戦闘では、戦術面でも作戦面でも軒並みナチスに敗北しているのだ。しかもその後の戦闘でも低からぬ頻度で敗退している。

ナチスの軍隊の戦術面・作戦面の優位性は強力な乗数効果をもたらす。世界と連合国側にとって幸運なことに、戦術面・作戦面の優位は同程度に大きい戦略面の劣位によって打ち消された。ナチスのヨーロッパ制圧がピークに達した一九四二年一一月を考えてみよう。ドイツは一三の野戦軍をソ連に送り込み、北西はバルト海から南南東は黒海・カスピ海にいたる地域に展開していた。うち八軍は、バルト海南南東に面したレニングラード（現サンクトペテルブルク）とドン川中流に面したヴォロネジを結ぶ直線沿いに展開された。ドン川はロシア南部を流れる三大河川の一つで、全長の五分の三はバルト海からカスピ海へ流れ込む。そこからやや間隔が空いて、ヴォロネジとカスピ海の中間地点、ドン川とヴォルガ川が最接近する地点に二軍が配置された。そこには当時スターリングラード（現ヴォルゴグラード）と呼ばれていた都市があった。残り三軍ははるか南東のコーカサス山脈に展開された。

南東部に展開された五軍すなわちスターリングラードを瓦礫の山にした二軍とコーカサス山脈に送られた三軍は、なぜ主力からあれほど離れて配置されたのだろうか。いったいこの五軍は何をしていたのか。主力との距離に問題はなかったのか。じつはコーカサス山脈に送られた三軍は油田の制圧が任務だった。ドイツはルーマニアのプロイェシュティ周辺の油田を押さえてはいたものの、もっと石油を手に入れないと戦争を継続できないとヒトラーと指導部は確信していたのである。

あとでわかったことだが、ヒトラーらはまちがっていた。どれだけの燃料備蓄がありどれだけ消費するかについて、部下は嘘をついていたのだ。中央司令型システムの欠陥は、部下の誠実さに左右されやすいこと、そして部下は次第に保身に走りがちになり、失敗して糾弾されることを恐れるあまり慎重な見通しに終始しがちになることである。ともかくヒトラーはどんなリスクを冒してでも油田を制圧しなければならないと決意していた。

ドン川とヴォルガ川近くに配置された二軍（ドイツ第六軍と第四装甲師団）は、コーカサスに派遣された三軍の左側面の防衛に当たっていた。この二軍は、スターリングラードという名前だった都市の爆撃で廃墟と化した残骸を占領するために、兵員と物資と貴重な時間を浪費することになる。

なぜスターリングラードでこれほど激しい攻防戦が繰り広げられたのか。ソ連最高指導者の名前を冠した都市だったから、という以外に何か理由があったのかはっきりしない。スターリングラードとこの街が立地するヴォルガ川西岸を制圧したところで、主力軍の側面を確保できるわけではない。なにしろドン川に面したヴォロネジ州よりはるか南にあるのだ。そのうえ第六軍と第四装甲師団は自分たちの両側面の心配もしなければならなかった。というのも彼らとヴォロネジの間には、練度が低く装備もお粗末なイタリア軍と、戦意の低いバルカン諸国の同盟軍しかいないからだ。

ソ連は赤軍の第三梯団を失わずに済んでいた。第三梯団は一九四一～四二年冬の冬季大反攻を戦い抜き、さらに一九四二年夏から秋にかけて増強されている。彼らは疲弊していたが、意図に反してドイツ軍の攻勢に再びさらされることになる。だが彼らは一九四一年のような包囲と投降による戦線崩壊を免れた。兵員を使い切りながらも、レンドリースによる武器貸与と国内での兵器補給により、ソ連は冬季攻勢を担当する第四梯団を編成することができたのである。ちなみに国内で兵器製造が継続できたのは、ソ連国防委員会の一員だったアレクセイ・コスイギンのチームが、ドイツ軍進撃の鼻先から兵器工場を東に疎開させることに成功したおかげだった[19]。

ソ連は一九四二～四三年冬に二つの大攻勢を仕掛けている。一つは火星作戦《マース》と名付けられ、ルジェフ付近でモスクワに最接近したドイツ軍突出部の殲滅が目的である。こちらは失敗に終わり、多大な損害を出した。もう一つが天王星作戦《ウラヌス》で、スターリングラード付近に長く露出していたドイツ軍の南北側面を攻撃し包囲殲滅する狙いだった。こちらは圧勝し、ドイツ第六軍をまるごと（第四装甲師団の大部分も）包囲することに成功し、大量投降を強いている。さらにドイツ軍に油田地帯からの早期撤退と本国帰還を余儀なくさせた。これは途方もない勝利であり、敵に途方もない戦略ミスのない限り実現しないような勝利である。この場合には、一九四二年後半にドイツ軍の東部戦線で、戦力を広く分散して展開するという重大な戦略ミスがあった。

このように赤軍はドイツを放射能で汚染することなく連合国が第二次世界大戦に勝利する最後のチャンスを摑んだと言える。スターリングラードでのウラヌス作戦が、モスクワでのマース作戦と同じく失敗していたら、また第四梯団が先行した三つの梯団と同じく展開されてから非効率を露呈していたら、スターリンは第五梯団を編成できなかったかもしれない。いや、ソ連という国が終わっていたかもしれない。

連合国側には、兵員損耗という犠牲を払っても戦い続けられるという意味で戦略ミスを犯す余地があったが、ナチスにはその余地はなかった。なぜなら、彼らには欧州大陸全土にわたって（およびいくつかの海を越えて）複数正面で総力戦を戦うことはできなかったからである。一九四一年初めから一九四四年末までのドイツ軍の月間死傷者数を考えてみよう。一九四一年六月にソ連侵攻が始まると、途中小休止を挟みながらも、ドイツ軍は毎月五万人の兵員を死傷または行方不明で失うことになる。開戦時のナチスドイツにはいわゆるゲルマン民族が約六〇〇〇万人おり、うち徴兵年齢の男子は一五〇〇万人いたと推定される。その半分は動員可能だった。残り半分は戦争関連の仕事に必要だったが、ナチスがイデオロギーに反する気になれば彼らを前線に送り込むことは可能だったはずである。さらに女子の大量動員も可能だったが、ナチスはそれもしていない。つまり動員可能な人員が最大七五〇〇万人しかいないのに毎月五万人が失われたのだから、たいへんな痛手だった。

さらに一九四二年一二月から四三年二月にかけて、二五万人という兵員損耗の急増が起きる。この大量損失はスターリングラードでの第六軍の投降に起因する。四三年の春にはチュニジアでの投降があった。一年後の四四年夏には一〇〇万人の大量損耗が発生したが、これは、ソ連が大攻勢をかけたバグラチオン作戦によりドイツの中央軍集団が壊滅的打撃を被り大量投降したためである。

ドイツにとって、戦術面・作戦面の優位性を活かすには戦争を長引かせる戦略のほうがよかったはずだ。そうなれば勝てた可能性もなくはない。イギリスと戦いながらソ連に侵攻し、さらには一九四一年一二月八日にアメリカに宣戦布告するドイツよりは、敵を順に撃破していくドイツのほうがはるかに危険だっただろう。

もっとも戦争を長引かせたところで、やはりドイツは負けたかもしれない。最高の戦略にドイツの戦術面・作戦面の優位性が組み合わさったとしても、兵站と生産性の格差を埋められたとは思えないからだ。彼我の格差はあまりに大きかった。

一九四四年におけるアメリカの戦時生産を一〇〇とすると、一九四〇年におけるイギリスのそれは七、ナチスドイツと日本は一一だった。一九四二年になると、連合国側が合計で九二に達したのに対し、日独は一六、一九四四年には一五〇対二四となる。

戦争が真の世界大戦に拡大した一九四二年以降は、ヒトラーの負けは不可避だった。なにしろイギリス一国で、ドイツおよびヨーロッパにおけるドイツ占領地域の戦時生産を上回ったのである。アメリカとソ連の参戦により、連合国とドイツの戦時生産は八対一、日独合わせても六対一以上の差がついた。

戦車や戦闘機の生産で八対一の差がつき、さらに動員可能な兵員数で一〇対一の差があったら、戦術面・作戦面の優位性により兵員損耗の格差が三対一に抑えられていてもあまり助けにはならない。一九四二年秋からは、ハワイ北西のミッドウェー島の戦い、ソロモン諸島にあるガダルカナル島の戦い、エジプトのエル・アラメインの戦い、一年におよんだ大西洋の戦い、そして何よりもスターリングラード攻防戦というふうに、ナチスドイツと大日本帝国に対する重要な戦闘が相次いだ。一連の戦闘が終わってみてはっきりしたのは、ナチスドイツが戦争継続を選んだ場合に戦争に勝利するのはどちらの側か、ということである。ナチスドイツのイデオロギーに突き動かされて彼らは戦い続けた。もしそうでなかったら戦争は終わっていたはずだ、とチャーチルは一九四二年一一月に述べている。あれは終わりの始まりですらなかった、とチャーチルは語った。だが始まりの終わりではあった。彼は正しかった。

一九四五年春、東進してきた英米軍と西進してきたソ連軍は、かつてドイツだった焦土で邂逅する。ヒトラーはソ連軍が総司令部に迫ってきたことを知り、ベルリンの地下壕で自殺した。連合国軍が戦場で勝利を収められなかったとしても、彼らにはマンハッタン計画と原子爆弾があった。日本は原爆を投下され、焼夷弾爆撃を受け、封鎖され、連合国軍による上陸の脅威にさらされた末に一九四五年夏に降伏した。

ナチスは科学の力で活路を開けなかったのだろうか。答えはノーだ。ヒトラーが権力を掌握した時点では、ドイツには世界最高クラスの原子物理学者が何人もいた。だがナチスは原子物理学を「ユダヤ人の科学」として退ける。運のいい科学者は亡命に成功し、アメリカかイギリスに渡ってナチス撲滅のために知恵を貸すことになる。

ナチスは原爆を持っていなかったし、作るノウハウも持ち合わせていなかった。対照的にアメリカは、一九四五年八月には一カ月のうちに二つの都市を放射能で汚染された廃墟と化す能力を備えており、敵から無条件降伏を引き出すまでその力を使うことができた。私たちがそれを知っているのは、実際にアメリカがそうしたからである。

第二次世界大戦は、まったく不十分な表現にはなるが、恐ろしい戦争だった。多くの研究者が、あの戦争は回避できたと指摘している。ヒトラーが一九三六年にラインラントを占領したとき英仏政府が武力で排除していたら、ヨーロッパで第二次世界大戦は起きなかっただろう。ヒトラーが一九三九年にポーランドへ侵攻したとき、スターリンが英仏と手を組みナチスドイツに宣戦布告していたら、おそらくヒトラーのドイツはもっと早く粉砕され、ヨーロッパでの戦争は一九四一年末までに終わっていただろう。

こうした推測は、イデオロギーや経済に関する事実よりも個人にスポットライトを当てることになる。

たとえばルーズベルトが一九四一年春に、ヨーロッパが平常心でないときに石油禁輸という手段を使って日本に圧力をかけ中国からの撤退を迫るのは得策ではないと判断していたら、どうだろうか。おそらく一九四五年になってもアメリカと日本は平和を保ち、中国の沿岸地域は日本が占領する植民地となり、中国内陸部は無政府状態となり、日本の軍部は共存繁栄を確立したことで名声を謳歌したことだろう。

チャーチル以外の誰かが一九四〇年にイギリスの首相になっていたら、たとえばチェンバレンが留任するとかハリファクス卿が就任していたら、イギリス政府はまずまちがいなく一九四〇年の段階でナチスドイツと個別の和平交渉をしていただろう。するとドイツは一九四一年のソ連侵攻を後顧の憂なく実行できたはずだ。そうなった場合、スターリン体制は崩壊していたかもしれない。ウラル山脈にいたるまでのヨーロッパ・ロシアはナチスドイツの領土となり、あるいは植民地あるいは傀儡国家になっていただろう。

考えうるいかなる状況でも、ヒトラーがソ連侵攻を思いとどまることはありそうにない。東方進出が絶対に必要だという信念は彼のイデオロギー的世界観にあまりに深く根付いていた。東方進出の断念に比べれば、一九四一年にヒトラーがアメリカに宣戦布告しなかった可能性のほうがいくらか高いだろう。

ルーズベルト、チャーチル、スターリン、ヒトラーがみなあのような人物でなかったら、何かが違っていたかもしれない。いや、勝者が違っていたかもしれないのだ。

その場合に第二次世界大戦がたどっていたかもしれない別の筋書きの大半は、モスクワを中心に東欧を支配する共産主義の悪の帝国に代わって、ベルリンを中心にヨーロッパ全体、ことによるとユーラシア全体を支配するナチスの悪の帝国が戦後期に出現するということになる。これがよりよい結末とは言い難い。

枢軸国の降伏が受け入れられた後に世界が直面したのは、それとはまったく違うものだった。敗北し破壊されたドイツ、勝利したが破壊されたロシア、敗北し破壊され二都市が放射能で汚染された日本、勝利したが疲弊した大英帝国、勝利し国土は無傷で経済大国となり新たに自信を深めたアメリカ。一九三三年、それどころか一九三八年の時点で予想された世界とは似ても似つかぬ姿が出現したのだった。

第11章

敵対しつつ共存する二つの体制の冷戦

The Cold War of Hostile Yet Coexisting System

一九一四年以前のおおむね平和で徐々にゆたかになっていくベルエポックで争いを招く蛇の役割を果たしたのは、軍国主義と帝国主義、人種と文化の対立といったものだった。第二次世界大戦後にこれらの蛇はまだそこらを這い回っており、すぐに巨大化して悪夢を生むことになる。それが、米ソ冷戦である。

それでも矛盾するようだが、繁栄とユートピアに近づく人類の歩みを冷戦が阻んだり、妨げたりすることはなかった。むしろ冷戦はその歩みを加速させたように見える。

加速させたと断言できないのは、いくつかのケースでは冷戦はあきらかに悪いほうへと脱線したからである。冷戦は危なっかしくぐらつきながら何度か瀬戸際に、さらには一触即発の事態まで近づいた。ときには暴発することもあった。絶滅や殲滅のための手段の開発に途方もないリソースが費やされた。冷戦はもっと悪い方向に向かう可能性もあったと言わねばならない。[1]
そうは言っても、冷戦は他の紛争の種が成長と進歩を妨げることを阻止する役割も果たした。
一九三〇年代〜四〇年代にスターリンの血腥《ちなまぐさ》い手の忠実な部下だったニキータ・セルゲーエヴィチ・フルシチョフは、一九五六〜六四年にソ連の最高指導者となるが、そのフルシチョフがある意味で勝者の一人に数えられるという事実は、冷戦の非現実的な性質をはっきりと表すものと言えよう。一九五九年にフルシチョフは、米ソ対立の中心テーマである競争と平和共存の必要性について次のように書いた。

> 平和共存とは……いつ戦争になるかと絶えず怯《おび》えながら単に隣同士に生きていることではない。平和共存は、人類のニーズを望みうる最高の形で叶えるための平和的な競争に発展できるはずだし、そうしなければならない……現実によりよい体制はどれなのか、試させてほしい。戦争をせずに競争させてほしい。このほうが、誰が兵器をもっと生産できるかとか、誰が誰を粉砕できるかとか、そんなことで競争するよりずっといい。そうした競争は人々の幸福をより高めるものとしてわれわれは支持するし、これからも支持し続ける……われわれは議論になることがあるだろう。意見が対立することもあるだろう。大事なのはイデオロギー対立の立場を維持し、どちらが正しいかを証明するために武器に訴えないことだ……最終的に、人々の物質的・精神的生活をよりよいものにで

きる機会をより多く与えられる体制が勝利するだろう。[2]

フルシチョフは、実際の社会主義が人類にとって出口のない袋小路だったとクレムリン宮殿に君臨する後継者たちですら気づくと知ったら、さぞ驚くことだろう。なにしろ彼は、ソビエトロシアは世界の資本主義国家を「葬り去る」と宣言したことでも知られる人物なのだ。[3] 対する資本主義国家は社会主義国家を葬り去るには至っていない。冷戦はときに（たとえば朝鮮半島やベトナムで）熱戦になることはあったものの、世界規模の戦争勃発は回避できていた。しかも冷戦はフルシチョフが望んだような形で、すなわち人々の物質的・精神的生活をよりよいものにできる機会をより多く与えられる体制が勝利する形で収束している。

冷戦になるはずではなかった。[4] かつて出現した中で最も危険な独裁国家を破壊するために多くの国が結束し、自分たちを連合国《ユナイテッド・ネーションズ》と称した。なぜ彼らは戦後も引き続き結束し、よりよい世界を建設するために協力しなかったのか。第二次世界大戦後の世界は新しくグローバル規模の協力機関を創設するのに理想的な状況だった。その代表格が、戦時中の連合国の同盟を発展させた国際連合《ユナイテッド・ネーションズ》であり、その安全保障理事会、総会、そしてさまざまな下部組織である。

また別の立場からしても、冷戦になるはずではなかった。第二次世界大戦後に真の平和が訪れたら世界はどうなるか、マルクス＝レーニン主義の理論はきわめて明確に示していたからだ。レーニンの考えでは、資本主義は帝国主義を伴う。[5] そして帝国主義は市場拡大の目的で植民地獲得を必要とするため軍備増強につながる。これらは、完全雇用に近い水準の雇用を維持し、大恐慌のような深刻な経済危機を免れるために必須の条件だ。経済危機に見舞われたら共産主義革命が勃発しかねない。だが帝国主義は戦争の原因となる。よって資本主義は経済危機に起因する革命はなんとか回避できても、戦争に伴う政治的・軍事的災厄によって革命を自ら引き起こすことになる。しかもレーニンの考えでは、ぎりぎりの回避は長くは続かない。

レーニンの後継者が知っているとおり、資本主義・帝国主義の列強は、一八九〇年代後半から帝国主義と軍国主義に起因する革命を遅らせることに成功していたが、第一次世界大戦という悲劇に突入した。それによってロシアでレーニンは権力を掌握し、史上初の実際の社会主義国家の樹立に成功する。第一次世界大戦に起因する共産主義革命は、大戦後も前進を続けた。

第一次世界大戦後、資本主義者たちは議会民主制を見限り、その結果としてファシストの支持に回ったとレーニンの後継者たちは考えた。イタリアのムッソリーニしかり、ドイツのヒトラー、スペインのフランコ、フランスのフィリップ・ペタン、日本の東條英機しかり。しかしファシズム支持に転換したからといって帝国主義と軍国主義が捨て去られたわけではなく、むしろ先鋭化した。かくして第二の帝国主義戦争である第二次世界大戦が勃発する。第二次は第一次より悲惨だった。

スターリンと部下たちは、第二次世界大戦後に世界が落ち着いたら、自分たちにはやるべき仕事が五つあると考えていた。

第一に、実際の社会主義の領土を防衛するためにソ連の軍備を拡充しなければならない。なぜなら、ファシスト的軍国主義的資本主義国家は、必ずや世界の社会主義を武力で破壊しようと試みるにちがいないからである。スターリンらの見方によれば、ジョージ・パットンをはじめとするアメリカの将軍たちは第二次世界大戦が終わった翌日から第三次世界大戦を始めたがっていたし、フーバー前大統領は第二次世界大戦でアメリカがまちがった側についたと考えていた。これらの点からすれば、資本主義国家による武力攻撃を想定するのはきわめて合理的だったのである。たしかにフーバーは、戦争のせいで許し難い威力を持つ兵器の開発が進められたことを深く憂慮してはいたが、彼と同じ考えの人間が大統領だったにしてもその兵器を躊躇なく使ったにちがいない。いずれにせよソ連は、近い将来の戦争は必ずあると判断していた。

第二に、実際の社会主義を新しい領土に拡大しなければならない。

第三に、ソ連は経済的に発展し社会主義の約束を実現すると同時に、資本主義世界に対し、よき生活とはどういうものかを見せつけてやらなければならない。

第四に、資本主義国家で社会主義運動が行われ、それが革命につながる強度を持っていると判断したら、支援する体制を整えなければならない。

第五に、鳴りをひそめていなければならない。

以上の仕事をうまくやりおおせたら、そのときには帝国主義的・軍国主義的資本主義のロジックが残りの仕事をしてくれるはずだとスターリンらは考え、彼らの信念がそれを確信させた。資本主義の大国は、次の悲惨な世界大戦で再び衝突するだろう。そのとき、実際の社会主義の国々が身を伏せて持ち堪えたら、戦後には再び勢力を拡大することが可能になる。それがソ連の戦略だった。防衛し、再建し、そして歴史のうねりが自分たちの側に回ってくるのを待つ。冷戦は彼らのプランには入っていなかった。

パットンやフーバーはともかくとして、欧米には再度の武力衝突をしたいという人はほとんどいなかった。アメリカでは、第一次世界大戦後ほどではないにしてもやはり孤立主義の空気が強かった。西ヨーロッパは疲弊しきっていた。イギリスは、実際の社会主義を押し戻すことよりも、だいぶ衰えてしまった（しかも衰え続けている）大英帝国の役割を見つけようと躍起だった。パットン将軍はことによると第三軍の戦車でもってモスクワを攻撃しようと空想していたかもしれないが、そのようなアイデアは北大西洋のまともな政治家にとって非常識きわまりなかった。四年におよぶ流血と犠牲（アメリカにとって、である。ヨーロッパとアジアの国民にとってはもっと長かった）のあとでは、前線で死ぬために数百万人の兵士を送り込むなど、考えたくもなかった。

スターリンでさえ、そうした空気を察知した。スターリン自身は安上がりにできると判断したら武力で領土をもぎ取ってやろうとするタイプであり、現にロシア内戦の末期にはグルジア（現ジョージア）のメンシェヴィキを殲滅している。だが第二次世界大戦後は、彼はその性癖を抑えていた。彼は実際の社会主義政権の樹立をフィンランドに押し付けようとせず、同国が武装解除し、反ソビエト同盟に加盟せず、政府にソ連のエージェントを大量に送り込める限りにおいて、フィンランドの民主化を容認した。また、ギリシャ共産党への支援をおおむね打ち切った。中国の毛沢東《もうたくとう》には蔣介石《しょうかいせき》と手を組むよう忠告して事態の推移を見守った。マルクスは、資本主義の内在的矛盾がその内部崩壊を招くと予言し、確約している。だから、急いで行動する必要はなかった。むしろ機が熟す前の性急な行動は逆効果になりかねない。

当時はまだ大恐慌の記憶が生々しかったことを忘れてはいけない。市場に依存する国は必ず過少雇用と景気低迷に陥ると考えていたのは共産主義者だけではなかった。歴史は中央計画経済の優位性を明確に示したという見方は、広く一般的だったのである。マルクス経済学者のポール・スウィージーが書いたように、一九四二年の時代の空気は「世界では社会主義圏が［第二次世界大戦後に］すばやく立ち直り生活水準を向上させているのに、帝国主義陣営は苦境の中であがいている」という見方に支配されていた。同様にイギリスの歴史家A・J・P・テイラーは一九四五年に「ヨーロッパでは、アメリカ流のやり方、具体的には民間企業に委ねるシステムの正当性を誰も信じていなかった。別の言い方をするなら、それを信じているのは敗北した党派、もう未来がないと思われる党派の人間だった」と述べている。[6][7]

ところがこうした状況でスターリンは、手の届くところにある果実を摑み取りたいという欲望を抑えられなくなる。一九四八年に彼はチェコスロバキア政変で介入圧力を強め、同国に共産党政権を樹立させる。さらに毛沢東はスターリンの警告を無視して蔣介石軍を打破し、国民党を台湾に追いやった。スターリンは臆病風に吹かれているのだとか、第二次世界大戦のショックで神経がいかれてしまったにちがいないといった陰口を耳にしたのだろう。ともかくも一連の事件を機に、鉄のカーテンとして知られることになる境界線の西側にある国々は、実際の社会主義を懸念と嫌悪と敵意の目で見るようになる。ソ連のエリート層は独ソ不可侵条約を嫌って出国したため、第二次世界大戦が始まった時点で大幅に減っていた。実際の社会主義を厳しい目で検証する第三者の数が増えるほど、その魅力は褪せていった。そのうえ社会主義は再び過激なナショナリズムに陥った。プロレタリアートに訴える信条を国境を越えて広めるどころか、実際の社会主義を信奉するのであれば、ロシア帝国の最新の方針に服従し受容しなければならないことが次第にはっきりしてきたのである。資本主義に内在する矛盾が露呈するのを待つという戦略はうまくいかないように見えた。すくなくとも短期間で成果が現れることはないと思われた。

第二次世界大戦後のソ連は、足元を固めるのではなく拡張路線を突き進む。こうなるとアメリカは何らかの対応が必要だと感じた。ルーズベルトの死を受けて一九四五年に発足したトルーマン政権は、そして議員の大多数も、第一次世界大戦後にアメリカが国際政治の舞台から退いたことが第二次世界大戦を引き起こす原因の一つになったと確信していた。そこで政府も議会も、過去の失敗を繰り返すのはごめんだ、自分たち自身で失敗を犯すほうがましだと考えるようになる。

ワシントンから見た西ヨーロッパは、いまにも実際の社会主義の拡げた腕の中に飛び込みそうだった。第二次世界大戦直後の時点では、西ヨーロッパが市場のメカニズムを活用して経済活動の多くを立て直すつもりがあるのかどうかはっきりしなかった。大恐慌によって市場に対する信頼は大きく揺らいでいたうえに、非常時の緊急手段として導入された戦時統制や戦時計画経済も、政府に経済を管理・規制する習慣をもたらした。スターリンのソ連が発表するめざましい経済成長率に感嘆し、同国の軍備増強に恐怖を覚えつつも、多くの人は市場経済より中央計画経済のほうが経済復興がすみやかで成長率は高そうだと期待したのである。

ヨーロッパの政治・経済が実際とは異なる道筋を歩んでいたら、第二次世界大戦後のヨーロッパの復興はおそらく停滞していただろう。戦時中の割当制度を撤廃するのが遅れれば、市場のメカニズムは大幅に制限されてしまう。第二次世界大戦後のヨーロッパは、第一次世界大戦後よりも経済状況が悪化していた。第一次世界大戦後に欧州大陸を立ち往生させた財政・政治の混乱が再現される可能性が高かったのである。政治家は、政府の介入や規制を容認してもよいという立場だった。「政府の失敗」が経済にどれほどダメージを与えるとしても、大恐慌のような「市場の失敗」よりはましだろう、と考えたからである。

ヨーロッパ各国政府が所得分布の大幅変動を回避するために戦時統制を維持・拡大していたら、どんなことが起きていたか想像してみよう。西ヨーロッパでは一九四〇年代後半~五〇年代前半に、官僚が希少な外貨を割り当てる権限を持つようになったはずだ。おそらく国内産業を保護し都市部労働者階級の生活水準を維持するために、輸入価格規制も導入されただろう。実際、中南米ではそうした政策が採用され、第二次世界大戦後二〇年にわたって経済が停滞する結果を招いた。たとえばアルゼンチンがそうだ。一九一三年の時点では、ブエノスアイレスは電話の普及率で世界二〇位以内に入っていた。また一九二九年には、一人当たりの車保有台数でフランスやドイツと肩を並べ、おそらく世界四位にランクされていただろう。にもかかわらず、第二次世界大戦後に同国はあっという間に第一世界から第三世界へ転落してしまった。同国の政治がひどく悪かったわけではない。第二次世界大戦前の西ヨーロッパの政治と大差なかった。実際一九四七年の時点では、西ヨーロッパの政治経済は誰が見てもアルゼンチンに劣らず脆弱だった。[8]

じつのところ米国務省の高官たちは、一九四六年から四七年にかけて、戦いで負傷した兵士が出血多量で死んでいくように、ヨーロッパもまた死んでいくのではないかと疑っていた。国務省のメモをみると、ヨーロッパでは分業(都市部と農村部、工業と農業、さまざまな産業)が完全に崩壊してしまったとひどく終末論的な見方が示されている。戦争を通じてヨーロッパは経済計画や配給制についてアルゼンチンよりも経験を積んだ。フランスとイタリアでは攻撃的な都市部の労働者階級は富の再分配を声高に要求し、恒久的な連立政権で共産党寄りの役割を果たしそうな候補者に投票した。おまけに大恐慌、自給自足経済、戦争が相次いで起きた一五年間で経済ナショナリズムが醸成されている。ヨーロッパの政党は二世代にわたって経済的階級に沿ってはっきりと分離されてきた。

第一次世界大戦後の西ヨーロッパの経済成長がひどく低調だったことはたしかだが、第二次世界大戦後にはアルゼンチンにも劣っていた。第一次世界大戦後の石炭生産高の回復状況は不安定で、一九二〇〜二一年には一九一三年の七二%まで落ち込んでいる。これは、第一次世界大戦前の金本位制下の平価を回復しようとした中央銀行がデフレ政策を導入したせいだった。石炭生産は一九二三〜二四年にも落ち込んだが、こちらは戦時賠償金の支払いが滞ったことを理由にフランス軍がドイツの炭田地帯ルール地方を占領したことが原因である。生産は一九二五〜二六年に再び落ち込む。今度は、緊縮政策の圧力でイギリスの炭鉱労働者の賃金が押し下げられ、最初は石炭産業で、後には全産業にまたがる短期ゼネストが決行されたことが原因だった。

第一次世界大戦後のヨーロッパでは、さまざまな階級や利益団体による政治的・経済的な「削減合戦」により、生産の回復がたびたび妨害された。そこで第二次世界大戦後のヨーロッパの政治指導者たちは、そのような妨害を防ぎ政治的妥協を成立させるために知恵を絞る。実際、これがうまくいかなかったら、西ヨーロッパはスターリンの帝国に加わることになった可能性が高い。

だがヨーロッパはその罠を回避することができた。一九四九年までには、イギリス、フランス、ドイツの一人当たり国民所得は戦前の水準をほぼ回復する。そしてアメリカがヨーロッパに提供した大型対外支援「マーシャル・プラン」が終了した戦後六年目の一九五一年には、戦前を一〇%上回る水準に達した。国民総生産が不完全な物差しであることを承知のうえで比較すると、西ヨーロッパの三つの主要国は、第一次世界大戦後のヨーロッパが一一年（第一次世界大戦〜大恐慌）かかっても実現できなかった経済復興を第二次世界大戦後六年間で成し遂げたのである。

西ヨーロッパの混合経済体制は大規模な再分配システムを構築したが、このシステムは市場の消費財・生産財・生産要素配分メカニズムの上に構築されたのであって、市場に取って代わったわけではない。西ヨーロッパでは市場経済復活への支援はあったものの、すべてについてそうだったとは到底言えない。戦時統制は非常時の例外的措置だと認識されていたにしても、では何がそれに代わるのかということになるとはっきりしなかった。共産主義や社会主義を信奉する閣僚は市場経済への復帰に異議を唱えた。移行がいつ行われるのか、いやほんとうに行われるのかさえ定かではなかったのが実態である。それでも西ヨーロッパは市場経済に移行した。

第二次世界大戦後のヨーロッパは、自由放任《レッセフェール》からはほど遠かった。公益事業や重工業の大半は政府が保有していたし、所得再分配も政府が仕切っていた。戦後福祉国家のいわゆるセーフティネットと社会保険プログラムは、第一次世界大戦前には実現可能とは思えなかったような規模に達している。それでも福祉国家の財政は安定していたし、配分と交換は市場プロセスに大幅に依存していた。

第二次世界大戦後の西ヨーロッパはなぜこれほどうまくいったのだろうか。

フランクリン・ルーズベルト政権とハリー・トルーマン政権のおかげだと結論づけるのはたやすい。だが実際には、ときに手に負えない議会のせいでアメリカの内情はよろよろしていたのであり、奇妙なことだが一九四五〜五二年の政府が力を発揮していたのは国外のほうだった。まず、西ドイツの大半と日本を占領していた。さらに、広範な対外援助をしていた。直接的な救済、ソ連の膨張を食い止めるための軍事支援、大規模な融資、アメリカ市場へのアクセスなどを西ヨーロッパに提供していたのである。これらのプログラムがそのまま第二次世界大戦後のアメリカの政策を形成しており、その円滑な実施を通じて政権は自信を深めていった。

戦後二年と経たないうちに、西ヨーロッパの政治的・経済的・軍事的な強化がアメリカの政策となる。トルーマンはソ連の「封じ込め」政策を宣言するトルーマン・ドクトリンを発出した。封じ込めるためには、西ヨーロッパ経済をすみやかに再び繁栄させなければならない。コラムニストのリチャード・ストラウトが書いたように、「共産主義と戦う一つの方法は、西ヨーロッパにたっぷり食べさせること」だった。[9]

トルーマン政権は孤立主義者や緊縮財政派の反対を抑えてトルーマン・ドクトリン、マーシャル・プラン、さらにヨーロッパ防衛のための北大西洋条約機構（NATO）を議会で可決させようと画策し、そのために手元のあらゆる手段を駆使した。第二次世界大戦での軍事的勝利を演出したジョージ・マーシャルの評判、スターリン帝国の膨張に対する保守的な恐怖感、強い影響力を持つ共和党上院議員アーサー・ヴァンデンバーグ（ミシガン州選出）との同盟、等々。なぜあのプランは大統領のトルーマンではなく、国務長官のマーシャルの名を冠したのだろうか。トルーマン自身がその理由を明確に説明している。「マーシャルでなくトルーマンの名前をつけて、共和党が過半数を占める議会を選挙の年に通過させられると思うかね？[10]」。

マーシャル・プランは複数年にまたがる壮大な欧州復興援助計画だ。一九四八〜五一年にアメリカは欧州復興に一三二億ドルを拠出した。内訳は、イギリス三二億ドル、フランス二七億ドル、イタリア一五億ドル、ドイツの西側占領地区（のちに連邦共和国となる）に一四億ドルとなっている。アメリカの国民所得の一％相当額が何年も西ヨーロッパに流れ込むと、そして西ヨーロッパは国民所得の三％相当を何年も受け取ると、想像してほしい。

実際マーシャル・プランで流入したドルはヨーロッパの投資水準に多大な影響を与えた。巨額の援助を受けた国は投資を増やしたからである。バリー・アイケングリーンとマーク・ウザンの試算によると、マーシャル・プランで提供された一ドルにつき六五セントが消費の増加に、三五セントが投資の増加に充てられたという。新規投資のリターンはきわめて大きく、追加的投資一ドルは翌年の国民生産を五〇セント押し上げている。マーシャル・プランの援助は、外為市場の圧力を緩和するという形でも成長促進に寄与した。マーシャル・プランで流入する資金は、ドルが希少な状況ではまさにどこでも通用する国際通貨だったからである。戦後世界では石炭、綿織物、石油などあらゆる物資が供給不足に陥っていた[11]。

だがいま挙げた直接的な効果はごくささやかなものに過ぎない。マーシャル・プランが最も困難なボトルネックの解消に集中投下されたとはいえ、三年間では西ヨーロッパの潜在的生産性を一％以上押し上げたと考えるのは無理がある。にもかかわらず、第二次世界大戦後の西ヨーロッパの成長は予想をすくなくとも一〇倍は上回った。しかもそれが三〇年にわたって切れ目なく続いたのである。

これほどの成長に最も寄与したのは、単なる経済効果ではなく政治的な経済効果だった可能性が高い。というのも第二次世界大戦後のアメリカは覇権国家としての役割を嬉々としてはたそうとしたからだ。ここでモノを言ったのは覇権国家のセオリーである。自他ともに認める覇権国家は、それまで不可能だったことを可能にし、それによってさらに多くのことを可能にし、さらに他にもできることを増やしていく。なぜなら他国は覇権国家と協調し同調すべきだと理解しているからだ。マーシャル・プランは受入国の金融安定化が条件になっており、支援を受ける国は個別にアメリカと二国間協定を結び、財政均衡の維持、金融の安定回復、為替レートの現実的な水準での安定化に同意しなければならない。

金融を安定させるためには財政均衡が必要であり、そのためには所得分配の問題を解決する必要がある。よってマーシャル・プランは各国に強いインセンティブを与えることになった。またマーシャル・プランは、産業再編に伴い失われるものを埋め合わせたり、パイの正当な分け前を手にできなかったと不満を抱く労働者・資本家・地主の不満を宥《なだ》めたりする資金的余裕を欧州各国に与えた。プランの実施機関である米経済協力局（ＥＣＡ）は、一方では欧州各国政府と利益団体に譲歩を要求し、彼らの経済をより「アメリカ流」の鋳型にはめるよう要求したが、他方では潤沢にリソースを提供したのだった。

リソースが潤沢であっても、犠牲を完全に回避できたわけではない。だが援助はさまざまな集団に分配するパイのサイズを大きくした。

それに、ヨーロッパの復興を加速させた機関はマーシャル・プランを推進したＥＣＡだけではなかった。西ヨーロッパは欧州石炭鉄鋼共同体（ＥＣＳＣ）を設立し、石炭と鉄鉱石の関税撤廃をめざした。このＥＣＳＣが現在の欧州連合（ＥＵ）の母体となったことは読者もよくご存じのとおりである。アメリカは国際貿易こそが各国の繁栄のみならず世界の平和を可能にすると確信していた。一九四四年のブレトン・ウッズ会議では、米財務省からハリー・デクスター・ホワイト、イギリス大蔵省からはジョン・メイナード・ケインズが出席し、グローバル化が恒久的に推進されるような制度を設計した。それが、世界銀行すなわち国際復興開発銀行（ＩＢＲＤ）である。世銀は、戦争で廃墟となった国や地域の再建および近代的な機械設備や産業技術にアクセスできず成長機会を逃している国や地域の開発のための資金を融資（低利を基本とする）の形で提供する。またブレトン・ウッズ会議では、のちに国際通貨基金（ＩＭＦ）となる組織の設計も検討された。こちらは為替価値の安定、国境を越える資金フローの管理、国際金融協力の促進、国際収支不均衡の是正などを目的とする。冷戦を機に西ヨーロッパとアメリカが同盟で結ばれたことによって、これらの機関は大きな意義を持つものとなり、活発に活動するようになる。加えて第二次世界大戦後のいわゆるグローバルノースは、指導者にも恵まれていた。

国際貿易機関（ＩＴＯ）となるべき組織も構想された。相互の利益になるよう関税引き下げさらには撤廃を交渉し、また貿易紛争の仲裁をする組織である。だがトルーマン政権は国連、世銀、ＩＭＦに関しては議会に提出し、可決成立するよう積極的に後押ししたが、貿易機関については一九五〇年末に、あまりに荷が重いとして議会に提出することすら断念した。その年の終わりには政府は朝鮮戦争の資金手当について議会の承認を取り付ける必要があり、さらに冷戦に備えた軍組織の審議も促さなければならなかったからだ。しかも一九五〇年には善意に満ちた気前のいい協力は終わりを告げ、自由主義陣営と共産主義陣営との長い暗闘が繰り広げられる中、援助は要請があれば応じるといった形に落ち着いていた。そこで貿易に関しては、裁定を強制する何らかの権限を持つ組織を発足させる代わりに、協定が結ばれる運びとなった。関税および貿易に関する一般協定（ＧＡＴＴ）がそれで、この協定の下で関税引き下げを巡る他国間交渉が数十年にわたって続けられることになる。

みごとな成功を収めた第二次世界大戦後の欧州復興に関して最も評価すべきは、国際協調に手腕を発揮した各国指導者たちだったと言える。マーシャル・プランをはじめとする大型プログラムは政治・経済政策が策定される環境を大きく変える効果があり、それが西ヨーロッパの成長を加速させた。マーシャル・プランが実行された時期には、社会民主主義的な「混合経済」が形成されていった。価格統制が撤廃され、為替レートは安定し、市場原理に委ねつつも手厚い社会保険制度が整備され、一部の産業と公益事業は政府機関が保有していたし、公的需要がきわめて大きな比率を占めていた。

第二次世界大戦後には社会民主主義を後押しする重要な要素が一つあった。スターリン率いるソ連の全体主義の脅威が鉄のカーテンを越えてひしひしと迫ってきたことである。歴史家のテイラーをはじめとする知識人は「アメリカ流のやり方、具体的には民間企業に委ねるシステム」の正当性を誰も信じていなかった。だがよく調べてみると、実際の社会主義のほうがもっと信用ならないことが判明する。東側陣営の生活水準はいつまでたっても向上しない一方で、大恐慌が再び西ヨーロッパを襲うことはなかった。西ヨーロッパの人々はソ連の侵攻を恐れ、それを抑止するためにヨーロッパにおけるアメリカのプレゼンスを望むようになる。そこで彼らは北大西洋条約機構を発足させ、アメリカの方針に追随する姿勢を示し、必要とあらばアメリカを引きずり込んで主導権を握らせようとした。アメリカがまさに望んでいたことを西ヨーロッパは積極的に与えようとしたのである。

こんなエピソードがある。欧州連合（ＥＵ）の父と呼ばれたベルギー首相のポール＝アンリ・スパークは、ＥＵ創設に尽力した人たちの銅像を建立してはどうかと尋ねられて、こう答えたという。「すばらしい考えだ！　一五メートルほどの巨大な銅像をベルレモン（EU本部ビル）の真ん前に建てよう。ヨシフ・スターリンの銅像をね」[12]。そう、ドイツに駐留するソビエト軍、そしてフルダ・ギャップ（東西ドイツ国境に近く戦車が通行可能な狭い平原に位置し、この「回廊」を通ってワルシャワ条約機構軍が西側に侵攻する可能性がきわめて高いとみられていた）に配備された赤軍の戦車の存在こそが、西ヨーロッパの人々にNATOの発足を急がせ、また経済面では石炭鉄鋼共同体から欧州経済共同体、さらには欧州連合の必要性を痛感させたのだった。

一九四八年には、アメリカ政府は現実の冷戦を遂行する計画を立て終えていた。防衛支出を国民所得の一〇％に引き上げる、米軍を世界各地に展開するといった壮大な計画である。とはいえこうした計画は、あくまで想像のつかない不測の事態に備えた空想的性格のものとみられていた――朝鮮戦争が勃発するまでは。

北朝鮮の絶対的指導者の金日成は、第二次世界大戦が終わったときにスターリンの後押しで権力の座にのし上がった人物である。その金日成は一九五〇年にスターリンに韓国征服の支援と戦車の供給をおねだりした。周知のとおり、朝鮮半島は北緯三八度線という恣意的に決められた線で南北に分断されており、北部をソ連が、南部をアメリカが監視していた。

だが金日成がスターリンに支援を求めたとき、三八度線の南にはアメリカの守備隊は不在だった。トルーマン政権で国務長官に就任していたディーン・アチソンは、一九五〇年初めに「東と西の古い関係は終わった」と述べ、「最悪の場合」には「搾取」が行われ、「最善の場合でも……パターナリズム」だったこの関係はいまや終わりを告げ、アメリカは太平洋に「防御線」を設定するという。この防御線（アチソン・ラインとも呼ばれた）は「アリューシャン列島から日本、沖縄（当時はアメリカの統治下にあった）を経てフィリピンにいたる」とされている。この防御線の外側（西側）にある「すべての文明世界は国連憲章の下に置かれる」。つまりアメリカがアチソン・ライン外の国への援助まで保証することは「とうてい賢明とは言えない」というわけだ。しかもラインの内側つまり東側であっても、最も効果的なのは米軍が空と海から兵力を展開することであって、地上ではないとの結論が下されている[13]。

加えてアメリカは植民地解放に熱心で、イギリスをインドから、オランダをインドネシアから、他の諸々の地域から強国を追い出したいと願っていた。アメリカは東南アジアで共産ベトナムと戦うフランスに補給支援を提供したものの、フランスが最終的に植民地支配を打ち切り独立を約束することを望んでいた。

アチソンの演説はこうした立場から行われたわけだが、しかし、韓国について言及していなかった。より正確に言えば、韓国がアチソン・ラインの内側にあるのかどうかを明確にしなかった。この漏れは、スターリンの意向に配慮したのだろうか。その可能性はある。ともかくも一九五〇年六月にスターリンは、金日成とソ連が訓練し武器を供給した北朝鮮軍が戦端を開くことを容認した。朝鮮戦争が始まったのである。アメリカは国連軍を編成して反撃し、金日成、スターリン、毛沢東を驚かせる。おそらくアメリカ自身にとっても意外なやり方だっただろう。国連軍の大半は米軍で占められていたものの、建前上は正式な国連軍だったし、その任務はアメリカの監視下にある占領地域の秩序を守ること、そしてできるなら統一朝鮮国家を樹立することにあった。

北は鴨緑江《おうりょくこう》から南は釜山港にいたるまで、朝鮮半島全域で激戦が展開された。韓国と北朝鮮はもっぱら地上戦を戦い、アメリカは地上だけでなく空と海からも戦った。中国は地上、ソ連は空から参戦した（ソ連の戦闘機三五〇機が撃墜された）。朝鮮半島では三年間で人口の五～一〇％に相当する一〇〇万～二〇〇万人の民間人が死んだ。また韓国では四〇万人が家から拉致され北朝鮮に連行されたとみられる。戦闘員の死亡・行方不明数は中国五〇万人、北朝鮮三〇万人、韓国一五万人、アメリカ五万人、韓国防衛に参加した民間組織四四〇〇人と推定される。米空軍は五〇万トンの爆弾を投下したが、これは当時生きていた北朝鮮人一人当たり一八キロに相当する。

アメリカは核兵器を使用しなかった。この意味で朝鮮戦争は限定戦争だったと言える。中国が大量の中国人民義勇軍を送り込み、三八度線を越えて一時は鴨緑江近くまで北上していた国連軍はソウルの南まで撤退を余儀なくされた一九五〇年末に、司令官のダグラス・マッカーサーは核兵器の使用許可を求めたが、国防総省と大統領は拒絶している。

結局、現有の通常戦力で事足りることが証明され、一九五一年三月には中国軍を三八度線まで押し返すことに成功し、そこで戦線は停滞する。つまり北と南はもともとの境界線を挟んで対峙する格好になったわけである。国防総省と大統領は休戦の可能性を模索し始める。原状回復で手を打ちたい、勝者もいなければ被征服者もいない状態で結構だと彼らは考えた。

一九五三年三月五日、戦争が膠着状態に陥る中、スターリンが心臓発作で死去した。スターリンの後継者たちは、朝鮮戦争は無意味な戦争であり終わらせるべきだと決める。休戦交渉が開始され、中国代表は戦争捕虜に関する国連の提案すなわち捕虜の本国送還は強制されないとの提案を受け入れた。その結果、中国人捕虜一万五〇〇〇人のうち一万人、北朝鮮人捕虜七万人のうち五〇〇〇人は本国に帰らないことを選ぶ。また韓国人捕虜のうち三二七人およびアメリカ人二一人、イギリス人一人は北朝鮮にとどまることを決めた（なお英米人二二人のうち一八人は最終的に西側に帰還している）[14]。

このときの状況が結局は数十年にわたって続くことになった。長い二〇世紀が終わっても、北朝鮮は相変わらず金王朝の強権的支配の下にあり、第二次世界大戦後では最悪の飢饉が起きたことがわかっている。一方の韓国は独立を維持し、めざましい工業力と民主主義を謳歌している。

ただし、朝鮮戦争は韓国にとってだけ重要な意義があったわけではない。朝鮮戦争は世界を変えるバタフライ効果をもたらした出来事の一つだった。というのも朝鮮戦争を機に、アメリカとその国家安全保障関連官庁は新しい方針を採用することになったからである。具体的には軍事支出がそれまでの水準の五倍になり、真の意味でアメリカはグローバルなプレゼンスを実現することになった。一言で言うと、アメリカは新しい役割を引き受けたのである。

まず、ドイツは韓国と非常によく似た状況に置かれていると認識された。戦後の暫定的な（当時はそのつもりだった）占領時の境界線に沿って分断されたままとなっている。

スターリンの後継者たちがどんな人物なのかはよくわかっていなかった。唯一はっきりしていたのは、彼らがスターリンの下で生き延び、頭角を現したこと、スターリンの死後に起きた争いで仲間数人を葬り去ったことである。

そこで一九五〇年代半ばまでには西ドイツに米軍が駐留し、スターリン、毛沢東、金日成が韓国でやろうとしたこと、すなわち第二次世界大戦を終わらせた休戦協定によって分断された国家を武力で再統一することをスターリンの後継者たちがドイツで試みるのを待ち構えた。

さらに、こうした中、かつては国家安全保障担当者の夢に過ぎなかったことが、一九五〇年六月に現実になった。アメリカの安全保障支出を国民所得の一〇%まで押し上げることに成功したのである。実際には購入した兵器の大半は使用されなかったが、政府が兵器を調達することによって、大恐慌のような不景気の再来はまずもって不可能になった。安全保障支出の拡大が、アメリカに底堅い需要と雇用を約束したからである。政府がモノを買えばそれを作る人々に仕事を与え、彼らの所得が増えればモノを買うから、そのモノを作る人にも仕事を与えることになる。

安全保障支出の大きな狙いは、冷戦期におけるアメリカの圧倒的な軍事力を全世界に誇示することにあった。アメリカは軍隊を展開し、南極大陸を除くすべての大陸に恒久的な基地を建設した。一九五〇年代半ばには、アメリカの国民総生産の〇・七五%は「正味軍用支出」に充てられていたと推定される。軍用支出とは米軍が国外で行う支出のことで、米国内にいっさいドルは入ってこない。ヨーロッパでは、マーシャル・プラン終了による収入減の大半がこの米軍の正味軍用支出で埋め合わされたと考えられる。つまりＮＡＴＯは、ソ連侵攻に備えた突撃部隊以上のものをヨーロッパにもたらしたのだった。また一九五〇年代～六〇年代のヨーロッパの高度成長期に、ヨーロッパの産業に確実な需要を生む源にもなった。

しかしそのことが核開発合戦につながる。

一九五六年以降、ソ連は公式の方針として「平和共存」を掲げる。もちろん今後も植民地主義や資本主義に対する抵抗運動への支援は続けるが、大国同士の戦争は考えない。米ソは共存できるというのが基本的な前提である。ソ連としては、あからさまな力の誇示はせず実際の社会主義の優位性を示すことに専念していれば、いずれどちらが勝利するかは自ずとあきらかになるという考えだった。

一方のアメリカは一九五四年に「大量報復」戦略を打ち出す。国務長官のアレン・ダレスは、この戦略は「共産圏の強力な陸軍力を封じ込める」ものだと説明した。「攻撃を抑止するためには、自由主義陣営がいつでもどこでも自分たちの選んだ手段で強く反撃する意思があり、またそれができると示すことが重要になる」とダレスは述べている。[15] この方針は、従来型の挑発に対して核兵器で応じる可能性を明確に排除してはいないし、報復と抑止を紛争の場に限定すると明言してもいない。

米ソがいずれも相手を存続の脅威とみなした結果、両国は実際にも双方にとって存続の脅威となった。

アメリカが保有する核戦力は、アメリカからすればソ連の西ヨーロッパに対する核攻撃をまたは通常兵器による侵攻を阻止するには不十分と感じられたかもしれないが、ソ連当局を震撼させるには十分だった。ソ連からすれば、それだけの核戦力は自国に壊滅的打撃を与え、ソ連全土の占領を可能にする水準に危険なほど近づいたと感じられたのである。彼らは、一五七一年にクリミア・タタール軍の強襲でモスクワが焼き払われたこと（モスクワ大火）、ロシア・ポーランド戦争さなかの一六一〇年にモスクワがポーランド軍に占領されたこと、大北方戦争中の一七〇九年にスウェーデンに侵攻されたこと、ロシア遠征中のナポレオンにより一八一二年にモスクワを占領されたこと、一九一八年にはブレスト＝リトフスク条約によりドイツ帝国に領土の大幅割譲を余儀なくされたこと、そして第二次世界大戦中の一九四一年にはヒトラーに突然侵攻されたことをけっして忘れていない。

しかし大量報復戦略を打ち出したダレスの一九五四年の演説におけるキーワードは、「封じ込め」である。アメリカひいてはNATOの共通認識は、冷戦とは封じ込めにほかならないということだった。アメリカの外交官ジョージ・ケナンが有名なX論文で述べたように、正しい戦略は「現状を維持し、最善を期待する」ことである。なぜなら「ロシアの指導者たちはイデオロギーに従い真理は自分たちの側にあると確信し、ひたすら待っていればよいと考えているからだ」。そこで西側に対する「ソ連の圧力」は「絶えず移動する地理的・政治的地点で巧妙かつ慎重に対抗力を適用することによって封じ込める」ことが可能だとケナンは主張する。

それだけではない。「米ソ関係というものは、基本的には最強国としてのアメリカの総合的な価値を問う試練なのだ」とケナンは指摘する。

> 米ソ関係を注意深く見守っている人なら、アメリカ社会に対するソ連政府の挑戦に文句を言う理由はないと感じるだろう。いやむしろ感謝の念を抱くかもしれない。というのもアメリカ国民はこの厳しい試練を与えられたからこそ、国家としての安全保障は歴史がこの国に与えた道徳的・政治的リーダーシップをとる責任を進んで引き受けることにかかっているのだと気づかされたからだ。[16]

ここにはアメリカ例外主義（大文字で「E」と略称される）の匂いがぷんぷんする。アメリカが真の意味で「丘の上の町」になることができるなら、新世界にやってきたジョン・ウィンスロップが一六三〇年に語ったように、「大天使ミカエルの導きに従い、正しく行動し、慈悲を愛し、神とともにつつましく歩む」ことができるだろう。そうなったとき「われわれには賛美と栄光が与えられ、人々はどこまでも続く農園を前に〝神がニューイングランドに似せて作られますように〟と願う」。アメリカがこのようにふるまうことができるなら、アメリカとNATOは冷戦について何も恐れる必要はない。

外交政策の担当者たちは全面的にケナンに同意した。そうは言っても、全体主義の脅威は不気味に迫ってくる。たしかに、ナチスドイツという強大な全体主義国家は破壊することができた。だがスターリンと毛沢東が率いる実際の社会主義は、ナチスよりいくらかおだやかだとしても、勢力を伸ばしつつある。両国の国民は弱くて貧しいが、しかし数が多い。しかも両国の政府は、怪しげな嘘を国民に信じさせ、国のために戦わせることができるという厄介な能力を備えている。

それでもアメリカの政治指導者と軍事・外交関係者の多くにとって、パニックになる理由は見当たらなかった。抑止戦略によって核の脅威はコントロールできる。クレムリンを仕切る無気力な共産党政治局員は、自分たちの地位と生活水準を押し上げることしか考えていない。実際の社会主義が自己を抑制し辛抱強く待っていさえすれば勝利するなら、官僚的硬直化は避けられない。アメリカの当局者にはそう考える十分な理由があった。

一方、フルシチョフにしてもパニックになる理由は見当たらなかった。それに彼には歴史の評決を待つべき理由が十分にあった。「好むと好まざるとにかかわらず、歴史はわれわれの側にある」と彼は一九五六年に述べている。[17] さらに不吉にも、「あなた方を埋葬する」とまで言った。ただし「埋葬」と翻訳された言葉には説明が必要なようだ。ロシア語のもとの意味は「あなた方よりあとまでわれわれは生き残る」という意味だったと思われる。のちにフルシチョフ自身がこう説明している。「私は〝あなた方を埋葬する〟と言ったことがあるが、あの発言で物議を醸《かも》した。もちろん、ショベルで埋めるという意味ではない。あなた方は自国の労働者階級の手で埋葬されるのだ」。ソ連は第二次世界大戦で餓死も含めて二七〇〇万人を失っている。ソ連で第三次世界大戦を望む者は一人もいなかった。

かくして世界は、ユートピアにはほど遠いものの、安定均衡に達する。もっとも傍目にはそうは見えなかったかもしれないが。

フルシチョフが自信を持ってよい理由は十分にあったが、それは実際の社会主義の計画経済メカニズムの卓越性に由来するのではなく、市場経済の欠陥に由来するものだった。市場経済はおぞましい結果を招きうるし、実際招いていた。市場は無慈悲な効率性でもって暗黙のうちに割り当てられた仕事を実行していく。市場を管理するシステムは、市場に暗に出す指示を決定し、必要に応じてその指示を変更する役割を果たす。市場経済は、全体の幸福を適切に定義できているなら、すなわち個人にとっての物質的幸福と効用を適切に推定したうえで足し合わせて調整できるなら、よい結果しか生まないはずだ。問題は、市場経済が個人にもたらす価値が、能力であれ金銭や土地であれ個人が持ち合わせている財産に依存することだった。

物質的消費が二倍になるごとに、効用にも同じ量が追加されると仮定しよう。ただし最初の一ドルは次の一ドルより価値が大きく、次の一ドルはその次の一ドルより価値が大きい。すると理論経済学者の公式と理論はごく単純な形になる。市場は各人が持ち合わせている財産の市場価値でもって各人の幸福を天秤にかけて調整したときにのみ、全体の幸福を最大化する。各人の財産の分配が不平等だと、市場経済はひどく残酷な結果をもたらす。たとえば私の財産が誰かの畑を耕す能力だけだったとしよう。もし雨がまったく降らなかったら、私の能力は何の市場価値もなくなってしまう。そうなったら市場は私を餓死させるだろう。一九四二年と四三年のベンガルではまさにそれが起き、数百万人が餓死した。

このように、市場の失敗は起こりうる。

その一方で、計画経済は成功する可能性があった。たとえばソ連経済は、第二次世界大戦において、最も費用対効果の高い戦車を生産することにかけてきわめて有能であることを証明した。だが計画経済は市場経済より資源を多く使うし、一つまたは少数の最重要目標が達成できさえすれば、国家の威信のかかった硬直的な計画の非効率は瑣末なことと片付けられがちだ。

市場経済であれば投資でなく消費に回されたような資源であっても、それを投資に回すよう説得することは、計画経済では容易だ。一九五〇年代〜六〇年代のアメリカの経済学者たちは、ソ連の国民所得に占める投資の比率が高いことに注目し、長期的には資本装備率が大幅に押し上げられると予想した。高い資本装備率によって生産が増強されれば、計画経済の非効率を埋め合わせなおプラスが生まれ、国民の物質的生活水準は向上する可能性があるという。

そのうえ市場経済が技術の発見・開発・展開において優位だと主張できる理論上の必然性があるかといえば、そう断言できるもっともな理由は何もない。現にソ連は世界初の人工衛星スプートニクの打ち上げに成功する。このニュースは、冷戦を戦うにはアメリカが最高の体制で臨むことが必要だと訴えるケナンの主張を軽視していた人々にとって、緊急の注意を促す耳障りな警報となったのだった。

さきほどユートピアにはほど遠い安定均衡と書いたが、ほんとうに安定していたのだろうか。第二次世界大戦後の世界は核戦争の影に怯えていた。核兵器戦略の担当者が支持していたのは「相互確証破壊（ＭＡＤ）」である。ＭＡＤはたしかに頭文字をとった略称ではあるが、「常軌を逸した」という意味が込められていることはまちがいない。

しかも世界は、エデンの園にいる他の蛇からも逃れられていなかった。国家間のみならず文化や経済面の主導権争いという別の形の軍国主義や帝国主義が出現していたのである。

たとえばトルーマンの次の大統領となったドワイト・アイゼンハワーは、兄エドガーに宛てた手紙（この手紙ではニューディールに回帰すべきだとした兄を叱った）の中で、在任中にＣＩＡがイランのシャーであり独裁者だったモハンマド・レザー・パーレヴィの安全を確保する作戦を主導し、中東産油国が共産主義に傾くことを防いだと自慢している。アイゼンハワーはトルーマン政権もこの行動を容認したはずだと確信しており、「自由主義世界にこのところ迫ってきた脅威」をほぼ取り除いたと自負していた。[18] だがイラン首相のモハンマド・モサデクを小スターリンあるいは小レーニンとみなすべき合理的な理由は見当たらない。

二〇年後、平和共存の合理的な信奉者であれば、選挙で選ばれたチリの大統領サルバドール・アジェンデを熱狂的ではないにしても興味深く見守ったはずである。実際の社会主義への平和的移行をめざすアジェンデの試みが繁栄と自由の実現に失敗すれば、他国に対してはそのような試みはやめたほうがいいという有効な警告となる。アジェンデが成功すれば、他国にとってよいお手本となるだろう。だがそれは冷戦のロジックではなかった。アメリカは、社会主義政権転覆のクーデターと社会主義者の大量処刑をした将軍アウグスト・ピノチェトの後ろ盾となった。右派の煽動家は、ピノチェトがスパルタのリュクルゴスの役割を果たすと主張したものである。リュクルゴスは古代ギリシャの立法者で、軍国主義国家体制を作った人物と言われる。鉄のカーテンの向こう側では、平和共存の合理的な信奉者であれば、チェコスロバキアのアレクサンデル・ドプチェクが掲げた「人間の顔をした社会主義」の理念とそれに伴う改革運動「プラハの春」を歓迎したはずである。だがクレムリンに君臨するレオニード・ブレジネフは戦車を送りつけた。実際の社会主義が人間の顔を持つことは許されなかったのである。

とはいえ植民地化された国々の一部にとっては、第二次世界大戦後の三〇年間は天の恵みだったかもしれない。独立が認められる前、これらの国は植民地解放を強く要求していた。もたもたしているとソ連や中国が植民地の不満を口実に内乱を裏で操るかもしれない、そうなったら共産圏に飲み込まれてしまう恐れがある、と懸念したからである。そして独立後は、インドネシア大統領のスカルノとインド首相のジャワハルラール・ネルーが主導した一九五五年のバンドン会議（アジア・アフリカ会議）に従い、自ら「非同盟」を宣言し第三世界の結集をめざすことになる。非同盟を謳う国々は、冷戦を戦う両方の陣営に援助を要求することができた。両陣営にとって非同盟国の重要性が高まるほど、どちらの陣営もこれらの国を気前よく援助するようになる。なにしろこれらの国は政治・経済体制を今後どうするか、決めかねているのだ。すくなくともどちらの陣営に忠誠を示すべきか決めかねているのはまちがいない。

冷戦が熱くなればなるほど、独自路線に舵を切ろうとする政府や人民運動はいずれかの超大国によって首枷をかけられ、大勢が殺される可能性が高くなる。ユーゴスラビアとフィンランドはなんとか独自の道を歩むことに成功したが、ソ連は党の方針と規律を一九五三年に東ドイツに、一九五六年にはハンガリーに、一九六八年にはチェコスロバキアに、一九七八年にはアフガニスタンに強要した。一方アメリカはクーデターを画策するか軍を派遣して、一九五四年にイランとグアテマラで、一九六一年にはキューバで、一九七三年にはチリで、一九八一年にはドミニカとニカラグアで、一九八三年にはグレナダで政府を転覆させた。そして、冷戦が本物の熱戦になったケースもある。韓国（死者数五〇〇万人）、ベトナム（同二五〇万人）、エチオピア（同一五〇万人）、アンゴラ（同五〇万人）などだ。

自国民に刃《やいば》を向けた政府もあった。総人口一億人のインドネシアで一〇万〜五〇万人が一九六五年に殺された。この年の出来事は『危険な年』という映画にもなっている。インドネシアのスハルト将軍が未遂に終わったクーデターにつけ込んで大統領のスカルノを表舞台から退場させるとともに、共産主義者の排除に乗り出し、共産主義者と思しき者を見つけ次第殺した。またカンボジアの共産勢力クメールルージュは、総人口八〇〇万人のカンボジアで推定二〇〇万人を何の理由もなく殺した。それでも中国とアメリカは、反政府闘争を展開するクメールルージュを後押しした。こうした事例は枚挙にいとまがないほどだ。

こうした大規模虐殺がおぞましいことは言うまでもないが、もっと悲惨な事態が起きた可能性はつねに存在したし、ときにはユートピアにほど遠いこの安定均衡がアルマゲドンに近づいたケースもあった。

たとえば一九六二年一〇月のキューバ・ミサイル危機の際には、一歩まちがえれば人類は熱核戦争で絶滅するところだった。ソ連がキューバにミサイルを配備した際のジョン・F・ケネディの好戦的な反応にフルシチョフはいささか驚いた。というのもアメリカ自身がすでにトルコに同様のミサイルを配備しており、そのトルコはソ連から二〇〇キロしか離れていないからである。結局、アメリカがキューバ不可侵を、すなわちキューバの共産主義独裁者フィデル・

カストロの武力による排除は試みないと約束することと引き換えに、ソ連はキューバからミサイルを撤去する。一方アメリカはトルコからひっそりとミサイルを撤去した。

この出来事はアメリカの政治と歴史にまつわる知恵として定着した。睨み合っていたらソ連は瞬きするというのである。そうかもしれない。だがソ連が合理的な相手であることも認めるべきだろう。彼らは面子を失うような取引に合意した。そして米ソ双方はトルコからのミサイル撤去を秘密にしておくことにも合意した。キューバ危機をめぐってはその後二〇年間にひどく誤解を招くような本や論文が大量に書かれた（ケネディ政権の内部関係者が書いたものもある）。その多くは、この秘密が公開される前の不誠実な政府発表に基づいている。

アルマゲドンに近づいたケースはほかにもある。

一九六〇年にはＮＡＴＯのレーダーが月の出を核攻撃と誤認し、アメリカが厳戒態勢に入った。まさにその瞬間にフルシチョフがニューヨークの国連本部を訪れていたにもかかわらず、である。一九六七年には北米航空宇宙防衛司令部（ＮＯＲＡＤ）が太陽フレアをソ連によるレーダー撹乱と誤解し、すんでのところで爆撃機を発進させるところだった。一九七九年には作戦用コンピュータに訓練シナリオをロードしたところ、ＮＯＲＡＤが本物と勘違いしてホワイトハウスに電話し、ソ連がミサイル二五〇発をアメリカに向けて発射したと伝える。報復するかどうかを決断するのに大統領には五～七分しか時間的猶予がなかった。一九八三年にはソ連のスタニスラフ・ペトロフ中佐が、監視衛星が発したミサイル攻撃警報を誤報だと（正しく）

断定し、世界を核戦争から救った。

同じ年にソ連空軍は通常航路を逸脱してソ連領空を侵犯した大韓航空機（乗客・乗員二六九人）を、定期的に領空侵犯していたアメリカの偵察機と誤認して撃墜した。一九八八年には、アメリカ海軍のミサイル巡洋艦ヴィンセンスがホルムズ海峡でイラン航空機（乗客・乗員二九〇人）をイラン空軍戦闘機と誤認して撃墜した。しかも当時ヴィンセンスはイランの許可なくイラン領海内にいた。

このように、冷戦はときには非常に危険な事態に、ときには一触即発の事態にまで立ち至った。

冷戦が実際とは異なる形で終わった可能性があることは認めなければなるまい。もっとおぞましい終わり方もあり得た。東側の勝利に終わったかもしれないし、恒久的な均衡状態がいまだに続いていたかもしれない。なぜそうならなかったのだろうか。人間には違いを生み出すことができ、実際にも生み出したからだ。思うに最大の違いを生み出したのは、冷戦が熱戦になることを阻止した人たち、戦い続けようとする連中にもう終わったと説得した人たち、社会民主主義的な西側同盟を最善のものにしようと努力した人たちである。

結局のところ冷戦は、二つの体制の存続を賭けた優位争いだった。どちらの体制も国民の利益を、さらには国民の最善の利益を最優先していると主張した。そして一九九〇年には、どちらの体制がましか、すくなくとも劣ってはいないかがはっきりした。だがうぬぼれてはならない。多くの点で、「西」はその体制が決定的に劣ってはいないと証明したとは言えるかもしれないが、その体制が最高であると証明したとは言えないからだ。ユートピアにより近いとも証明していないし、ディストピアからより遠いとさえ証明していない。というのも一九九〇年の時点では、よりよいかより劣っているかを判断する基準をソ連がかなり引き下げていたからである。

第12章

グローバルサウスの経済開発へ向けた見せかけ（および本物）のスタート

False (and True) Starts to Economic Development in the Global South

ここまで多くのページをグローバルノースに費やしてきた。これはけっして不公平ではない。世界の経済史における原因と結果のダンスをリードしてきたのは、だいたいにおいてグローバルノースだったからだ。また体制を巡る争いも（中国を重要な例外として）、グローバルノースかその近くで展開されてきた。だがその間に世界の他の地域、すなわち工業化が進まない貧しい地域で何が起きていたのか。本章ではそれを論じることにしたい。時代は、中国の清王朝が倒れた一九一一年から冷戦が終わる一九九〇年までとする。

経済学者のアーサー・ルイスが一九七八年に警告したように、グローバルサウスの歴史は国や地域によってあまりに違うため、そこに何かしら説明をつけたくなる[1]。私の目的に関して言えば、大きな物語を語ろうとしたら暗礁に乗り上げかねず、それも何度も繰り返しそうなる恐れがあるということだ。それでも私は大きな物語の利点にこだわりたい。大きな物語は私たちを考えさせてくれる。私が大きな物語を試みるのはこのためだ。グローバルサウスの分析もグローバルノースと同じく、五つのテーマに沿って行う。経済の歴史、技術の開花、政府の失敗、グローバル化、独裁政治の増殖である。大きな物語のリスクを踏まえたうえでなお、研究者としていくらか躊躇しつつも、本章ではまず短い概要を述べたのち、個々の事象をくわしく検討するやり方で臨むつもりでいる。

長い二〇世紀の始まった一八七〇年、イギリスの産業は経済・技術の両面で進歩の最先端にいた。当時の世界の一人当たり実質所得は年六〇〇〇ドル程度と推定される。それでもこれはすでに、イギリスの特権的地域（ドーバーを中心とする円の内側）、イギリスの海外植民地、元植民地のアメリカを除くすべての地域の二倍以上の水準だ。この初期のグローバルノース以外の地域では一人当たり所得に最大一：五ほどの格差があり、下はアフリカ貧困地域の六〇〇ドル、上は北に手の届きそうなヨーロッパの国々の三〇〇〇ドルというところだった。ただし中国とインドがマルサスの周期の下降局面にあったため、南の所得分布は低いほうに著しく偏っていた。当時のグローバルサウスだけの平均一人当たり所得は一三〇〇ドル前後だったと推定される。

一九一一年までには、世界はおおむね足並みをそろえて成長していた。グローバルサウスの一人当たり所得は七〇〇～四〇〇〇ドルとなり、格差は一：六に拡大した。フランスからの借入資本で鉄道を建設したロシアが優位に立っている。南の平均所得は一五〇〇ドルに届いたと推定され、それ以前の時代に比べれば悪くない成長ぶりと言えるだろう。だがグローバルノースで技術の最先端にいる国は、もっと早いペースで成長を遂げていた。

その後しばらくグローバルノースは苦境に陥る。一回目の世界大戦、大恐慌、二回目の世界大戦、冷戦と立て続けに災難に見舞われたためだ。ところがグローバルサウスとの格差は一段と開き、南はますます遅れをとることになった。冷戦終結が近づいた一九九〇年には、アメリカ(このときにはイギリスに代わって技術・経済の進歩の先頭を走っていた)の一人当たり所得は三万五〇〇〇ドルに達する。グローバルサウスは六〇〇〜一万七〇〇〇ドルだから、アメリカの水準は南の最上位層の二倍以上になったわけだ。また南の中の格差は一:二八にまで拡大した。中国とインドがなお貧困に喘いでいたため、南の平均は二五〇〇ドル前後にとどまったとみられる。南の多くの国は北の技術をそれなりに生産に活用してはいたし、輸出先である北の市場の規模が拡大しゆたかになったことで大いに恩恵を受けた国もあった。だがこの程度の結果では、新古典派や新自由主義を名乗る経済学者および新自由主義に近い学者(私はこの最後の部類に属す)の立てた予想とはまったく一致しなかった。経済学者たちは、発見は開発よりむずかしく、開発は活用よりむずかしいのだから、世界の経済は時間の経過とともに「収斂する」と予想したのである。だが一九一一〜一九九〇年の間に収斂は起きなかった。むしろ逆だった。世界経済の南北の分岐は衝撃的なほど進んだのである。[2]

この現象をどう説明したらいいのか。経済史家のロバート・アレンは、繁栄へのエスカレーターに乗るために必要な条件のチェックリストを作成した。一八七〇年以降の経済成長はまさにそのエスカレーターに乗ったものである。リストに書き出されたのは、市場経済を推進する安定した政府、鉄道・運河・港湾の建設、取引・投資のための銀行設立、大衆教育制度の確立、幼稚産業保護のための関税の導入などである。関税は、産業を支える技術者集団を育て長期的な比較優位を確立するためにも必要とされた。だがこれだけでは十分ではない。さらに、経済発展の好循環を起動させる「ビッグプッシュ」が必要だとアレンは指摘する[3]。

グローバルサウスの大半に、ビッグプッシュは見られなかった。南は、経済成長の先頭を走る北に追いつくどころか、同じペースで成長することすらできなかったのである。なぜか。第二次世界大戦前の宗主国は、アジアやアフリカの植民地が自立して繁栄できるような準備をまったくと言っていいほどしなかった。第二次世界大戦前の宗主国は、経済をジャンプスタートさせ、植民地の人々を援助するようなビッグプッシュをもたらすことに何の関心もなかった。さらに問題を悪化させたのは、アジアやアフリカの植民地の労働者が、インドと中国という極端に低賃金の労働者との激しい競争に直面していたことである。その結果、植民地は需要を牽引し産業を活性化できるような中流層を育てることができなかった。

同様のパターンがグローバルサウスのいたるところで見受けられた。南米を考えてみよう。南米の国々は一八〇〇年代前半にスペインやポルトガルから独立を勝ち取った。しかしメキシコ、コロンビア、ペルー、ブラジルなど多くの国が、いわば「国内の植民地主義者」に悩まされることになる。国内の植民地主義者とは、大地主でスペイン人の血を引く特権的エリート層のことである。彼らは教育を受けたプロレタリアートを恐れ、外国製品を好み、宗主国に似せた法制度を確立したが、それは商工業のニーズに応えられるものではなかった。[4]

第二次世界大戦後に世界の超大国となったアメリカは、老朽化した植民地帝国にまったく同情的でなかった。かくして「変化の風」がアジアとアフリカに独立をもたらす。[5] 植民地帝国を正当化していたその地を文明化するという使命の不当な主張は、まさにそれが必要とされたときに取り下げられたのであり、これは植民地化の苦い皮肉の一つと言わねばなるまい。何世代も入植者に仕えてきた元植民地の人々には支援が必要だった。だが植民地が独立を果たした後の元宗主国は、かつての植民地の再建や資金調達のニーズに応じる意欲をまったく示さなかった。それどころかイギリスもフランスも他の宗主国も、旧植民地から徐々に距離を置くようになった。

新たに独立を勝ち取った国は、グローバルノースが用意してくれた計画通りにやろうとした。その多くが、進んでいる北の代表的な官僚制度と政府の構成を模倣している。具体的には、議会制民主主義、司法の独立、法による言論・集会の自由の保障、建前上は政治と無関係な行政サービスなどだ。めざすのは自由民主主義であり、政権はいくらか左寄りの党と右寄りの党がほどよく交代するのがよいとされた。これらが実現すれば、経済的繁栄はあとからついてくるという。

だがそうはならなかった。かつて植民地だった国は、鉄道、運河、港湾を建設することはできたし、銀行を設立することもできた。教育制度の確立もできた。関税を導入して幼稚産業・技術者を保護することもできた。だがこれらの手順を踏んだからといって、自動的に繁栄へのエスカレーターに乗れるわけではない。そのうえでなおビッグプッシュが必要だ。

グローバルサウスの大半の国では、植民地解放後の政治的後遺症は、長期的な失望となって表れた。あれほど望まれた自由民主主義は、標準になるどころか稀有な例外となった。これは経済が発展するうえで重大な問題だった。というのも繁栄チェックリストの多くの項目は、イギリス型議会政治や司法の独立などを前提にしていたからである。だが議会政治にせよ司法の独立にせよ、めったに実現しなかったし、稀に実現したとしても表面的だった。インドを重要な例外として、[6]それ以外の国で出現した体制には選挙による選別という権威の裏付けがなく、軍や警察の後ろ盾という権威に守られていた。暴力の度合いに差こそあれ大なり小なり力ずくで反対意見を抑え込むことによって権威を確立するか、最もましなケースでも国家のシンボルとなるようなカリスマ的リーダー頼みの大衆迎合的な権威に支えられていたのである。植民地支配から新たに解放された第三世界の大半で、民主政治はがっかりするようなスピードで崩壊していった。政治指導者として最初の犠牲者となったのは、選挙で選ばれたナイジェリア首相アブバカル・タファワ・バレワである。

がっかりするのは、楽観主義が妄想に過ぎないとわかったからかもしれない。議会制民主主義と自由主義がグローバルサウスで根付くと考えるべき歴史上の理由は何もない。いや、グローバルノースに根付くと考えるべき理由だってないのだ。近年の歴史をみる限り、むしろ反対のことを想定すべきだった。ゲーテとシラーの国は、結局のところ議会制民主主義と自由主義を維持できなかった。ウェストミンスター宮殿を議事堂とする英国議会は「議会の母」と呼ばれるが、手続きを整備し、権威を獲得し、代表民主制の実際に機能する模範例となるまでに数世紀を要した。旧体制を打倒したフランス革命でさえ、民主化段階に四年の歳月が費やされている。となれば、他の国でなぜそうならないと期待できるのだろうか。

それに、新たに独立した国々が民主制と自由の獲得に失敗したとしても、必ず何らかの経済的便益は獲得したと考えられる。なぜなら、産業革命によって発展した国々は産業技術の宝庫であり、その宝庫はすべての人に開かれていたからだ。北をあれほど富裕にした知識や技術は、公共財だった。この宝庫の扉の隙間から得られる恩恵だけでもきわめて大きく、あらゆる社会集団や社会階層(土地所有者も土地を持たない人も、政治的有力者も政治的に無力な人も等しく)の富は何倍にもなる可能性があった。だから、すべての開発途上国が独立後数年以内に絶対的な生活水準と生産性の大幅向上を実現すると同時に、世界の工業先進国との富の格差をいくらかなりとも縮めると予想するのは理に適っていたのである。

たしかにグローバルサウスは全体として成長はした。だがグローバルノースに追いつきはしなかった。南米は、一九八〇年代に成長の失われた一〇年を経験する。二〇二〇年の時点で中国を上回った南米の国はチリとパナマだけで、メキシコ、コスタリカ、ブラジルは中国とおおむね同じだった。アフリカではボツワナだけが中国を上回った。アジアでは日本、アジア四小龍（韓国、台湾、香港、シンガポール）、マレーシア、タイが上回っている。中国とグローバルノースの格差は三・五：一というところだった。だがこれはけっして悲観すべき数字ではない。教育と公衆衛生はハイペースで進歩し、期待が持てた。だが物質的生産の伸びが期待を裏切ったことはそれとして認めざるを得ない。

アフリカは脱落し、完全に遅れをとった。南アフリカ、ケニア、ザンビア、ガーナ、ナイジェリアの五カ国は一九六〇年代に大いに経済成長が期待されていたが、その期待に応えることはできなかった。何よりも落胆させられるのは、独立から一世代の間に、それまでアフリカの輸出を支えてきた農産物が生産量・輸出量ともに減ってしまったことである。早くも一九八〇年代初めに開発経済学者のロバート・ベイツが次のように書いている。「かつてアフリカでは、ナイジェリアでヤシ油、セネガルで落花生、ウガンダで綿花、ガーナでココアの栽培が非常にさかんだった。ところが近年では、これらの作物を手がける農家の生産量は減り、したがって輸出量も減り、収入も減っている」。アフリカは農業の労働力人口が豊富な唯一の大陸だが、いまや輸出収入の一部を食料輸入に充てる比率が高まっている状況だ[7]。

一九五〇年には、世界人口の半分以上が極貧の中で、つまり産業革命前の生活水準で生きていた。一九九〇年までには人口の四分の一まで減少し、二〇一〇年には一二%まで減っている。なお一九五〇年の極貧の大半はグローバルサウス全域に広がっていた。その後はアフリカに集中し、二〇一〇年には極貧の中で生きる人々の五分の三がアフリカに集中している。これは意外な現象だった。というのも植民地時代の後期には、アフリカが極貧に陥る兆しはほとんど見られなかったからである。植民地時代の後期といえば、ヤシ油、落花生、綿花、ココアの輸出がさかんだった時期であり、ザンビアの工業化がポルトガルと同程度まで進み、ポルトガルとほぼ同程度に富裕だった時期である。その当時には、サハラ以南のアフリカがどんどん遅れをとり、北のみならず南の他地域にまで立ち遅れるという予兆はまずもって見当たらなかった。一九五〇~二〇〇〇年にはエジプトをはじめとする北アフリカ諸国の平均所得が世界平均とほぼ同じ年二%のペースで伸びた。だがサハラ以南では、たとえばエチオピア、ガーナ、ザンビアの伸び率はわずか〇・三%にとどまっている。

経済学者のネイサン・ナンをはじめとする研究者たちはこうしたデータを検討した末に、アフリカが立ち遅れたのは、かつて大規模に行われていた奴隷貿易と何らかの関係があると結論づけた。[8] もっとも奴隷貿易はアフリカに限った話ではない。古代ギリシャ・ローマの軍隊と支配層は一〇〇〇年の間に三〇〇〇万人を攫《さら》って地中海沿岸に連れて行った。バイキングはおよそ一〇〇万人を攫い、ロシアから西ヨーロッパやエーゲ海沿岸に、またアイルランドとイギリスからロシアに売り捌いた。一八〇〇年までの一〇〇〇年間におよそ一五〇万のヨーロッパ人が誘拐され、奴隷として北アフリカに売られた。一四〇〇～一八〇〇年には現在の南ロシアとウクライナで三〇〇万人が攫われ、奴隷として黒海の南に売られている。

だがアフリカの奴隷貿易は、ほとんどの推計でずっと規模が大きかったとみられる。一六〇〇～一八五〇年には一三〇〇万人が大西洋を越えて運ばれ、一〇〇〇～一九〇〇年には五〇〇万人がインド洋を越えて運ばれた。一二〇〇～一九〇〇年には三〇〇万人がサハラ砂漠を越えて運ばれ、その他にも大勢がアフリカ大陸の中で奴隷貿易商人に連れ去られた。奴隷貿易は、大西洋を渡る奴隷貿易が打ち止めになってからも続いた。ヨーロッパや中東の人たちが奴隷を買わなくなっても、奴隷は農園で働かせ、彼らに売る作物を栽培させればよいからだ。いま挙げた奴隷として売られた人数に比して、一七〇〇年当時のアフリカの人口が六〇〇〇万人程度だったこと、一五〇〇～一八〇〇年にアフリカで生まれて五歳以上まで育った赤ちゃんは推定三億六〇〇〇万人だったことに注意されたい。

一〇〇〇年にわたって働き盛りの年齢を奴隷狩りの対象となって過ごした人々が形成する社会では、不信感がしぶとく根付くことになる。円滑に運営されている市場経済では、人は見知らぬ人と出会うたびに、この人とはもしかしたら経済的・社会的・文化的なやりとりで持ちつ持たれつの関係になれるかもしれないと楽観的に考えるようになる。一方、この見知らぬ人はひょっとすると武器を持っていて自分をどこかへ連れて行き奴隷にしようとしているのではないか、その過程で必要とあらば自分と家族を殺すつもりなのではないか、と疑う気持ちがすこしでもあると、まずもって楽観的にはなれまい。こうした不信感が下地として社会に存在することは、宗主国の貿易・商業インフラが経済活動の基盤になっている限りにおいてさほど問題ではなかった。だが独立後に宗主国が引き揚げると、社会的不信感が表面化する。そして信頼感が行き渡った社会に比べると、人々は手っ取り早く武器を手にすることが多くなった。

ここで、ナイジェリア首相アブバカル・タファワ・バレワの物語を振り返ろう。バレワは英領ナイジェリア植民地の北部で一九一二年に生まれ、カツィナ大学の寄宿学校に入る。一四五番目の生徒だった。卒業後は官僚になり、英語の教師として配属される。バレワは非常に優秀で、一九四一年には校長になり、四四年には植民地行政官の一つである視学官となるためにユニバーシティ・カレッジ・ロンドンに派遣された。

これより先の一九三四年、バレワがまだ二二歳のときに、植民地官吏のルパート・イーストが、識字率を上げるために短編小説五篇をハウサ語で書くというプロジェクトをスタートさせた。イーストには「土着の文学」を構築したいという野望があったのである。それは大なり小なり世俗的で、つまり「宗教的題材あるいは強い宗教的動機」に依拠しない文学である。バレワはこのプロジェクトに参加し、自分も奴隷制について書きたいと考えるようになる。

こうしてバレワ自身の手になる短編『老いたウマル』が完成した。この小説では、主人公であるウマルの生徒たちが、なぜ教師になったのかとウマルを質問攻めにしてコーランの授業を妨げる。その後のストーリーでは、奴隷にされたウマルの数奇な運命が綴られる。大規模な奴隷狩りと誘拐、子供のいない奴隷商人との養子縁組……。主人公は最後に自分の母親と巡り会う（母親自身も自分の雇った護衛に誘拐され奴隷にされていた）。母親は息子が裕福だが信心深いことを知って満足して死ぬ。この小説から感じ取れるのは「人間はお金のためならどんなおそろしいこともやってしまう」ことと、「世界はホッブスのいう万人の万人に対する戦争状態だが、コーランを真剣に読めば富み栄えることができるかもしれない」ことである。[9]

バレワは視学官として全国の学校を回る立場を利用して、一九四〇年代にナイジェリアの政界入りを果たす。彼は北部ナイジェリア議会創設者の一人である。一九五二年にはナイジェリア植民地の労働大臣に、一九五七年には首相に就任した。そして一九六〇年のナイジェリア独立とともに主権国家としてのナイジェリアの首相となり、六四年に再選された。しかし六六年一月に、チュクマ・カデュナ・ンゼオグらが率いる若い少佐たちによる軍事クーデターが起き、バレワをはじめ政府高官や将軍とその妻を次々に殺害した。国軍最高司令官ジョンソン・アグイイ・イロンシがクーデターを鎮圧し、暫定政権の長となる。

そのイロンシも六カ月後には軍人ヤクブ・ゴウォンによるクーデターで殺害される。このクーデターを機に東部を本拠とするイボ人への迫害が激化し、一年後に東部がビアフラ共和国として独立を宣言。政府軍とのビアフラ戦争は三年にわたって続き、人口五五〇〇万人の国で四〇〇万人が死ぬ。死者の圧倒的多数はイボ人で、餓死がほとんどだった。ゴウォンは一九七五年七月にムルタラ・ムハンマドによるクーデターで追放される。そのムルタラは翌七六年二月に暗殺された。ナイジェリアは一九七九年に文民統制に回帰したものの、四年しか続かず、一九八三年にはまたもや軍事クーデターで文民政権は打倒される。

一九九〇年代のグローバルサウスは、一九一一年よりゆたかになったのだろうか。イエス、はるかにゆたかになった。世界は貿易、技術、通信面で統合化が進んだのだろうか。イエス、驚くべきスピードで進んだ。だが世界は一段と不平等になったのか。残念ながら答えはイエスだ。

その原因は誰なのか、あるいは何なのか。

いくつかヒントはある。まずグローバルサウスでは貯蓄率が低く、資本投資コストが高い。よって、所与の貯蓄から得られるリターンは低い。貧困国では定義からして労働コストが低く、機械設備コストが高い。政府が外国製の機械の輸入に関税をかけるなどすれば、ますます高くなる。よって工業製品の価格はいつまでも高いままとなる。加えて、出生率を下げる人口転換が進まないため(貧困への恐れから、老後の面倒をみてもらうために一人でも多く子供を産もうとする)、人口増加率が高止まりする。その結果、設備投資は増え続ける労働力に基本的な道具を与えるために使われ、減少する労働力の生産性を高めるような高性能な機械の購入には充当されない。こうしたことすべてが、全般的に低調な教育や企業家精神となって表れる。

悪循環はいやになるほど多く、しかも容易に引き起こされる。好循環はめったになく、しかも回し続けるのがむずかしい。経済学者マイケル・クレーマーの「Oリング理論」によると、技術の相補性が欠落すると経済成長は停滞する。分業と価値連鎖が高度化し生産性が高まるほど、すべてが完璧でないとものごとは機能しなくなる。どこかに欠陥や欠落があると、どれほど資本、資源、労働力があっても無駄になるという。

だが何が悪循環を引き起こし、その結果としてグローバルノースとグローバルサウスの格差がこれほどまでに開いてしまったのか。

ごくかんたんな答えは、政府が悪いというものである。いま流行りの開発経済学用語で言うと、政府機関が開発志向ではなく「収奪的」だということだ。一人の支配者による統治（君主制）でも、自称最高の集団による統治（貴族政治）や人民による統治（民主政）や富者による統治（金権政治）でもなく、泥棒による支配、つまりクレプトクラシー（泥棒政治）である。

もっとも、クレプトクラシーはいまに始まったことではない。おそらく農業の発明に伴う最大の不都合は、自分の蒔いた種を刈り取るためには畑の近くに住まなければならないことだろう。つまり農夫は、槍を持った悪党がやってきて収穫の分け前を、それもかなりの分前をよこせと要求したとき、逃げ出すことができない。やがて収穫の上前をはねるこの慣行が一般化すると、今度は悪党に槍を供給するビジネスが成り立つようになり、悪党は悪党で組織化され階層を形成するようになる。この悪党の階層の頂点にいる人を私たちは「王」と呼んでいるわけだ。よって、政府のせいにするのは歴史を無視した答えと言わざるを得ない。多くの時代に多くの場所で多くの政府が、生産性を持続的に向上させることにはほとんど関心を示してこなかったというのが実態である。

結局のところ、政府が第一に優先すべきは首都で食糧暴動を起こさないことである。政府が平和に統治できる理由の一つは、目に見える主権の中心地を掌握していることだ。首都の政府機関のビルでは官僚への命令が発され、また中心部にあるラジオ局やテレビ局を通じて支配者が国民に語りかける。都市部で暴動が起きて首相官邸や官庁やテレビ局を制圧するようなことがあれば、政府の統治は重大な危険に直面する。一方でローマの昔から、パンとサーカス、そして十分な待遇を保障された従順な警察は暴動をしっかり鎮圧してきた。政府が第二に優先すべきは、軍隊に腹一杯食べさせ、きちんと給料を払い、新しい武器を潤沢に供給することだ。軍隊が容認する限りにおいて、支配者は支配できるのである。そして第三に優先すべきは、官僚と政治工作員を満足させておき、いかなる反対や抵抗も抑え込み、あるいは未然に防ぐことである。

不安定な支配者の場合、これらの目標を達成することがほぼ必ず政策よりも優先されることになる。あらゆる支配者は、自分こそがその地位に最もふさわしいと思い込み、競争相手はよく言っても無能で、だいたいは頑迷で腐敗しており、最悪の場合には道徳心が欠如していて破壊的だと考えている。彼らからすれば、自分が権力を掌握しない限り、国や国民にとってよいことは何一つ実現されない。そこでまず政権を確保してから経済開発政策について議論しようということになる。だが自分の地位の確保を追求するだけで、まず必ず、支配者のすべての時間とエネルギーとリソースが費やされてしまう。平均的な政権の寿命はあまりに短く、合理的に考えれば長期的な経済開発政策への取り組みを期待することはむずかしい。

しかも、一六世紀初めにニッコロ・マキアヴェッリがあの『君主論』に書いたとおり、新体制となると一段と問題はむずかしくなる。君主であれ大統領であれ新しく権力の座についた場合の最初の仕事は、支持者を繋ぎ止めることだ。彼らは何らかの権益が得られない限り、新体制を支持しなくなる可能性が高い[10]。したがって国家建設の最初の仕事は、有形無形を問わずあらゆる権益を掌握し、それを最も影響力のある支持者に与えることになる。この掌握と再配分のプロセスを支配するロジックは、成長が見込める分野に資源を配分するロジックとはまったくちがうことに注意されたい。

グローバルノースとグローバルサウスの途方もない格差の原因を考えるとき、まず問うべきは、悪いのは誰かとか何かではあるまい。もっと現実的に考えなければならない。経済が成長するためには何が起きなければならないのか。たいていの支配者は、利己的な理由にせよ利他的な理由にせよ、よい支配者になれる状況ではなれるものだ。そしてよい支配者になれる状況を作り出すには安定と安全が必要であり、安定と安全を高める重要な要因となりうるのは結局のところ国家の繁栄である。

だが、なぜ潜在的な起業家、すなわち開発志向の政策から最も恩恵を被り、かつその起業によって多くの人が潤うはずの起業家たちは、開発に無関心な体制を打倒しようとしないのだろうか。政治学者のロバート・ベイツはガーナのココア農家を対象にこの問題に取り組んだ。政府がココアを買い上げるときに農家に払う(非常に低い)価格と政府がそれを輸出市場で売るときに受け取る(高い)価格とは大きく乖離している。なのになぜ農家は怒って行動しないのか。この問題を分析したベイツは、こう報告している。農家は「役所へ行き、山のような書類に記入しなければならない。運転免許、部品の輸入許可、不動産登記、所得税控除、等々。〝農産品価格のことで政府に文句を言おうものなら、国家の敵呼ばわりされ、私はこれらすべてを失ってしまうだろう〟とある農夫は書類の束を見せてこう言った[11]」。

こうした「規制過剰」の悪弊はこれだけではない。経済開発の観点から言えば、産業に将来新規参入してくる可能性があることは社会にとって大きな利益だ。しかし新規参入をめざす事業者は既存の事業基盤もなければ顧客もついておらず、ロビー活動をするだけのリソースもない。したがって保身に走る支配者の視点からすれば、新規参入を規制しておくほうが、たいして政治的コストをかけずに既存企業に恩を売ることができる。さらに自国通貨のレートを実力以下の水準に設定して外貨を希少資源化しておけば、特定産業で外国製品との競争を容易に抑え込み、重要な既存企業に恩恵を与えることができる。

南北格差の拡大に寄与した要因はほかにもあり、「なぜ?」や「何が?」という責任追求型の質問に対しては満足のいく答えは出ない。繁栄にいたる門は狭く、その道は細いとでも答えるほかない。一方、「誰が?」という質問には単刀直入に答えられる。北には全体として、もっと南のためになるようにものごとを決めるだけの富と力があったにもかかわらず、そうはしなかったということだ。

経済開発に成功できるかどうかは、強いが限定された権力を持つ政府に懸かっている。ここでいう強い権力とは、財産権に関する政府の判断にみなが従うこと、官僚が中央からの指示に従うこと、重要インフラが政府支出により整備されることを意味する。そして限定された権力とは、個々の企業の支援または妨害はまずしないこと、政治力だけが富や地位への道にはならないことを意味する。

とはいえ断片的な描写では全体像のごく一部しか説明できない。

一九一一〜一九九〇年のグローバルサウスで痛ましい例の一つはアルゼンチンだろう。当時のアルゼンチンは、今日グローバルサウスに数えられるような状況ではまったくなかった。一九一三年の時点でブエノスアイレスは電話の普及率で世界の上位二〇都市以内に、そして一九二九年でアルゼンチンは平均的な市民の自動車保有率で世界五位以内に入っていた。一九三〇年代にアルゼンチンとほぼ同じ位置付けだった国の多くは、第二次世界大戦の混乱に翻弄され、

呑み込まれてしまう。一九三〇年代のアルゼンチンの政治は荒っぽく気まぐれではあったが、他国と比べてひどく悪かったわけではなく、大方の国よりはましだった。しかし繁栄にいたる門は狭かったのである。

社会と経済の大混乱に直面したアルゼンチンの指導者は、需要を喚起し富を再分配する新たな政策を導入して乗り切ろうとした。その一方で彼らは外国貿易や資本取引に対する不信感を強め、物資の配分手段として価格ではなく、統制を使う傾向が強まった。[12] こうした政策の導入後には一時的な成長が実現しても、結局は混乱と深刻な不況に見舞われる。政治は醜悪で危険だった。危険というのは、人々が不当に逮捕されるといった程度の意味ではない。人間が文字通り消えていった。ヘリコプターから放り出されて消えた人間が何人もいた。[13]

こうした状況は、カリスマ的指導者が大衆の支持を勝ち得る土壌となる。その一人が第二次世界大戦後に頭角を現したファン・ペロンである。ペロンの政策は広く支持を集めた。ペロン政権は賃上げを行い、農業販売委員会を設置し、労働組合を支持し、外国貿易を規制した。ペロンは政府支出によって高度成長と完全雇用を実現しようとしたのである。彼は輸出企業、農業財閥、外国人、起業家に不利になるよう取引条件を捻じ曲げ、自分の最も熱心な支持層である都市部の労働者に富を再分配しようとした。そもそもアルゼンチンは富裕な国だったのだから、都市部の労働者階級に好待遇を保証することは十分に可能だったはずである。

ペロンの政策はほぼ五年にわたって高度成長を実現した。その後に輸出は急減する。国際的な景気循環の後退局面にアルゼンチンは手ひどく巻き込まれ、輸出産品の需要が大幅に縮小したのだ。価格が下がれば供給は減る。政府の買い上げ価格が下がったために農業生産高は減ったが、国内消費は増え続け、農家は肥料やトラクター不足に直面する。一九五〇年代前半にはアルゼンチンの実質輸出は、大恐慌時代のすでに低かった水準のわずか六〇%にまで落ち込んでいた。ペロンが農業や輸出企業に極端に不利になるように取引条件を歪めてしまったため、一九五〇年代になって世界の貿易ネットワークが復活したとき、アルゼンチンはもはやそこにしっかりとは組み込まれなかった。

その結果として外貨不足に直面したペロンには、あまり好ましくない選択肢しかなかった。第一は、長期的に輸出と輸入を均衡させるために自国通貨を切り下げて対外収支の均衡回復をめざすことだ（短期的には外国から借り入れる）。だが効果的な通貨切り下げは必然的に輸入品の実質価格の引き上げひいては、ペロンの支持母体である都市部労働者の生活水準の低下を伴う。また外国からの借り入れは、ペロンの強いナショナリズムに反する。第二は、経済を縮小させ、必然的に失業率を押し上げ、消費を減らし、農業価格統制を緩和して輸出産品を生産するインセンティブを強化することだ。だがここでもまた、ペロンが最もやりたい所得再分配を逆転させる必要が出てくる。

残る選択肢は、政府の命令で輸入を管理し割り当てることだ。ペロンと彼の顧問たちは、ひたすら高度成長をめざし、グローバル経済への依存度を引き下げることがアルゼンチンのためになると信じていた。だがそうではなかったし、ペロン自身のためにもならなかった。ペロンは軍隊によって一九五五年に大統領の座を追われることになる(ただ高い人気を維持していたため、死の直前の一九七四年に大統領に返り咲いた)。続く政権はペロンの政策を完全に転換することはできなかった。ペロン贔屓《びいき》の政治勢力を宥めておく必要があったからである。第二次世界大戦後のアルゼンチンでは政府が為替レートを設定していたが、その目的は既存工場の稼働維持と国内消費の維持であって、資本財輸入の促進による設備投資と生産能力増強は後回しだった。

第二次世界大戦直後のアルゼンチンをみたとき、混合経済の運営がお粗末だったと言うことは可能だ。政府は輸入財などの用途を割り当て、市場を規制して所得再分配を行った。民間部門も公的部門も比較優位を活かしていなかった。その結果、一九五〇年代前半には資本財価格が大幅に上昇する。国内総生産が一ポイント減るごとに、投資は〇・五ポイント縮小すると言われており、大規模な投資を行えないアルゼンチン経済は西ヨーロッパに後れをとるようになる。そうなると国内で不満が高まり、大言壮語する政治家と無能で残忍な将軍との間で政権が行ったり来たりすることになった。

だがアルゼンチンの低成長は、ひょっとすると例外ではなく自然な成り行きだったのではあるまいか。ヨーロッパの国々はアルゼンチンを評価するときに、「もしわれわれにアメリカの寛大さとマーシャル・プランがなかったらどうなっていただろうか」と考えるべきではなかっただろうか。アメリカが国際主義を標榜せず、冷戦を戦うことにも西ヨーロッパの復興にもマーシャル・プランのような援助の継続にもさほどの熱意を示さなかったら、西ヨーロッパは第二次世界大戦後にアルゼンチンと同じような道を歩んでいたのではないだろうか[14]。

あるいは逆に、グローバルノースの多くの国はこう問うことが許されるだろう。グローバルノースがマーシャル・プラン並みの規模で対外援助を提供してくれていたら、北を押し上げた好循環がグローバル経済の周縁部にも起きて、経済を上向かせていたのではなかったのか、と。

グローバルノースに追いつくことはそもそもきわめて困難だが、さらにイランの場合には、パーレビ（パフレヴィー）朝第二代皇帝モハンマド・レザー・シャーとイラン革命が困難に拍車をかけた[15]。一九五〇年代～七〇年代のイランとレザー・シャーは、国際政治の表舞台でもてはやされる存在だった。反共・反ロシアでイランの「近代化」に熱心なレザー・シャーは北の専門家の助言に耳を傾け、とくに土地改革と技術者育成の重要性に目覚める。そして、石油収入の一部を贅沢品に、それより多くを軍隊に使いはしたものの、さらに多くをイラン経済に投じた。

たしかに一九七九年以前のイランは、乱暴に言えば独裁制だった。誰からも恐れられる苛烈な秘密警察が暗躍していた。だがイラン革命を起こして皇帝を追放する要因となったのは、警察や軍隊に対する反感ではない。宗教的イデオロギーが重要な役割を果たしたことは事実だが、大方の人が考えるほどではなかった。実際あとになってイラン人の多くは、原理主義的宗教イデオロギー革命に自分たちが加担したことに驚いている。革命の大きな要因は、石油収入と土地改革に基づく経済転換により生じた貧富の格差だった。誰が富を手にし、誰が貧困に縛り付けられたのか。このことから生じる不満とストレスが、経済の発展を妨げることになる。

一九七三年に原油価格は三倍に高騰し、石油という金のなる木から得られる収入も三倍に膨れ上がる。レザー・シャーは、イランを一世代で工業国に変えたいと望んだ。そのためにはまず土地改革が必要だと考えられた。土地を借地人や小作人に分配して自作農とし、地主には政府の石油収入で補償するという段取りだ。だが人口が急増していたことに加え、金持ちの地主をあまり怒らせたくないという配慮も働き、土地は小さい区画で分配されることになった。同時に、石油輸出の拡大と原油価格の上昇によってイラン通貨レアルのレートは大幅に押し上げられて実力以上の水準となり、食料は輸入するほうが安上がりになる。その結果、小さな土地を与えられて新たに自作農となった農家は、大幅に下落した価格で農作物を売らざるを得なくなった。

農家は土地の分配に大いに感謝し、体制の防波堤になってくれるものと期待されていた。だが彼らは小さすぎる農地で生活水準が下がったことへの不満を訴え、都市部に移住する者も出てくる。一九七九年までに多くのイラン人の所得は順調に増えた。一方で、そうならなかった人も大勢いた。レザー・シャーの極端な西欧化政策「白色革命」によって棚ぼた的な利益を手にした人々がいる状況で、期待外れの事態に陥った人々が怒りを爆発させたとしても、カール・ポラニーは驚かなかっただろう。実際、職や家を失った人々の中には、白色革命を支持する人もレザー・シャーを支持する人もほとんどいなかった。

そのうえ、輸送と通信の進歩により世界が小さくなっていたため、イランの人々は他国はどのような状況なのかをくわしく知ることができるようになった。一例を挙げるなら、裕福で傲慢なロシア人やイギリス人やアメリカ人が大手を振ってのし歩き、権力と影響力を誇示している。イラン人には、自分たちこそがイスラム文明の中心を担っているのだ、イスラム文明はかつて世界の文明の中でも卓越した存在だったのだという自負がある。その彼らが、もはやそうではないのだということを日々痛いほど思い出させられている。これはどういうことなのか。なぜこうなったのか。

レザー・シャーの答えは、イラン人をヨーロッパ人に変えようとすることだった。つまり、権威主義的な国家が歩んだ経済発展の道、具体的には第一次世界大戦前のドイツ帝国を手本とすることである。だがそうなると、イスラムの教えも文化も居場所がなくなってしまう。しかもレザー・シャーの改革を進めると政治の腐敗が甚だしくなり、問題が噴出する。また女性の解放は影響力の強い伝統主義者には不評だった。そのうえ、レザー・シャーが国民の識字率向上、教育水準の引き上げ、技術者の育成に真剣に取り組んだことはまちがいないものの、教育の推進は予期せぬ結果を生む。革命に魅力を感じる学生や知識人を大量に生み出したのである。

そこに、追放されていたアーヤトッラー・ルーホッラ・ホメイニ師が国外から導火線に火をつけた。ホメイニは、地主から土地を取り上げることや農家を借金の縛りから解放して自由農民を認めることはイスラムの教えに反するとして、土地改革に反対していた。彼はイスラムの聖職者や広く市民に向けて、独裁者から権力を奪いイスラム革命を実行するよう呼びかける。こうして四〇日周期のデモが始まり、デモ中に若い宗教活動家が警察に射殺され、彼らの死を悼むための新たなデモが起きた。

一九七九年一月にレザー・シャーは国外に亡命する。

亡命先から戻ったホメイニが代わって政権を掌握すると、イラン経済は停滞する。まず、一〇年におよぶイラクとの戦争があった。戦争を始めたのはイランの宗教指導者ではなかったにしても、継続させたのは彼らだ。神は自分たちの側にいると、自分たちには正義があると信じていたからである。しかし戦争は膨大な資源を食い尽くした。しかも新たに権力を掌握した宗教指導者は経済発展にほとんど興味を示さない。彼らの関心の対象は天上のパラダイスであって、地上のユートピアではなかった。イランの人々はスイカの値段を下げるためにイスラム革命を起こしたわけではない。ホメイニ自身、イランに物質的繁栄をもたらすよう進言した顧問たちをあっさり退けている。

ここまでに経済成長とキャッチアップを妨げるさまざまな要因を挙げてきたが、まだほかにあるとすれば、それはイデオロギーによる落とし穴である。具体的には全面的な社会変革という手段を使って短期間でユートピアを作ろうとすることだ。一九五〇年代〜六〇年代には新たに独立を勝ち取った元植民地国家がそうした社会変革の誘惑に取り憑かれていた。その多くが北の左派系知識人の助言に従ったのだが、その結果として長い苦境に追い込まれることになる。

とはいえこれはごく自然な成り行きだった。第二次世界大戦前の中道および右派が（今日でさえ）帝国主義であるのに対し、左派のほうは、賞賛すべきことに反植民地主義だったからである。このことは、第二次世界大戦後の最初の世代におけるグローバルサウスの開発政策に重大な影響をおよぼした。マルクスは、言論の自由、誰もが等しく投票権を持つ民主的な政府、職業と居住地選択の自由、物質的富を備えたユートピアを切望した。だが左派が関与した実際の社会主義はボルシェヴィキ革命の産物であり、マルクスのユートピアとは似ても似つかない。北の左派系知識人は、マルクスのユートピアの条件を一つひとつ理由をつけては捨てていった。そして南の政府は、捨てるのは理に適っているのだと教えられた。言論の自由などというものがあったら、いがみあい文句ばかり言う国民を前にして国家の開発目標をどうやって達成するというのか。そんなことはできやしない、という具合である。

欧米社会の軸をなす自由は、つねに抽象的な形で約束される。言論の自由然り、平等な投票権然り、職業と居住地選択の自由然り、物質的な富然り。しかも、どれも「いずれは」という但し書き付きだ。だがこうした約束は、足元の喫緊の課題を口実にかんたんに先送りされる。古い植民地の秩序から完全に抜け出すことが先決だ、安定を第一に考えるべきだ、国民を動かすにはときに強権的な命令も必要だ……。それやこれやで自由の実現は先送りされ、それが常態化する。移行期はいつまでたっても終わらない。絶えず緊急事態が発生するからだ。

教育を受け正しい情報を与えられている社会主義の有権者が育つまで、中央政府が権力を掌握することが必要だとされた。植民地から解放された新しい独立国家の多くでは、そして独立を望む国の多くでも、よき社会の条件として議会民主制が上位に位置付けられること自体、植民地解放を暗に批判し過去の植民地統治を擁護するものだと理解されて（いや、誤解されて）いた。国家建設には国民の結束が必要だが、新しい国では結束が弱い。政治家やメディアが異なる意見を表明して政府を批判しようものなら、脆弱な結束はすぐに壊れてしまう。すると、民間経済の自由を提唱する人々は姿を消した。かくして社会のすべての資源は工業化の推進という単一の計画のために徴発される。卵が割られても、割った卵を気まぐれや思いつきで台無しにする傾向が時とともに顕著になり、いつまで経ってもいっこうにオムレツはできあがらない。

その最も衝撃的かつ大規模で破壊的な例が、第二次世界大戦後のアジアにおいて実際の社会主義体制で見られた。毛沢東主義を掲げる中国である。

毛沢東率いる中国共産党は、意外にも一九四九年に国共内戦で勝利を収める。中国共産党の計画はごく単純だった。村に着いたら地主を射殺し、土地を分け与える。農民は思い描いていた以上に裕福になり共産党を支持する。すると、共産党の勝利は単に必然ではなく受け入れられるものとなり、極度の物質的貧困や地主の横暴から解放するとの約束は俄然魅力的になる。こうして中華人民共和国建国から数年間は、約束は果たされていた。

だが一九五〇年代半ばになると負の連鎖が始まる。毛沢東とその一派は、ソ連共産党からの助言に従う傾向があった。このため、スターリンが集団農業を導入しロシアの農民を再び農奴の身分に落とすと、毛も追随する。スターリンが党内外を問わず反対意見や議論を暴力的に抑圧すると、毛もすぐに真似をした。だが、スターリンが外国から技術顧問を雇い入れ、アメリカやドイツの工場を手本に工業化を強力に推進したときには、毛は独自路線を選ぶ。外国人に懐疑的で性急な毛は、急速な工業化と農業の集団化をめざす「大躍進」政策を発動した。工業資源と人的資源の開発の立ち遅れに取り組むにあたって、共産党は「物質的」要素を「精神的」要素で代替しようとする。専門家が設備や資源不足で不可能だと言ったことも、「赤の革命家」なら信念の力で解決できるというわけだ。中国は外国から資本財を輸入せず、外国人技術者の助言などなくても、村ごとに工業化は可能だと毛沢東はぶちあげた[16]。

当然ながら、この政策は大失敗に終わる。地方の農家に対し、裏庭に溶鉱炉を作って鉄鋼を生産するよう中央政府から命令が下された。そんなことをすれば、わずかばかりの鉄鋼は作れても穀物生産量が減ることはあきらかである。独裁者が直接命令を下す場合、その独裁者はけっして真実を知ることはない。毛沢東自身が提唱した政策である以上、部下はみな「大躍進はうまくいっています」と報告するに決まっているからだ。実際には大飢饉が起きて四〇〇〇万人が餓死したと推定される。

実際の社会主義が引き起こした平均的な惨事と比べても、中国が経験した事態はおぞましい。鉄のカーテンの端から竹のカーテンに沿って、つまりレニングラードからオデッサへ、そこからコーカサス山脈、さらに雲南省から日本海まで、また目を転じてキューバからカリブ海を越えてコスタリカやメキシコを見てみよう。一九九〇年が来てカーテンが上がったときにわかったのは、スターリン、毛沢東、金日成《キム・イルソン》、ホーチミンあるいは（戦慄の）ポルポトが進軍した国々は、それらの軍隊の手が届かなかった国々に比べてゆたかさが五分の一に過ぎないことだった。しかし大躍進政策を推進した中国では、事態ははるかに深刻だった。

被害の大きさがあきらかになるにつれ、毛沢東の側近は距離をとりはじめる。一九五八年一二月に毛は国家主席を退き、劉少奇《りゅうしょうき》が主席となり、鄧小平《とうしょうへい》がその右腕となった。翌五九年七月の党幹部会では、国防部長の彭徳懐《ほうとくかい》が大躍進政策を批判する。これに対して毛は党を分割すると脅した。党員の大半はいまだに毛に忠実であったため、彭徳懐は地位を剝奪され、党からも除名された。ただし毛も主席を退いており、代わって権力を掌握した劉少奇らは、今後は毛の役割を儀礼や象徴的なものに限定すべきだと考える。毛はまったく納得していなかった。

毛沢東が反撃に出るまでに、そこから六年を要している。最終的に毛は体制の象徴としての影響力を利用し、とくに下っ端の幹部や若い党員を引き込んで、指導者の座に返り咲いた。彼は「司令部を砲撃せよ」という評論を掲げて反撃の狼煙《のろし》を上げる。このタイトルの意味は、共産党指導部の中に毛の「文化大革命」への忠誠や意欲がすこしでも疑われる者がいたら、徹底的に潰すというものである。[17]党中央政治局常務委員会のナンバーツーになっていた劉少奇は殺された。鄧小平は、政治的に正しいことより有能であるほうが重要だとの異端的意見を述べたとして党から追放され、地位を剝奪される。その異端的意見が、かの有名な「白い猫であれ、黒い猫であれ、ネズミを捕るのがよい猫だ」というものである（ここには、黒はじつは赤すなわち革命であり、白は反革命だという意味が込められているのではないかと毛は恐れた）。鄧が殺されなかったのは幸運以外の何物でもない。実際、鄧の息子の樸方《ぼくほう》は紅衛兵に窓から落とされ半身不随になっている。文化大革命の間、大学は閉鎖された。毛沢東思想をよりよく反映するようカリキュラムを再編するためである。技術者は農業労働を学ぶために農村部に送り込まれた。高級官僚もみな同様の理由から解雇された。文化大革命によって知識を嫌悪・軽蔑する強いイデオロギーが根付く。一九七一年には、党中央政治局常務委員会の新たなナンバーツーになっていた林彪《りんぴょう》がクーデターに失敗し、毛に追放される前に逃亡したが謎の墜落死を遂げている。

毛沢東の文化大革命は、大躍進と同じく、一九七六年に彼が死ぬまで続けられた。その犠牲になった人命がどれほどなのか、はっきりとはわかっていない。おそらく一五〇〇万～二〇〇〇万人が殺され、数千万人が追放または監獄送りになったとみられる。また文化大革命の第一段階が終わった一九七〇年の時点で、中国の物質的富の水準はインドの半分程度、現在地球上で最も貧しい国と同等だったと考えられる。結局、追放されていた鄧小平が中央への復帰を果たし、実権を握る。鄧は高級官僚と軍部の両方から信頼を得ており、彼らを掌握し統率できるのは鄧だけだったからだ。[18] しかし鄧はすぐにまた失脚させられる。毛の後ろ盾を得て権勢をほしいままにしていた四人組の逆鱗に触れたからだが、このとき鄧を守ったのは軍部か毛のどちらかだったのだろう。いずれにせよ毛が死去すると四人組は逮捕され、裁判で死刑または懲役刑となっている。

結局のところ、中国とその経済を救ったのはたった二つの要因だった。第一の要因は二つの要素から成り立っている。一つは毛沢東の人民解放軍が台湾征服に失敗したこと、もう一つは一九四九年にイギリスと戦い香港を攻撃する気がなかったことである。その結果、台湾と香港は多くの起業家を中国に供給するとともに、一九七八年以降の中国の発展に必要な資金を中国に潤沢に提供することになった。第二の要因は、鄧小平その人である。一九六六年に追放された時点では、鄧が市場経済への回帰を支持していなかったことはまちがいない。実際、「資本主義を志向する党のナンバーツー」として紅衛兵に「走資派」呼ばわりされたのはまったくの言いがかりだった。だが一九七八年に実権を握った時点では、あきらかに「資本主義を志向する党のナンバーワン」になっていた。そしてこのことが中国に大きな変化をもたらす。最高指導者にのし上がった鄧は、胡耀邦《こようほう》と趙紫陽《ちょうしよう》をはじめ、習仲勲《しゅうちゅうくん》らの改革派を登用して中国経済を立て直し、発展させる政策を次々に打ち出した。また中国政府も、毛沢東が死んでからは近代化への道を歩み始める。毛は中国を立ち上がらせたのは自分だと主張したが、それは真実ではない。その仕事をしたのは鄧だった。

皮肉な言い方をするなら、新興経済について問うべき最も興味深い質問は、あれほどひんぱんに停滞したり急激に後退したりするのはなぜかではなく、ときに驚くべき高度成長を遂げるのはなぜか、というものだろう。中南米ではチリ、メキシコ、ブラジル南部、パナマ。アフリカではサハラ以北でアルジェリア、サハラ以南ではボツワナ。アジアでは香港、マレーシア、シンガポール、韓国、台湾、タイ、そして言うまでもなく（毛沢東以降の）中国。これらの国はどこも、第二次世界大戦後にグローバルノースとの物質的富の差をぐんぐん詰めるべく力強い足取りを示してきた。なぜ彼らにはできたのか。経済成長に成功したこれらの国と不首尾に終わった国とを分ける重要な要素は何なのだろうか。

それではここからは、希望の持てる明るい方向に目を転じることにしよう。一九五〇年以降にグローバルノースのキャッチアップに成功した国は大きく二つのグループに分けられる。第一のグループには、経済協力開発機構（ＯＥＣＤ）の発足当初からの加盟国（オーストリア、ベルギー、カナダ、デンマーク、フランス、ドイツ、ギリシャ、アイスランド、アイルランド、イタリア、ルクセンブルク、オランダ、ノルウェー、ポルトガル、スペイン、スウェーデン、スイス、トルコ、イギリス、アメリカ）が含まれる。ＯＥＣＤはいまでこそ富裕国クラブなどと言われるが、発足当初はけっしてそうではなく、加盟国はおおむねマーシャル・プランの被援助国で構成されていた。第二のグループは、東アジアの太平洋沿岸諸国である。ここで注目するのはこの第二のグループだ。

一九五〇年以降に日本が示した経済復興のスピードには多くの人が驚かされた。[19] 第二次世界大戦直後の日本は、敗戦のショックから立ち直れるのかまったく不透明だったからである。工場は破壊され、石油も鉄もなく、まったくのゼロからのスタートのうえ、産業に必要なインプットはほとんどすべて外国から買わねばならない。米も石炭も節約しなければならない状況の日本にいったいどれほどチャンスがあるというのか。この状況が劇的に変わったのは、一九五〇年に朝鮮戦争が勃発したときだった。この戦争で、日本の産業は貴重な戦略物資供給源となり、ひいては日本経済の成功が冷戦の重要な目標の一つとなる。東アジアというリスクを孕んだ地域で日本が民主的に富み栄える不沈の同盟国となることは、アメリカの政策の太い柱となった。一九五五年には、日本経済は一九四一年一二月七日つまり太平洋戦争開戦時と同水準まで回復し、その後も世界に前例のないペースで成長を続けることになる。

一九六〇～七三年の日本経済は年平均一〇％のペースで成長し、短期間で経済規模は四倍になり、一人当たりＧＤＰはアメリカの二五％だったのが五七％まで伸びた。続く一九七三～九〇年には年平均四・五％のペースで成長し、経済規模は二倍に拡大し、一人当たりＧＤＰはアメリカの七八％に達する。

日本はいったいどうやって三〇年にわたって成長を継続させることができたのだろうか。大きな役割を果たしたのが国内産業の保護政策であったことはまちがいない。産業の保護は、複雑に入り組んだ経済社会的ネットワークという非関税障壁を介して実行された。経済学者は一般に保護主義には反対の立場である。保護主義は（物価上昇により）消費者に不利益をもたらす一方で、企業に棚ぼたの利益をもたらすからだ。保護主義を採用する経済は、投下された資本から利益を引き出すことには長けていても、新しい技術を発明し開発することには非効率な企業を生み出しやすい。日本の保護主義にもそうした傾向があったことはたしかだ。だが日本の保護主義は、スマートな政策だったように見受けられる。時が経つにつれて、企業は保護主義の短期的損失を相殺するほどの十分な利益を確保する。生産者は過剰に支払うことで、ゆたかになったのだった。

後になってグローバルノースの評論家は政策の継続性を評価したものの、彼らに言わせれば日本はきわめて特殊な例だという。日本は有能でしっかりした政府の指導の下で近代に入っており、指導層は西欧化の必要性を早くから認識していた。人口の増え方はゆるやかで、餓死の恐れはなかった。そして商工業を重んじ、大衆教育にも非常に熱心だった。東アジアにおいてこうした条件がすべて整った国は日本だけだったように見える。一八〇〇年代半ばの明治維新で行われた社会変革は、文化が停滞し官僚制と階層性が硬直化した地域（だと北は見ていた）としては他に類例のないものだった。

一九四五年の時点では、大方の専門家が今日のアフリカを見るような目で日本を除く東アジアを見ていた。つまり経済発展の可能性が乏しく貧困からなかなか脱け出せそうもない地域と見なしていたのである。アジアの他地域に至っては、発展の可能性はまずないと見られていた。だから、長い二〇世紀の後半になって太平洋沿岸のアジア地域が高度成長を遂げたことは、奇跡としか言いようがなかった。「開発志向」の旗印を掲げる政府の庇護の下に高度成長をめざした国は数多くあったが、ほとんどの場合失敗に終わっていたのだから。

なぜ東アジアの国は違ったのか。一つの理由は、他の開発志向国家、たとえば中南米およびある程度までソ連圏の国々は、自立と自給自足を重視していたことである。彼らは自国経済をグローバル市場の価格水準、それどころか妥当な価格体系そのものから遮断した。これに対して東アジアの国々は、資源が乏しく希少であるがゆえに、とにかく輸出をしなければならないというところからスタートしている。

目標は経済発展の新しい道を開拓することではなく、ずばり欧米に追いつくことだった。グローバルノースは、自分たちは効率的かつイノベーティブな技術志向型経済運営の秘訣を知っていると自負していたが、イノベーションをベースとする産業開発に適した経済運営が、ターゲットの明確なキャッチアップ型経済運営にそのまま当てはまると無条件に考えてよい理由は何もない。

イギリスでは国王が貴族や僧侶や銀行家や技術者を集めて「さあこれから産業革命をしよう」と言ったわけではない。一方、長い二〇世紀の初めに明治維新において日本がやった改革は、まさにそれに近いことだった。この戦略は成功した。こうして日本は、その植民地だった韓国と台湾に、独裁者（韓国は朴正煕《パク・チョンヒ》、台湾は蔣介石）の下でどのようにキャッチアップ型経済運営をすればよいか、モデルを提供する。次に韓国と台湾はマレーシアやタイにモデルを提供した。結果ははっきりしている。キャッチアップ型経済開発に関する限り、「東アジア・モデル」はうまくいくということだ。

このモデルは具体的にはどのようなものだろうか。何よりもまず貿易に力を入れる。ただし管理された貿易である。為替レートを低めに誘導し、すくなくとも当面は北の品質基準に達しない工業製品を安値で輸出できるようにする。次に、輸出がうまくいった企業に補助金を潤沢に出す。輸出がうまくいったとは、北の中流消費者に値段の安さゆえに受け入れられたことを意味する。国内では外国製品との競争から保護された輸出企業は、国際市場では厳しい競争で鍛えられ、競争力をつけていき、やがて発明、品質、価格いずれの点でも国際基準をクリアできるようになる。資本コストは低く抑えられ、短期的な結果を求めない資本投資も効果的だった。こうして一九八〇年代になる頃には、保護主義が驚くべき成果を挙げたことがはっきりする。鉄鋼で川崎製鉄と日本製鉄、自動車でトヨタ、日産、ホンダ、タイヤでブリヂストン、建設機械で小松製作所、エレクトロニクスで東芝、松下（パナソニック）、ニコン、富士通、シャープ、ソニー、キヤノンという具合に、世界に冠たる企業が出現したのだ。

中南米では、実力以上の水準に設定された為替レートのせいで、社会の富の多くが外国製の贅沢品の購入に消費された。上流階級が資源を国の発展に回すよりも、贅沢な暮らしをするほうを選んだからである。こうした状況で中南米の指導者が選んだ戦略は、高い関税および非関税障壁を使って、産業に必要な中間財や資本財の輸入を制限することである。このような戦略が生産と経済発展の足を引っ張ったことは言うまでもない。

ここで日本の話に戻ろう。土地改革後の平等な所得分布と分配により、日本では高い貯蓄率が維持された。郵便貯金制度の寄与も大きい。全国津々浦々に配置された郵便局が庶民のための銀行として機能し、貯金の受け入れ、貸し出し、さまざまな金融サービスの提供などを担当した。人々が自分の預け入れたお金がどこかに消えてしまうことはないと信頼できる環境が形成され、庶民の貯蓄が容易になったわけである。貯蓄は製造業への融資に充当され、融資の有効活用を図る狙いから、製造業向け機械設備のメーカーには価格を抑えるよう指導がなされた。製造業が高い国産品を買ったり、あるいは(幸運または政治的コネクションにより輸入許可証を獲得した)輸入代理店からさらに高い外国製品を買ったりすることがないように、との配慮からである。つまり経済全体の価格構造が、近代技術の粋の詰まった機械設備は安く、外国製の贅沢品は高くなるように誘導されたのである。

こうしたしくみは言うまでもなく、労働者とくに熟練労働者に隠れた重い税をかけるのと同じことになる。また、自由金利に比して金利を人為的に低く抑える金融抑圧をも意味した。本来預金者に払うべき利子を削り、その分を融資先の企業ひいては株主に回すことになったからである。さらに、為替レートの低め誘導を通じて輸出黒字をもたらすことにもなった。通貨価値を人為的に低めに抑えるのは、輸入相手が払う変動相場価格に対し、輸出補助金を出しているのと同じことだ。日本の政策当局は、競争で揉まれつつ外国に買ってもらえる輸出品を製造できるようになれば、人的・組織的資本が蓄積され、暗黙の補助金のコストを埋め合わせてお釣りが来るだろう、と期待したのである。

東アジア地域全体から学べる歴史の教訓は、こうだ。国内製造業がグローバルノースの先端的な機械設備（およびそこに組み込まれた先端的な技術）を買うのに十分な外貨を輸出で稼げる限りにおいて、かつその機械設備が効率的・効果的な企業に供給される限りにおいて、東アジア・モデルは機能し、経済を成長させる、ということである。

補助金が成功する輸出企業に確実に渡ることが重要なのは、このためだ。成功する輸出企業とは、要するに、市場効率テストに合格することである。ただしこのテストで対象となるのは国内の自由市場経済ではなく、輸入品を買ってくれる北の中流消費者層である。

最終的には東アジアの開発モデルは、開放経済モデルを標榜しアジアからの輸出を吸収し貿易赤字を維持する余地を備えた他の国（つまりアメリカである）をターゲットにすることになる。だがもしあらゆる国が東アジアの開発モデルを採用した場合、アメリカは輸出をすべて吸収することができるのだろうか。答えはノーだ。結局このモデルがうまくいったのは、一握りの国だけだった。

しかし一握りにせようまくいったことはまちがいない。韓国を考えてみよう。韓国には、世界でも群を抜いて効率的な二大マイクロプロセッサ・メーカーのうちの一つが存在する。サムスン電子である。すでに述べたように、一九五〇年に韓国の状況を目の当たりにした人のうち、世界が驚くような高度成長を遂げると予想した人はまずいなかっただろう。当時の韓国は同胞が殺し合う戦争で荒廃し、金融と産業の中心地であるソウルは四回も陥落している。貯蓄率は低く、輸出は低調だった。一九五〇年代後半の輸入の半分以上は、アメリカからの援助(対外援助または韓国駐留米軍のための支出)で支払いが行われている。

一九四八~六〇年に大統領を務めた李承晩《イ・スンマン》の政府は、外国からのモノや資本の流入を制限しようとした。また韓国通貨ウォンの為替レートを実力以上の水準に設定し(在韓米軍の費用をアメリカからできるだけ多く払ってもらうためである)、高い輸入関税を課し、厳格な輸入数量規制を行った。その結果、韓国経済の成長は鈍く不安定で、対米依存体質から抜けきれなかった。しかし一九六一年にクーデターにより朴正煕が権力を掌握してから、すべてが変わる。朴は暴君ではあったが(しかし二〇世紀の基準からすれば桁外れの暴君ではなかった)、きわめて有能だった。彼は韓国の成長戦略を輸入代替から輸出主導の工業化へと転換し、急ピッチでそれを実行する。結果は目を見張るものだった。それまでGDPの三%に過ぎなかった輸出は四〇%に拡大し、一人当たりＧＤＰの伸び率は一九六〇年からの三〇年間で平均七％に達したのである。

経済成長が地域的な政治・経済の流れに逆らっているように見える国でさえ、成長が実現している。その輝かしい例がボツワナだ。ボツワナの一人当たりＧＤＰは一九六〇年の時点では九〇〇ドルだったが、二〇一〇年には一万四〇〇〇ドルに達した。内陸国であり、ＨＩＶ／ＡＩＤＳの深刻な影響を受け、近隣国の経済成長はきわめて低調だったにもかかわらず、当時のボツワナはサハラ以南のアフリカで人間開発指数が最も高かったのである。[20] 隣国のザンビアの一人当たりＧＤＰは一九六〇年がボツワナの三倍の二八〇〇ドルあったのに、二〇一〇年にボツワナの四分の一の三五〇〇ドルにしかならなかった。ボツワナでは司法の独立が確保され腐敗が遮断されていたこと、輸入機械に対する関税がなくそれによって技術移転が促進されたこと、銀行制度が整備され貯蓄が奨励されたこと、歳入がインフラ整備に投じられたことなどが、経済成長に寄与した要因として挙げられよう。一八〇〇年代後半に幸運とツワナ人の手腕により宗主国の大英帝国をゆるやかな統治へと誘導したおかげで、独立後の建国が容易になったことも大きい。またボツワナの人口の八〇％をツワナ人が占めており、独立運動の指導者を務め独立後のボツワナの初代大統領となったセレツェ・カーマ（在任期間一九六六〜八〇年）がツワナ人だった（八つあるツワナ人有力部族の一つングワト族の第一王子だった）ことも幸運な要素である。そして周知の通り、ボツワナでは独立一年後に世界最大級のダイヤモンド鉱脈が発見されている。カーマはすぐさま南アフリカの世界的ダイヤモンドシンジケート、デビアスの採掘子会社と開発契約を結ぶとともに、デビアスの株式一五%も取得する。これによってボツワナ政府は安定的な財源を得、それを教育、医療、インフラ整備に回すことができるようになった。ボツワナにできたのだから、資源を持つ国であればどこでもこのようなことができたはずである。

ここでもう一度、ロバート・アレンの経済成長に必要な条件のチェックリストを思い出そう。市場経済の推進、鉄道・運河・港湾の建設、銀行の設立、大衆教育、幼稚産業保護のための関税の導入および技術者集団の育成と長期的比較優位の確保に加え、さらに必要なのがビッグプッシュだった。ビッグプッシュは、きっと成長が実現するという期待感を生み出してくれる。東アジア地域が開発チェックリストに独自の味付けをしたことはたしかにしても、彼らとグローバルサウスの他国との格差は、やはりリストにあるあたりまえのことを実行したからにほかならない。カール・フォン・クラウゼヴィッツはあの有名な『戦争論』でこう述べている。「戦争においてはすべてが非常に単純である。だが往々にして単純なことほど困難なのだ。困難が積み重なると、経験したことのない人には想像もつかないような摩擦が生じる」[21]。同じことが、グローバルサウスのほぼ全域の経済開発にも当てはまる。

しかも政治のロジックは、図られた便宜、再分配された富、行使された影響力、徴収された税のロジックに従う。それは、経済成長のロジックとはまったく違う。国家の確立に汲々としている新興国は、経済成長に手が回らない。政治のロジックによるダメージの小さい国、十分に安定し、十分に自立し、高度成長に十分真剣にコミットした国だけが、政治の罠を避けることができる。したがって必要なのは、厳重に権限を制限された政府あるいは有能な開発志向国家である。権限を制限されるとは、グローバル経済に緊密に組み込まれ、規範や法律や条約に縛られているため、恣意的な資源の再分配はできないことを意味する。権限制限型は「新自由主義」的なグローバル市場志向型開発モデル、有能なグローバル志向型は東アジア型統治・成長モデルと言い換えることができよう。ただし、後者をまねるのは非常にリスクが大きい。経済学者のラント・プリチェットが好んで口にしたように、「開発に反対あるいは乗り気でない国家が政府主導で開発をするのは限りなく最悪に近い」からである[22]。

独立後のアジアやアフリカの国々の多く、そして第二次世界大戦後の中南米諸国の多くがまさにこれに該当した。

ここで、グローバルサウスは東アジア・モデルを模倣して失敗するリスクを犯したくなかったと仮定してみよう。その場合、ほかにどんなアプローチがあるだろうか。政府が経済開発を最優先しない場合にはどうしたらいいだろう。

多くの人が残る唯一実行可能な選択肢、つまり最後の手段と考えるのは、新自由主義である。新自由主義が具体的に何を意味するのかはじつははっきりしないが、求める結果が何なのかははっきりしている。未成熟な政府からすくなくとも経済は切り離すことだ。そうすれば、政治的影響力の強い集団に所得分配を有利に捻じ曲げようとする政府の試みをおおむね無力化し、経済に実害がおよばないようにすることができる。実際一九八〇年代以降、開発の希望はこの新自由主義的なアプローチに託されることになった。政府の介入は建設的な成果にはつながらずに破壊的結果を招く可能性が高いと考えられたため、知識人(と称する)集団はこぞって経済開発プロセスへの政府の関与を制限しようとした。彼らの助言によれば、需要先として頼るべきは政府ではなくグローバル市場である。また、よき統治を確実にするためにもグローバル市場に組み込まれることが重要だという。

こうした圧力は第二次世界大戦の戦後期を通じて強力に作用し、手っ取り早く富裕国から技術を学んで追いつきたいという貧困国の自然な傾向にフタをした。こうした圧力が弱まった兆しは見受けられない。楽観論者は、第三世界が過去一世代で経験した経済の失敗事例を踏まえ、経済政策をめざす知的努力がなされれば経済を停滞させるさまざまな偏見も乗り越えられると考えている。知的な思考が長い目で見て歴史を作り出す決定的な要因となるのであれば、楽観論者は正しいのかもしれない。

だが楽観論者がまちがっている場合、私たちはみな大問題に巻き込まれる。地球温暖化をはじめとする将来の地球環境問題、人口の長期的安定化、グローバルサウスとりわけサハラ以南のアフリカおよびイスラム圏の工業化およびそれに伴う急速な人口転換などは、現在ほとんど進んでいない。となれば、グローバルサウスにおける新自由主義の浸透は、悲観的楽観論者の戦略だったと言わねばならない。開発途上国が経済成長をめざせるだけの安全、安定、自立を実現する能力に関して悲観的見方を強めた楽観論者は、経済の失敗の証拠は新しいアイデア、新しい有権者、経済成長に向けた改革の機運を生むと、なお楽観的に捉えようとしている。つまり短期的には悲観論だが、長期的には楽観論というわけだ。

第13章 包摂

Inclusion

ここまでで見てきたように、長い二〇世紀が始まる前の数十年間、おおよそ一八〇〇〜一八七〇年には、技術や組織の発展によって、よりよい世界すなわちマルサスの罠に落ち込んだ人類が絶望的な貧困から抜け出せる世界への扉が開かれつつあった。そして長い二〇世紀が始まると、人類は開かれた扉を通り、ユートピアへ続く道を歩き始める。だがその後しばらく、一九一四〜四九年には、扉の向こうのユートピアは捉え難い存在となった。人類が世界大戦、深刻な不況、そしてまた世界大戦に直面したからだ。そのほかに内戦や革命戦争もあった。この革命戦争とは中国の国共内戦で、それは一九四九年まで終わらず、しかも大飢饉を伴った。この飢饉で全国で五〇〇〇万〜一億人が餓死したと推定される。技術と組織は、自由と富の原動力として使われずに、殺戮と抑圧のために使われたのだった。

この期間中のイデオロギーの問題、政治のメカニズム、成長と分配のジレンマだけに注目すると、第二次世界大戦直後の楽観論にはさしたる根拠が見つからないことがわかる。

それでも第二次世界大戦後の世界、すくなくともグローバルノースは、真のユートピアをめざして走るとは言わないまでも歩き始めていた。戦費捻出のための高い税率も、とくに富裕層を対象に大幅に引き下げられた。彼らは大恐慌でとりわけ大きな打撃を受けた層でもある。アメリカでは軍需物資製造のために労働者の需要が急増して賃金が押し上げられると同時に労働者の数も減っていた。賃金は熟練工より未熟練工のほうが大幅に上昇したが、これは戦時労働委員会の指令に従ったためでもあり、必要に迫られてみると工場労働者の教育はさほどむずかしくなかったためでもある。そして第二次世界大戦が終わると、各地に強力な労働組合が結成され、経営陣に並外れた高報酬を出すことは（あるいは取締役会がそれを承認することは）経済的リスクの大きい行為となる。経済はかつてないペースで成長し始め、失業率は低く、所得分配はさほど不平等ではなかった。すくなくともグローバルノースに生まれた白人であって、景気循環がおだやかであれば、そう言えた。北の白人男性にとっては物質的ユートピアがかなり近づいてきたし、さらにぐんぐん近づくように見えた。

とは言えこれは白人男性に限った話である。ではそれ以外の人はどうだったのか。ほとんどの国のほとんどの人にとって、祖先の時代よりはよい生活になったことは事実である。ナイジェリアの作家チヌア・アチェベは『崩れゆく絆』の中で、植民地時代のイボ族の祖先について次のように書いている。「白人は愚かな宗教を持ち込みはしたが、その一方で貿易商会を設立し、ヤシ油や穀物に初めて破格の値段がつき、おかげで大金が流れ込んでくるようになったのだった」[1]。だがそれでユートピアに近づいたのだろうか。あまり近づいたとは言えない。グローバルノースの市民である白人とそうでない人との間には、まだまだ大きな格差が存在した。それでも、ものごとが正しい方向に進んでいたことはまちがいない。それまで底辺にいた人々にとってもいくらか生活は上向いてきた。

前章で登場した経済学者のアーサー・ルイスは、一九一五年に英領セントルシア島に生まれた。優秀な生徒で、一四歳で高校を終えている。当初は技術者志望だったが、「技術者になっても将来はないと気づいた。政府も白人が経営する企業も黒人の技術者など雇わないからだ」と後に書いている。[2] そこでルイスは事業経営を学ぶことにし、奨学金を勝ち取って一九三三年にロンドン・スクール・オブ・エコノミクス(LSE)に留学する。初のアフリカ出身の学生だった。LSEの教授たちはすぐに彼の卓越した資質を認め、一九五三年にルイスはマンチェスター大学の教授に登用される。その頃には開発経済学で世界の第一人者と認められていた。一九五九年には西インド諸島大学の副学長に就任し、その後アメリカに戻っている。だがルイスは自分の成功が制度の正しさを証明するものだとは考えていない。彼は改革の強力な支持者であり、「低開発(underdevelopment)」の問題をつねに前面に押し出そうとした。低開発とは経済開発が不足していることではなく、それ自体が経済開発の一形態だという。つまり、市場経済がグローバル化する過程でグローバルサウスに押し付けられた形態だというのがルイスの見方だった。[3]

人類の歴史を振り返ってみると、非常に長い間、社会的に力を持つのはまず男であって、かつ特殊な条件を満たす場合に限られていたことがわかる。たとえばしかるべき種族、階級、家系、社会階層の出身であるとか、あるいは十分な財産を持っているとか、十分な教育を受けているといった具合に。この状況はずっと続くと人々は考えていた。ただしアリストテレスが理論化したように、黄金時代の夢のような技術を人類が手に入れ、それによってユートピアに近づけば状況は変わってくる。「あらゆる道具がその仕事をこなし、人間の意思に従い、あるいは意思を予測するようになれば、たとえばダイダロスのさまざまな発明品やヘパイストスのなんでも運べる自走する三脚器があれば……職人の親方は召使いを必要としないし、奴隷を使いたいとも思わなくなる」とアリストテレスは書いている。[4]だがそうなるまでは、マルサスのいう人口圧力に加えて発明が遅々として進まないことから、生産性は低いままとなる。ジョン・アダムスが述べたように、一部の人間だけが哲学や絵や詩や音楽を学べば、他の人（こちらのほうが大多数である）は数段劣ることになり、社会的な力を失い、彼らが生産するものの大半は力を持つものに奪われる。

不平等が甚だしいからと言って、必ずしもその状況が何世代にもわたって固定化されるわけではない。農耕時代の大半を通じて、多くの場所で人々の社会的地位は変化した。運がよければ本人または父親が変えることができたのである。すでに聖書に先例がある。パウロを鞭打とうとしていた百人隊長はその手を止め、大隊長のところへ行って報告した。「どうなさいますか。あの男はローマ市民です」。するとパウロは直ちに鞭打ちを免れた（使徒言行録二二章）。じつはパウロはローマ生まれではない。それなのになぜ市民権を持っているのか、父親がどこかの時点でローマの執政官に賄賂を渡したのか、そんなことはどうでもよいのである。

時が経ち、帝国主義・重商主義の時代になると、ヨーロッパは次第に武力に訴えることが増える。大西洋を渡る奴隷貿易が拡大し、推定一七〇〇万人がアフリカからアメリカに連れ去られて奴隷にされた。その大半が死ぬか死ぬ寸前まで働かされている。一八〇〇年以前のカリブ海沿岸の黒人奴隷の平均寿命は、連れてこられて働き始めてから七年程度だったろうと推測される。ヨーロッパでは罪の意識が強まっていった。これは犯罪である、どれほど利益が大きいか知らないが犯罪は犯罪だ。アフリカ人は奴隷に値する、と断言できる何らかの理由があれば話は別だが。社会学者のW・E・B・デュボイスは一九一〇年に発表した『白人のたましい』の中で、次のように慨嘆している。

世界の人々の中に白い人がいるという発見はごく近年のことである……支配的な階層の親切な人たちでさえ、うわべは礼儀を守って話していても、心の中ではこう言っているのだ。〝かわいそうな非白人ども！　泣いたり騒いだりするんじゃない。神の呪いがおまえたちに重くのしかかっていることはわかっているのだから。理由を説明するのは私の仕事ではない。だが元気を出せ。おまえたちの場所でしっかり働き、天上の神に祈るがいい。そうすればいつの日か白人として生まれてくることができるだろう！[5]〃

遺伝的事実を言うなら、人類の遺伝子の圧倒的多数は七万五〇〇〇年ほど前に非常に狭い隘路を通過している。よって私たちの圧倒的多数は当時生きていた数千人ほどから遺伝子の大半を受け継いでいることになる。[6] その数千人は私たちの曽々々々々々……（三〇〇〇回ほど繰り返すこと）祖父というわけだ。ちょっとした計算をしてみよう。私たちそれぞれの家系図の枠の数を当時生きていた祖先の数で割ると、153,778,990,270のあとに888桁続く数、つまりおおよそ1・5×10^{99}（10の99乗）となる。七万五〇〇〇年前に生きていた人類全体の祖先（今日その子孫が生きている人）の一人は、私たちそれぞれの家系図において、宇宙に存在する素粒子よりも多くの場所どころか、数十億個の宇宙に存在する素粒子よりも多くの場所を占めることになる。これは言い換えれば、七万五〇〇〇年前の人類の末裔が現在生きているとしたら、私たち全員がその人の子孫である確率はきわめて高く、そこから無数の線で結ばれているということだ。したがって全人類は近しいいとこなのである。典型的なヒヒの群のほうが全人類の集団より遺伝的変異は多いと言われるほどだ。

たしかに、人間は文化や地理的条件とともに共進化する。たとえば祖先が赤道からはるか離れた場所で暮らしていた場合、皮膚の外皮を通じて太陽光を吸収しコレステロールをビタミン

Dに変えるために、メラニン（黒色素）生成を担う遺伝子を破壊する突然変異を繰り返してきた集団が形成される。六〇〇〇年かけて乳糖耐性が六倍に強化されてきたのと同じことだ。となれば、稀な遺伝性疾患であるテイ=サックス病をもたらす創始者効果（集団の最初の一人が有する変異遺伝子が子孫集団中に広がること）は起きなかったと願いたい。

一部の人は、人類が非常に近しいいとこだとしても、人類を社会学的に分類してみれば各集団の間には重要な遺伝的差異があり、その差異によって性別や民族集団ごとの社会的・政治的・文化的・経済的結果の差を説明できると主張している。保守派の経済学者トーマス・ソーウェルがかつて指摘したとおり（フーバー研究所ではほぼ無視されたが）、一九〇〇年代の「進歩的」アメリカ人は、知能の低い東欧（アシュケナージ系）ユダヤ人移民の流入を禁じるべきだと考えていた[7]。

たとえば、今日貧困の中で生きている黒人は集団として言語障害の遺伝子を受け継いでいるからいつまでも貧しいのだという主張に反論し続けるのは、非常に疲れるし徒労感が強いものだ。だいたいにおいて「ちょっと質問してみるだけ」の人たちは、遺伝的形質や集団遺伝学や貧困の世代間伝達について勉強したくて質問をするわけではない。さきほどのような主張に反駁しようとすれば、根拠のないいい加減な主張だと論破できるどころかむしろ逆に、「火のないところに煙は立たず」といった反応を引き起こしかねない。二〇世紀において合理的な世論形成を行うのはきわめてむずかしい。なにしろフェイスブックやツイッター（現エックス）のような情報チャネルのビジネスモデルは、読み手を驚愕あるいは激怒させてスクリーンに目を釘付けにさせ、怪しげな糖尿病治療薬や暗号通貨を売りつけるというものだからだ[8]。

社会学的集団と遺伝的差異を結びつけたがる見方が広まっているのは、アメリカの歴史に深く根付いているせいだろう。エイブラハム・リンカーン、労働者の尊厳と人間の平等に誰よりも熱心に取り組んだ政治指導者であるあのリンカーンでさえ、一八五八年の選挙運動でこう発言した。「白人と黒人の間に政治的・社会的平等を導入するつもりはまったくない。両者の間には肉体的な違いがあり、私の考えでは、両者が完全に平等な立場で共存することは永遠にないだろう。両者に違いがあることが必要だったという事実に鑑み、対立候補であるダグラス判事と同じく私も、自分の属す人種が優位な立場であることをよしとする[9]」。

これを経済史の問題として見ると、第二次世界大戦後にグローバルノースがユートピアをめざして歩き始めたとき、白人男性がそれ以外の人よりはるかに有利なスタートを切ったことはあきらかだ。ただしリンカーンにとって、白人の優位性を守るつもりだという明確な主張は、譲れない一線というよりは、先回りしてジャブを打ったというところだろう。実際にはリンカーンの演説の重要な部分は、さきほどの主張の後の「しかし」から始まる。リンカーンの考えでは、アメリカの黒人は現在よりずっといい待遇に値するし、とくに不可侵の人権を持つに値する。「独立宣言に列挙されたすべての自然権、すなわち生存、自由、そして幸福を追求する権利について、黒人にはそれを得る資格がないという主張には何の根拠もない……自らの手で得たパンを食べ、他人の許可を得る必要はないという権利に関して、黒人も私もダグラス判事も平等である。いや、生きているすべての人が平等なのである」[10]。そして記録によると、この日(夏のある土曜日の午後だった)上院議員選挙の行方を知ろうと娯楽を兼ねて集まってきたイリノイ州の白人の聴衆からは、「さかんな拍手」が起きたという。

社会にどのような不平等が存在しようと、人が誰かを自分の奴隷にする権利はあってはならないとリンカーンは述べた。あなたが自分の手で得たパンを食べる権利はあなただけのものである。それは生存、自由、幸福を追求する権利の一部だ。あなたが得たパンを他人が奪わないようにすることは、政府の仕事である。さらに言えば、政府はあなたの同意を得て初めて正当な存在となる。

これが建前である。だがマーティン・ルーサー・キング・ジュニアは一九六三年にあの有名な演説「私には夢がある」の中で、独立宣言と合衆国憲法の起草者たちは、あらゆる米国民が継承することになる「約束手形」に署名したが、この手形は不渡りになっていると語った。白人も黒人も変わらずすべての人に生存、自由、幸福の追求という不可侵の権利が保証されると約束した手形は、当時はもとより今日にいたるまで、黒人の市民に関する限り不渡りになっている、と[11]。現にアメリカの州の半分は、黒人の投票権を減らしたり、投票権の行使が不当に負担が大きく煩わしくなるように巧妙に仕組まれた選挙法を施行している。だが黒人を貧しいままにする社会を作り、彼らが民主党候補者に投票したくなるような政策を策定し、投票抑制

(voter suppression)（ライバル陣営の支持者が投票に行かないよう誘導する選挙戦術）を実行しておきながら、人種的憎悪はないと主張することなどできるはずもない[12]。

リンカーンの奴隷解放宣言は、私たちがいま「包摂」と呼ぶものへのあまりに遅い歩みに下された強力な一撃だった。そして長い二〇世紀を通じて、状況は変わったとは言わないまでも変わり始めた。世紀が進むにつれて、男性であることやしかるべき種族、階層、家系、社会集団に属していることは、次第に社会で力を持つための必須条件ではなくなっていった。

そうは言っても、財産を持つことと教育を受けること（それも両方を十分に）はやはり重要だ。どこで生まれたかということも、その後に得られる機会を形成するうえで決定的な意味を持つ。つまり長い二〇世紀を通じて、包摂は現実とはならず目標のままだった。

包摂をめざす長い二〇世紀の社会運動に関して、アメリカはまたしても、未来が形成される溶鉱炉となった。だからと言って、アメリカが他国よりましだったわけではない。だが世界の覇権国家だったことに加え、願望と現実が大きく乖離していたことが、この国に大量のエネルギーを充満させる。すくなくともかつてはそうだった。その証拠にアメリカは、トーマス・ジェファーソンの「人はすべて平等に創られている」と「人は、生存、自由、そして幸福の追求という他者から侵されることがない権利を与えられている」という宣言によって規定される国になることを選んだ。ロジャー・ブルック・トーニーの「［黒人は］はるかに劣っているのだから、白人が尊重すべき権利など持つことはできない」といった見解は選ばなかった[13]。

第二次世界大戦が終わったとき、あらゆる兆候は、黒人に対する法律上および事実上の差別が永遠に続くことを示していた。黒人は教育を受けられず、貧困からいつまで経っても脱け出せず、富を築くことはできない。経済学者にして社会学者のグンナー・ミュルダールが一九四四年に発表した人種とアメリカに関する著作のタイトルは『アメリカのジレンマ』である。このジレンマとは、機会の平等を実現するという「アメリカの信条」と黒人の現在の状況との不一致を意味していた。当時は、このジレンマをそのままにしておくわけにはいかないと考えるべき理由はないように見えたのである。

共和党は、「自由民の労働」を掲げる党是の一部として、黒人の地位向上を形ばかり謳《うた》ってはいた。だがアメリカは平等を求める大志を持ちながらも、州が正式に認可した差別や投票権剝奪を容認し、それをさらに一世紀にわたって続けたのである。南部では黒人の参政権剝奪は政策として定着し、白人の間で強く支持されていた。一八七五〜七七年には南部から黒人八人が連邦議会議員に選ばれたが、一九〇一〜七三年には黒人の下院議員は南部では一人も誕生していない。一九七三年にようやくバーバラ・ジョーダンがテキサス州から下院議員に、アンドリュー・ヤングがジョージア州から下院議員になっている。

北部では、一九一〇年代の第一次大移住が始まるまで、そもそも人口に占める黒人の比率がきわめて低く、したがって黒人議員が誕生する可能性も低かったため、実際にも一人も選ばれていない。大移住後でさえ、北部出身の黒人議員はごく一握りだった。北部から黒人議員が誕生するのは一九二九年になってからで、共和党のオスカー・スタントン・デ・プリーストがシカゴ近郊の過半数をマイノリティが占めるサウスサイドから選出された。北部出身の黒人議員第二号はニューヨーク州ハーレムから選ばれた民主党のアダム・クレイトン・パウエル・ジュニアで、一九四五年のことである。その後、一九五五年にチャールズ・ディグズ（ミシガン州選出）、五九年にロバート・ニックス（ペンシルベニア州選出）、六三年にオーガスタス・ホーキンス（カリフォルニア州選出）、ジョン・コニャーズ（ミシガン州選出）と続いた。言い換えれば、歴史的転機となった一九六五年投票権法が可決成立する前の最後の議会では、黒人議員はたった四人しかいなかったのである。投票権法によってついに黒人有権者はたしかな保護が保障されるようになった。

それでも今日にいたるまでアメリカの半分近い州では、黒人の投票率を引き下げるような差別的な投票制限が行われてきた。しかも最高裁判事たちは、これは次の選挙で民主党に勝つための共和党議員による党派的制限であって、黒人を対象にした差別的制限ではないと信じているふりをしている。だが長い二〇世紀の後半数十年におけるアメリカの政治史の醜い現実を考えると、このような投票抑制が導入されたことは驚きではない。なにしろ当時は、共和党の標準を体現する人物（ロナルド・レーガン）がタンザニアから訪米した外交官を「アフリカの国から来たサル」呼ばわりしたり、経済政策の標準を体現する人物（シカゴ大学のジョージ・スティーグラー）がマーティン・ルーサー・キング・ジュニアをはじめとする公民権運動の指導者たちを「だんだん増長してきた」などと非難したりした時代なのである。[14] ある政党があらゆる偏見や差別主義の持ち主をすべて受け入れたら、その政党は偏見から解放され、これまで拒絶していた人々に対する投票抑制をしなくなるかもしれない。だが共和党が指名した最高裁判事たちは、そのような可能性など考えもしなかったにちがいない。

階層格差や貧富の差の拡大・強化を目論む政党は、それを民主的に実現するために何をするだろうか。[15] すくなくとも潜在的多数に対し、自党に投票する理由を示さなければならない。我が党は他党よりも経済を成長させ経済というパイ自体を大きくするから国民一人一人に分配される一切れも大きくなる、というふうに。こうしたアプローチがよい統治を生むときもある。とくに二大政党制であって、浮動票が経済成長優先か公平な分配と安全優先かで揺れ動き、政権がひんぱんに交代する場合がそうだ。だが最終的には、口約束だけでなく、実際に公約を果たさなければならない。

公約の実現に失敗した政党は、経済の二極化や富の格差を目立たせまいと画策する。そのためには、他の問題を目立たせるのが手っ取り早い。言い換えれば、経済や政治以外のことに焦点を当て、それをできるだけ利用する。たとえばナショナリズムのカードを切るのは一つの有効な手だ。自国が危険な状況だとか、脅威に直面しているとなれば、富がどうこうより国防が重要になり、労働者の利益のために票を投じる余裕などなくなる。あるいは、有権者の過半数にとっての敵を国外ではなく国内にこしらえあげるという手もある。アメリカ建国以来、この戦略を展開する最も効果的な方法は、修辞上の（しばしば生命のかかっている現実の）戦争を黒人に対して仕掛けることだと政党は気づいていた。何も共和党だけではない。一九四〇年代までは むしろ民主党がそうだった。当時は機会の平等をめざすアメリカの信条に関して、共和党が機会のほうを重視したのに対し、民主党は白人の間の平等に力を入れた。だが白人が互いに平等だと感じるとき、ほぼ必ず黒人より優位だと感じているのである。[16]アメリカの進歩主義の時代には、民主党の訴求力は白人至上主義に裏付けられていたと言ってよい。

進歩主義の時代に黒人の自由が後退したことによるダメージは、しばしば過小評価されてきた。奴隷解放宣言に続き、南部諸州を合衆国に復帰させるためのリコンストラクション（再建）策が講じられたが、進歩主義時代にそれは後戻りし、さらに黒人分離など一連のジム・クロウ法によって政治・経済・社会的平等は一段と後退し、台頭しつつあった黒人中流層を手ひどく失望させた。

一九四〇年の時点でアメリカの平均的な黒人労働者は、平均的な白人労働者より教育を受けた期間が三年短かった。白人の大多数は、雇用、住宅、教育、投票における差別に賛成していた。黒人男性は圧倒的に低技能農業労働者が多く、主に生産性が低く所得も低い南部に集中していた。黒人女性は低技能農業労働者と家事サービスの従事者が多かった。どちらも所得水準が驚くほど低い職業である。黒人労働者は男女共に、週平均賃金が白人労働者の四五％程度にとどまっていた。大卒の黒人男性の賃金が週給二八〇ドル前後（現在のドル）なのに、高卒の白人男性は五六〇ドル前後である。一九四〇年には、公式統計によると今日の「貧困ライン」以下で生活していた白人世帯は全体の四八％だが、黒人世帯は八一％に達していた。

こうした格差のほかにもさまざまな要因が重なった結果、黒人は男女を問わず白人に従属させられたままとなる。しかし長い二〇世紀の後半になると、大きな変化が現れた。白人はほぼ全員が黒人の雇用機会均等の原則を公に支持するようになる。一九八〇年代後半〜九〇年代に学業を終えた世代の場合、人種別の教育水準はおおむね同等になった。黒人男性の平均週給は白人男性の三分の二に達し、黒人女性の平均週給は白人女性の九五％以上の水準に達した。

この変化については、賢明な指導力と道徳的影響力を巧みに駆使した黒人社会を称賛しなければならない。公民権運動の指導者たちは驚くべき才覚と忍耐を発揮し、おだやかな方法を使って長期的に大きな成功を収めた。彼らは長い二〇世紀の英雄たちの中でも最も偉大だと言える。

一九四〇〜七〇年に実現した大きな進展にとくに寄与した要因は三つある。州が正式に認可した合法的差別の撤廃、第二次大移住における南部から北部への黒人の大量移住、これに伴う低賃金・低技能の農業から工業・サービス業への職業転換である。この時期に黒人の教育水準も大幅に上がり、経済全体で雇用率も生産性も大幅に伸びている。さらに一九六四年に四番目の重要な要因が登場する。公民権法の第七条で雇用の差別を違法としたのである。これがなかったら、黒人の経済的地位の向上はもっとずっと遅かっただろう。

だが一九四〇~七〇年には他の時期に比べて大幅な前進があったのに対し、七〇年以降は前進と停滞が相半ばというところである。一九八〇年代末時点で、アメリカでは二五~五四歳の黒人男性五人に一人が一年間まったく所得がなかったという。今日になっても、黒人世帯の実質所得は白人世帯の六〇%程度にとどまっている。これでは一九六〇年代末時点とたいして変わらない。白人の大半は、もはや個人的人種差別はなくなったと信じている。つまり黒人に対する白人の敵意は過去の世代のものであっていまは違う、というわけだ。だが人種差別がないなら、黒人の相対所得になぜこれほど差がついたのか。この人種差別の大半は、現在は「構造的人種差別」とみなされている。さまざまな摩擦や軋轢、制度的不利、現在の富の形成や人的コネクションに影響する過去の経緯といったものが、かつての個人的人種差別と同じ役割を果たしているという。

黒人にとっての経済的平等の実現を阻む大きな原因の一つは、私の見るところ、教育水準の低い低技能労働者に対する需要が減ってきたことにある。これは、経済全体に見受けられるごく一般的な傾向だ。そのせいで所得格差が一段と拡大している。もう一つ重要な原因は、家族構成の変化だ。離婚の増加、婚外出産の増加、それに伴う一人親家庭の増加（ほぼ必ず母親が世帯主になる）などが挙げられよう。二〇世紀後半には、子供のいる二人親黒人世帯の貧困率は一二・五%に下がっていたが、子供のいる一人親黒人世帯の場合には四〇%に達していた。そして黒人の子供の半数は、すくなくとも子供時代の半分は貧困ライン以下の生活を送っていた。[17]

黒人の二人親世帯の数が減った理由について、保守系知識人（たとえばチャールズ・マレーやジョージ・ギルダーなど）[18]は次のように説明する。気前のよすぎる生活保護のせいで労働意欲が失われ、カップルが一緒に暮らす経済的メリットがなくなった、と。マレーやギルダーなどの研究者が依拠した資料は、一九六〇年代半ばにジョンソン政権の政策担当者ダニエル・パトリック・モイニハンが作成した文献である。だがモイニハンの『黒人の家族：国は行動せよ』には外より内に向きがちな彼の傾向が見受けられる。同書に反映されているのは、圧力を受けながらも彼自身のアイルランド系アメリカ人家庭が示した活力の記憶である。よって黒人世帯が直面する状況の分析というよりは彼自身の個人的な心理ドラマの要素が強い。モイニハンは、悲惨な状況で成長した自身の経験と黒人の子供の経験（と彼が想像するもの）とは非常によく似ていると考えた。そこで彼は、国を挙げての取り組みが必要だと訴えたのである。将来のアメリカには、自分のようにマンハッタンのヘルズ・キッチンでギャングの中で育つ子供時代や、一九六〇年代に育った多くの黒人たちのような子供時代を送る子供がいてはならない、と。[19]

それはそれとして、マレーとギルダーが計算をちゃんとやらなかったことはまちがいない。子供が三人いるシングルマザーに支給される生活保護とフードスタンプ（食料配給券）の額は一九六〇〜七〇年に三割ほど引き上げられたが、その後は減り続け、一九九〇年代半ばにはインフレ調整後の金額で六〇年代を下回っていた。この間に賃金はおおむね三割ほど上昇しており、黒人男性の場合は五〇％上昇している。よって一九九〇年代には五〇年代や六〇年代とは異なり、カップルが別れて一人親家庭として生活保護を受け取るより、二人親家庭を維持するほうがはるかに有利ということになる。

黒人世帯は社会全体に広がる変化の大波に呑み込まれたというほうが、説明としてはずっとましだろう。包摂という大きなうねりとともに、人種の意味が薄れた。だが一九八〇年以降には、第二の金ピカ時代の到来とともに階級の持つ意味が大きくなり、白人の間でも所得・資産格差が急激に拡大した。黒人にとって、社会的包摂がもたらした利得は小さすぎたうえに半世代は遅すぎたと言わねばならない。

ここでもう一度、第二次世界大戦直後の時期を思い出してほしい。経済はかつてないペースで成長し始め、失業率は低く、所得分配はさほど不平等ではなかった。すくなくともグローバルノースに生まれた白人であって、景気循環がおだやかであれば、そう言えた。北の白人男性にとっては物質的ユートピアがかなり近づいてきたし、さらにぐんぐん近づくように見えた。では女性はどうだったのか？

プラトンが『国家』の中で描いたソクラテスは、国家の理想的な守護者の中に女性がいるはずだと述べている。なぜなら男と女の自然的素質は基本的に等しいからだ。これに対して彼の一世代後の生徒であるアリストテレスは紀元前三四〇年頃に、まったく異なる見解を示した。アリストテレスによれば、男女には明白な差があるという。

自然の秩序には例外もあろうが、男性は生まれながらにして女性よりも命令指揮することに適している。ちょうど年長者や成熟した者が年少者や未成熟な者よりもすぐれているように。……男性と女性の関係も年長者と年少者の関係に似ているが、両者の格差は永久的なものだ……奴隷には価値のある素質が何もない。女性にはあるが、それは権威を伴わない……ソクラテスは男の勇気と正義も女の勇気と正義も同じだと言われたが、実際には同じではない。男の勇気は命じるときに、女の勇気は従うときに示される。[20]

この問題は、大きな構図で考える必要がある。なぜ数千年も前の農耕時代に男性優位がこれほど堅固に築かれたのか、理由ははっきりしない。生き残れる子孫を作ることが非常に重要だったことはまちがいない。年老いたときに世話をしてもらうためにも子孫は必要だった。子孫が生き残る確率を最大限に高めるためには、できるだけ多く子供を持つ必要がある。実際、当時の典型的な女性は、妊娠中と授乳期を合計すると二〇年にわたり二人分食べていた。これは言うまでもなく膨大なエネルギーの浪費である。最低生活水準で暮らしていれば（農耕時代はそうだった）なおのことだ。加えて、授乳をするためには女性は物理的に子供の近くにいなければばならない。その結果、女性の労働は子供の近くにいられるものに限定されることになった。家事や庭仕事などだが、とくに多くの時間が割かれたのは織物である。

だが以上の点をすべて考慮しても、男性は子沢山の女性が哺乳類としての必要上課された制約を口実にできる以上に甚だしく女性を抑圧することによって、あきらかな利益を得ていた。とりわけ、女性がそれに甘んじた場合には抑圧は一段とひどくなった。「神は女に向かって言われた。〝私はあなたの身ごもりの苦しみを大いに増す。あなたは苦しんで子を産むことになる。あなたは夫を求め、夫はあなたを治める。〟」（創世記3：16）

だがこのような強固な家父長制が文化を支配していた時期がどれほど長く続いたかはよくわかっていない。遺伝子にみられるいくつかの兆候からすると、五〇〇〇年ほど前からだった可能性が高い。男性の「有効」人口すなわち子孫を残せる男性の数が突然激減したのだ。女性の「有効」人口のほうは減っていない。初経を経験した女性のほぼ全員が子供を産むまで生き残ったのに対し、思春期後も生き残った男性のほうは激減した。[21] そうなったとき、女性が夫を共有したり、大幅に年上の夫を受け入れたり、かなりの数の女性が未婚に終わることがあたりまえになるまでに、どれほどの社会的圧力が必要だっただろうか。その圧力をかけたのは制度だったのだろうか、それにしてもどのように作用したのだろうか。それらの点はわからないままだが、ともかくも三〇〇〇年前になる頃には男女比は均衡を取り戻し、一夫一婦制が復活する。この均衡回復と家父長制は何か関係があるのだろうか。これこそがアリストテレスの「男の勇気は命じるときに、女の勇気は従うときに示される」の意味するところなのだろうか(アリストテレスは、男と女は基本的に同等だとしたソクラテスやプラトンに反してこう主張したことに注意されたい)。それとも家父長制は人間社会にもともと存在したのだろうか。

もし私が女だとしたら、女性の地位の大幅な変化を歴史における重要な出来事と捉えるだろうか。古代のごく普通の経験(生涯に八回以上妊娠し、妊娠・授乳期の合計が二〇年におよび、出産の七回に一回は死ぬ可能性がある)から現代の経験(生涯に一、二回妊娠し、環境にもよるが出産時に死ぬ可能性はごく少ない)への変化を大きな意味を持つと感じるだろうか。フェミニズムの台頭を長い二〇世紀における最大のニュースとして受け取るだろうか。歴史家はこの先千年以上、女性の地位の変化はマルサス的貧困の終焉よりも重要な出来事として位置づけるのだろうか(もっとも両者は相互に関連しているが)。

ここで一瞬だけ一九〇〇年にタイムスリップしてみよう。当時のアメリカでは、賃金労働者の男女比は四対一と圧倒的に男性が多かった。実際にはここまで偏ってはいなかったと思われる。なぜなら国勢調査は実際に市場で販売される女性の仕事の数を少なめにカウントする傾向があるし、経済学者は家庭内での生産を過小評価してきたからだ。それにしても、四対一とはあまりに大きな差で驚く。ところが二〇世紀末になる頃には賃金労働者の半分近くを女性が占めるようになる[22]。

一九〇〇年には、調査でカウントされた女性の賃金労働者の大半は未婚者だった。一五歳以上の未婚女性の労働参加率は四三・五％に達する。未婚女性のうち白人の四一・五％、非白人の六〇・五％が働いていた。対照的に、既婚の白人女性で働いている人は三・二％に過ぎない。その一方で、既婚女性全体の労働参加率が平均五・六％であるのに対し、非白人既婚女性では二六％に達している。一九二〇年には三〇歳前後の既婚の白人女性の労働参加率は四％だったが、一九八〇年になると六〇％に達する。三〇歳前後の既婚の非白人女性の場合にはこれほど劇的には増えていないものの、もともと高かった比率がさらに上がった。一九二〇年には三三％だったのが、一九八〇年には七二％に達している。

だがこれだけでは全体像を見たことにはならない。たとえば、一九二〇年頃に生まれた女性と一九六〇年頃に生まれた女性の違いを考えてほしい。前者は一九四〇年に成人し、一九八〇年に六〇歳になる。既婚女性の労働参加率は、二〇歳のときに約一五％、五〇歳のときに約四五％である。一方後者は、二〇歳のときにすでに労働参加率が六〇％に達している（既婚女性の場合）。しかもあらゆる兆候からして、既婚女性の労働参加率は年齢と共に上昇し続ける。

だが二〇世紀を通じて大幅に伸びた女性の労働参加率は、それとして喜ばしいことではあるが、残念ながら男女の賃金格差をすみやかに縮めるには至っていない。一九世紀を通じて男性に対する女性の賃金上昇率が大幅であったことが報告されており、この傾向は一部では一九三〇年まで続いたものの、二〇世紀のほとんどの時期に女性の賃金は男性の六割程度にとどまっている。

女性の相対賃金が上がらなかった理由の第一は、二〇世紀の半ばあたりに女性の労働参加率がハイペースで上がったことと関係がある。女性の急速な職場進出は、高度な経験を備えた女性労働者の比率が相対的に低いことを意味する。一方、企業は熟練労働者に高い賃金を払う。熟練労働者のほうが生産性が高いこと、しっかりしたキャリアパスに沿った定期的な昇給は労働意欲を高める効果的な方法であることが理由だ。そうなると、男性労働者に比して経験の乏しい女性は低賃金に甘んじる結果になりやすい。

第二の理由は、職業における性差別がしぶとく続いていることだ。一九〇〇〜六〇年には女性労働者の就ける職業は非常に偏っており、どの職業でも男性と等しい分布を実現するためには女性の三分の二が職業を変えなければならなかっただろう。一九六〇年代末あたりから職業上の性差別はいくらか減ったものの、女性は依然として比較的賃金の低い職業に集中する傾向があった。

第三の理由は、雇用主が評価するような資格条件を満たせないことである。二〇世紀初めの時点では、女性には正式な教育を受ける機会がほとんどなかったし、かといって非公式な教育や実地教育で経済的に価値のある技能を身につける機会もまずなかった。このため女性の大半は比較的かんたんかつ短期間で覚えられるような仕事に就かざるを得ず、そのような仕事では経験を積んだところで生産性の伸びはさほど期待できない。経済学者のクラウディア・ゴールディンは、いま挙げた三つの原因がすべて打ち消されたら、同じような経験と学歴を備えた労働者の男女の賃金格差は、二一世紀が始まる頃にはごく小さくなるはずだと述べている。

今日では、賃金格差が経験や教育や職業に必要な技能の差に起因するケースよりも、単なる賃金差別が原因であることのほうが多い。端的に言って、女は女であるがゆえに男より賃金が低いのである。ゴールディンは、このような賃金差別が生じたのは人事部を持つ近代的な大企業の発展と関係があると指摘する。大規模な官僚組織型企業が出現する前は、市場が女性に対する賃金差別を強力に遮断していた。小規模な企業ばかりの状況では、一社が女性の賃金を不当に低く設定するといった差別をしたら、その女性は差別をしない別の企業に転職すればよい。

ゴールディンが書いたように、企業が人事部を設置し全社的な人事方針を確立するようになると、多くの女性社員の勤続年数が予想外に短いこと、言い換えれば、優秀な実績や会社への忠誠心といった定期昇給の効果が上がるまで十分に長く仕事を続けないことが判明する。となれば、昇給に値するまで仕事を続ける女性社員は例外的ということになる。そうした女性にまで報いる必要があるだろうか、というわけだ。だからと言って、賃金差別はすべて企業の利益最大化に寄与してきたとは言えない。あからさまな偏見も、まちがいなくそこには作用しているからだ。男性社員、雇用主、顧客が抱く偏見である。たとえば男性は女性との競争を嫌い、自分たちの職業に女性の参入を認めまいとする。

今日の視点から見ると、経済における女性の役割の変化に関して最も驚くべき事実は、あまりに長い時間を要したことである。第二次世界大戦後に出生率が下がったことに加え、肉体的強靭さをまったく必要としない事務・小売部門が出現し、しかも女性の教育が定着したにもかかわらず、長い時間を要した。女性の就労を阻む障壁は頑丈だった。たとえば社員はフルタイムで働かなければならないといった定款、ある種の職業は女性には向かないといった世間一般の偏見、既婚女性の雇用を制限さらには禁止する人事方針などである。

長期的には、女性の社会進出を阻む制限や慣習の枠組みを壊すには、政府が行動を起こす必要があった。アメリカでは、その行動は一九六四年公民権法の形で実を結ぶ。同法は、人種、肌の色、宗教、出身国、性別による差別を禁じている。下院立法委員会で同法の審議が行われたときに議長を務めたハワード・スミス（民主党、ヴァージニア州選出）が差別禁止項目に性別を加えるよう提案したのだが、このときは半ばジョークだったという。しかもこの法案を一六八対一三三で可決したのはリベラルな民主党員ではなく、南部の民主党と共和党の議員たちだった。その後裁判所は、禁止条項のうち「性別」に関しては完全な平等を求める意図はなく、差別が疑われる場合にも人種・肌の色・宗教ほど厳密に調査する必要はないとした。それでも、性による差別が気まぐれな理由で許されることはなくなる。法的環境の整備はやはり重要な意味を持つ[23]。こうした背景を踏まえ、ゴールディンがジェンダーギャップに関する著作の中で、性差別は近い将来にほぼなくなる可能性があると結論づけた。「大学卒業者の男女比がほぼ同じになったこと」に勇気づけられて、「今日の若者の状況から将来を予想することができるが、それによると大いに楽観的になってよいように思われる」と述べたのである[24]。

農耕時代においてさえ、社会において男性優位の度合いが下がることは、双方が利益を得るポジティブ・サムの変化だった。単なる動産（奴隷や家畜よりすこしましな程度）と位置付けられるのではなく、対等の社会参加者としての女性は、男性優位社会の場合よりもはるかに多くを成し遂げ、貢献することができるはずである。私もそうだが楽観的な経済学者は、さまざまな集団が寄り集まると人々はより包摂的になり、共有する方法を見つけ、集団としてより生産的になり、その果実を分配して社会全体をより持続的にすると信じたがる傾向がある。生産性は基本的に分業に依存するのであり、より多くの人を呼び込むほど分業はうまくいき、生産性は上がる。だが農耕時代にも、その後の長い年月の間も、そう考える人はあきらかに少なかった。

男性優位社会の基盤が揺らぎ始めたのは一八七〇年より前のことだが、完全な崩壊に近づいたのは長い二〇世紀の間である。乳児死亡率の低下、平均結婚年齢の上昇、子供の養育費の膨張といった要因すべてが妊娠の減少に寄与した。平均的な女性の妊娠・授乳期合計は二〇年から四年へと劇的に減る。衛生状態と栄養状態が大幅に改善され、病気に関する知識も増えたおかげで、子孫を残すためにたくさん子供を産む必要はなくなり、避妊技術が進歩したおかげで家族計画を立てることも容易になった。かくして産業化時代に爆発的に伸びた人口増加率も、主要先進工業国では急ブレーキがかかる。あとになってみれば、人口爆発はごく短期間の出来事だった。人口に関する限り、人類は急速にゼロ成長に近づいているように見えた。

家庭内での技術の進化も、長い二〇世紀の間に平均的な女性に恩恵をもたらした。食洗機、乾燥機、真空掃除機、高機能になった化学洗剤、その他諸々の家電やガス器具、とりわけ全自動洗濯機のおかげで、家事の切り盛りが従来に比べてはるかに容易に楽になる。妊娠の多かった一九世紀に家をきれいに整頓しておくのは、フルタイムでやってもこなしきれない大仕事だった。対照的に二〇世紀後半には、家事はパートタイムでこなせる仕事になる。その結果、それまでは家庭内でのフルタイムの家事に縛り付けられていた女性の労働の多くは、別の目的に割り当てられるようになる。ベティ・フリーダンが一九六〇年代前半に書いたように、男性と対等の地位を求めるようになった女性たちは、「社会が報酬を与えるのは……仕事における……アイデンティティ」であり、それを見つけられない限り対等の地位は得られないと気づく。[25] 女性が社会から切り離され、市場が報酬を与えない家庭内の仕事だけをしている限り、そうした仕事を貶め過小評価することは男性にとっていともたやすい。

一八七〇年代に始まった富の大幅拡大が、この世紀の残酷で野蛮な暴君を増長させたことは否定できない事実ではあるが、人種差別と性差別という二つのもっとしぶとい暴君は、いやいやながらも徐々に部分的に支配地を明け渡していった。この進歩のスピードは鈍くはあったものの、人類がユートピアへ向かうのろのろした歩みの基準を押し上げたことはたしかであり、進歩が停滞すれば変化を求める強い声が上がるようになった。ただし、社会における地位というものは、完全にゼロサムではないにしても、ゼロサムに近い。性別、民族、階級による特権を謳歌していたのに包摂の波に侵食された人たちは、言わば貴族資格の剝奪とどうやって折り合いをつけたのだろうか。グローバルノースに暮らす第二次世界大戦後の第一世代の答えは、所得の伸び、機会の拡大、上方移動を加速させることだった。

第14章 社会民主主義の栄光の三〇年

Thirty Glorious Years of Social Democracy

歴史はそっくり繰り返しはしないが、韻を踏む。それも奇妙な韻を。一八七〇年の時点では、世界一三億人の人々の平均所得は、今日のドル価値で年一三〇〇ドルだった。一九三八年になると人口はおそらく二倍になったが、平均所得のほうはそれをやや上回る二・五倍に増えている。生活ははるかによくなった。一八七〇年以前の世界は災難続きで不安定だったものである。技術の進歩の潜在的利益が人々の生活にまで行き渡る効果がいかに乏しいかについて、ジョン・スチュアート・ミルの、そしていうまでもなくマルクスの悲観論を思い出してほしい。一九三八年以前の世界も第一次世界大戦、大恐慌と以前にも増して苦しみに満ちており、そのうえ第二次世界大戦に突入しようとしていた。大規模な破壊、五〇〇〇万人以上の死者とともに、進歩へののろい歩みは壊滅的に寸断された。それでも一八七〇〜一九一四年には、経済の黄金郷とも言うべき桁外れの繁栄をもたらした時期があった。そして一九三八〜七三年も再び輝かしい繁栄の時期を迎えることになる。というのも第二次世界大戦で幸運にも自国が戦場にならなかった国（その筆頭はアメリカである）が、成長へ向けて駆け足で進むことができたからだ。

こうして一九三八〜七三年に世界経済は再び躍進の時を迎え、めざましいペースで拡大し始める。グローバルノースの核となる国々、すなわち今日G７と呼ばれる七カ国（アメリカ、カナダ、日本、イギリス、フランス、ドイツ、イタリア）は競い合うように前進した。一九一三〜三八年の年〇・七％のペースどころか、一八七〇〜一九一三年の一・四二％すら上回った。第二次世界大戦による甚大な損害にもかかわらず、年平均三％のペースで成長したのである。年三％で増え続ければ、二三年ごとに、つまり一世代を経ないうちに経済規模は二倍になる計算だ。かくしてG７各国は、一九七三年には三八年当時の三倍の物質的ゆたかさを手にすることになった。

七カ国の中で最もハイペースで成長したのは、いちばん貧しかった日本である。戦争中に二都市への原爆投下を含め広範囲で壊滅的打撃を被ったにもかかわらず、前代未聞の年四・七％のペースで成長した。カナダとイタリアは年三％以上のペースを記録している。G７だけではない。メキシコ、スペインなども同じようなペースで成長を遂げた。

フランス人はこの時期を「栄光の三〇年」と呼ぶ。[1] 一時期にこれほどの幸運が重なるとは予期せぬことだったし、政治経済学者はいまだにこの時期の奇跡に驚く。

だが新古典派経済学者なら肩をすくめるだけだろう。市場経済が完全雇用、適切なインフラ、契約と私有財産の保護の効果を実現するのは当然のことだ、と。また近代科学も、数々の画期的な技術の形でしかるべきことをした。しかも、以前に発見されたが大恐慌の混乱の中で開発・実用化されていなかった技術の在庫が豊富にあった。だから企業は自社の産業研究所に気前よく予算を注ぎ込めば、研究所からのアウトプットを大規模に展開し利益を得ることができたのである。この過程で企業は知識を蓄積するとともに、それまで教育訓練を受けられず技能の低かった労働者を農家や職人の工房から狩り集め、抜かりなくフォード式組立工場に送り込んだ。[2] 私たち新古典派経済学者にしてみれば、これは正常かつ自然なプロセスであり、近代経済成長期においてはあるべき姿でもある。もっとも、経済成長がこの自然な道筋をたどることは、長い二〇世紀の間にめったになかったのだが、そこは大目に見てほしい。

以上が、フリードリヒ・フォン・ハイエクによって命を吹き込まれた市場原理の肯定的な見方である。市場は与え、そして奪う、市場の御名に祝福あれ。ハイエクの結論に疑義を呈した者は少なくない。経済学者のハーバート・サイモンが、ハイエクが「市場経済」と呼んだものは小規模企業が赤い点のように散らばっているグリーンマーケット（産直品などの直売をするマーケット）ではなく、指揮統制型の企業同士が市場取引という緑の線で結ばれている赤いエリアだと比喩で語った。一方ハーバード大学の経済学者マーティン・ワイツマンは、企業が必要とする情報を価格目標を通じて与えたとき（単位当たりコストをXXドル以下にせよ）、数量目標を通じて与えたとき（Y個生産せよ）より効率的になるという理論上の根拠はない、と指摘した。[3] シカゴ大学でハイエクの同僚だったロナルド・コースは、市場経済の大きな強みの一つは、意思決定にあたって官僚的な指揮統制システムを採用するか、取引コストに基づくシステムを採用するかを企業が自由に決められることだと喝破した。つまり、企業は選ぶことができる。[4] さらに、企業はつねに市場のルールに支配され、損失を出した企業は縮小と退場を余儀なくされることも重要だ。これに対して政府が運営する官僚制度は損失を出しても退場しない。[5]

だがハイエクの理論が具体的な形で実現するためには、三つの条件がある。第一に、ハイエクはアイン・ランドのような人物の思想や理論と訣別しなければならない。市場がうまく機能するために必要なのは競争であって、技術や組織を先取りした企業家によって支配される独占ではない。[6]

第二に、ハイエクはジョン・メイナード・ケインズの思想と縁組みしなければならない。市場経済が適切に機能しうるのは、すなわち資源をその「最適」の用途に割り当てられるのは、支出が企業に利益をもたらす場合だけである。

ケインズは一九三六年に、皮肉をこめてこう書いている。「消費性向と投資誘因」を調整する目的で「政府機能の拡大」を求めた自分の提言は、「一九世紀の評論家や……現代アメリカの投資家にとっては」自由の「重大な侵害」に見えるかもしれない。だが実際には自分の提言は「個人の計画を成功に導くための条件」なのだという。そして「有効需要が不足している」状況では起業家は「勝ち目の薄い勝負をすることになる。運頼みのゲームでは……プレーヤー側は必ずマイナスになる」。だから「卓越した技能またはめったにない幸運」に恵まれない限り、企業家も企業も報われることはなく、経済成長も続かない。これに対してケインズの政策を実行すれば「適切な量の有効需要が確保されるため、並の技能や並の幸運でも十分」だという。栄光の三〇年の間、賢明な企業経営者たちは、ケインズの完全雇用政策は自分たちの最高の味方だと認めていた[7]。

第三に、ハイエクはカール・ポラニーの思想とも縁組みしなければならない。ハイエクの世界観を形作る礎石の一つは、成長と繁栄を生む唯一の道は市場経済であるというものだが、この世界観では公平や社会正義をまったく問題にしていない。公平と社会正義を実現するためには、よい行いをした報われるべき人によいものを分配する必要がある。市場経済では、富裕層が飛びつくようなものの生産に必要な資源を手にした幸運な人々だけに分配されてしまう。

ポラニーの世界観では、人々には一定の条件を要求する権利があるとする。一定の条件には、公平とみなしうる安定した土地利用、努力と資質に見合う所得水準、職を維持できるまたは容易に新しい職を見つけられる状況などが含まれる。だが市場経済はこうした基本的な要素でさえ、利益最大化テストに合格しない限り提供しない。ポラニーの主張する権利が侵害されても、経済が十分ハイペースで成長していれば見逃される。自分にふさわしいパイの一切れはもらえていないにしても、親世代より大きい一切れはもらっているからよしとする、というわけだ。経済がハイペースで成長している間は、政府は増えた税収の一部をポラニー的権利の保護と確保に充当することができる。社会民主主義を掲げる政府は成長と繁栄を導くために市場経済を必要とするが、ただし市場を監視し、「市場経済」が「市場社会」に変容しないよう管理しなければならない。雇用が不安定で所得水準が努力と釣り合わず、市場の変動によって絶えず混乱と変化に見舞われるような市場社会は、人々が望むものではないからだ。

市場経済を必要としながら市場社会にならないようにするのは、言うなれば綱渡りである。包摂をめざす大波が押し寄せる中で、綱渡りはある意味で一段とむずかしくなった。一方で、この大波は性別、人種、民族だけでなく階級にもおよんだため、労働者階級の男性がそれだけで見下されることはなくなった。他方で、労働階者級の男性はそれまで当然のものとして受けていた他人からの敬意の一部を受けられなくなった。そうした敬意が払われていたからこそ、階級ピラミッドの厳しさが和らげられていたのだが、それが失われたわけである。この二つの要因によって、労働者階級が期待していた秩序、すなわち自分たちにふさわしいと思っていた位置付けが得られずに不満の声を上げる可能性が大幅に高まる。

だが自分自身にとっても自分の子供にとっても所得が急速に増え、機会も増えていると認識されれば、これまで自分を支えてきた古い秩序のパターン、すなわち自分たちにふさわしいと思っていた社会における位置付けが混乱したとしても、その多くは埋め合わされる。おかげでグローバルノースは一九六〇年代~七〇年代を通じてバランスを保つことができた。そして一九七五年には、人類が活用する技術の力は一八七〇年の九倍に達する。世界人口は一八七〇年の一三億人から爆発的増加により一九七五年には四〇億人に達した。人口増とそれに伴う資源への圧力のため、一九七五年の物質的生産性は一八七〇年の五倍に過ぎなかった。しかもその分布は国によっておそろしく偏っており、また国内でも偏っていた（ただし一八七〇〜一九三〇年ほどではなかった）。

全体として見れば、ものごとはうまく運んだと言えるだろう。大恐慌は、すくなくともアメリカでは、さきほど挙げた三つの条件（一つの訣別と二つの縁組）を満たすことが必要だと多くの人に気づかせる効果があった。金ピカ時代の泥棒男爵たちによる寡頭政治が失敗に終わって大恐慌を引き起こしたことは、誰の目にもあきらかだったからである。だからフランクリン・ルーズベルトが述べたとおり、財閥や金融業者を「われわれの文明という殿堂における高位」から引きずり下ろし[8]、競争にルールを持ち込む必要があった。大恐慌はまた、完全雇用に近づくよう経済を運営するためには政府の積極的な助けが必要だと民間部門に確信させる役割を果たした。もっと重要なのは、中流階級と労働者階級には共通の大きな利害があると、大恐慌が中流階級に気づかせたことである。このときから両者は、社会保険と完全雇用の実現を政治家に要求するようになる。これらすべてに加え、スターリンのソ連から迫ってくる全体主義の脅威を目の当たりにして、誕生したばかりの北大西洋条約機構加盟国は、安全保障でも経済復興でもアメリカの指導力に従うべきだと考えるようになった。そのうえでアメリカは強固な思想を持っていたのである。

二つの世界大戦にはさまれた戦間期に富裕国の政府は正統的財政規律と純粋な自由放任《レッセフェール》の原則に固執したせいで苦境に追い込まれた。これらの原則は当初は貴族的な重商主義を排除する武器として使われたのだが、その後は累進課税、社会保障制度、さらには広く「社会主義」と戦う武器として使われている。

こうした経緯を導いた思想的大転換を、アメリカの保守派経済学者ミルトン・フリードマンに見ることができる。フリードマンは自由放任の使徒を自称し、自らを売り込んだ。保守派は、市場は失敗するはずがないという信念をいっかな曲げようとしなかった。失敗することがあるとすれば、それは大恐慌のように政府が自然秩序に介入した場合だけだという。ライオネル・ロビンズ、ヨーゼフ・シュンペーター、フリードリヒ・フォン・ハイエクなどの経済学者たちは、一九二九年の大暴落以前の時期に中央銀行が金利を低すぎる水準に設定したことが原因だと主張した。逆に、金利水準が高すぎたと主張する学者もいた。いずれにせよ全員が一致したのは、世界の中央銀行は「中立的な」金融政策を適切に実行できなかったがために、放置しておけば安定していたはずの市場システムを不安定化させた、ということである。その首領格がフリードマンだった。

だが、大恐慌は政府の失敗であって市場の失敗ではないというフリードマンの主張を掘り下げてみると、おもしろいことになる。そもそも適正な金利水準自体が市場のかすかなゆらぎに応じて変動するのに、金利水準が高すぎたとか低すぎたとか、あるいはちょうどよかったとどうして言えるのか。フリードマンは、金利が高すぎると失業率が上昇し、低すぎると高インフレになり、ちょうどいい金利水準すなわち中立金利であれば、マクロ経済を均衡させ、経済をスムーズに成長させるというが、これではトートロジーだ[9]。

この思想的大転換をプトレマイオス的と呼ぶのは、かの天文学者クラウディオス・プトレマイオスに対する侮辱と言わねばならない。プトレマイオス的というのは、自分の知的体面を保つために、自分のものの見方が逆だったと認める代わりに、言葉を再定義し複雑化させて自分の主張を押し通す態度を指す。だがフリードマンとしては、いい意味で、つまり知的大発見という意味でプトレマイオス的だと自負しているのだろう。フリードマンの偽装を剝ぎ取ると、そこに現れるメッセージはケインズのものである。政府は、経済全体の支出フローを形成し、それを安定的に維持するために必要なだけ大規模に介入すべきである、ということだ。それがうまくいけば、経済を不況から守ると同時に、市場システムのメリット、人間の経済的自由、政治と知の自由を維持することができるという。

ケインズとフリードマンの重大な違いは、さきほど挙げたことを中央銀行は金融政策を通じて、すなわち中立金利の適切な維持を通じて単独で行えるとフリードマンが考えていたのに対し、ケインズはもっと多くの措置が必要だと考えていたことである。政府支出を拡大し、税制上の優遇措置を設けて企業の投資と家計の貯蓄を促す、などだ。ただしインセンティブだけでは十分ではないという。「ある意味で投資を包括的に社会化することが、完全雇用に近づく唯一確実な手段だと考える。このことは、公的部門が民間と協力するための手段や譲歩を除外するものではない〔10〕」。

彼の主張には大多数の人々が賛同した。大恐慌の際の大量失業は、経済政策の主要目標に関して政治家、起業家、銀行家の考えを完全に変えるほどのインパクトがあったからだ。大恐慌前は、通貨と為替レートの安定が主要目標だったが、大恐慌後には銀行家でさえ、高水準の雇用の確保はインフレ回避より重要だと認めるようになる。そこかしこで破産が相次ぎ、大量の失業者を出すことは、労働者にとってのみならず資本家や銀行家にとっても由々しき事態だった。

起業家も、企業の所有者や経営者も、さらには銀行家さえも、雇用の維持に取り組むことは得るものが大きいと気づく。高い就業率は高い設備稼働率の証である。労働市場が逼迫すると賃上げを余儀なくされて利益を侵食すると考えられてきたが、そうではなく、需要が増えれば固定費をより多くの商品に振り分けられるので、むしろ利益は増えることになる。

アメリカでは、複合経済とケインズ的社会民主主義秩序の統合が明快な形をとった。要するにつねに市場経済にコミットするということである。同時にアメリカは、機能的で実務的な政府にもコミットしていた。一九〇〇年代初めに公平な成長のための計画を始動させたのは、進歩主義運動である。この運動は、一九三二年まで保守派が政権党になり、その結果として大恐慌の批判を一身に負うという幸運な偶然に恵まれていた。こうした要因が重なり、公平な成長への道のりはかなり平坦になる。民主党のルーズベルトが大統領になり、一九四五年に彼が死去すると同じく民主党のトルーマンが後継となり政策を維持する。有権者は一九四八年にトルーマンに二期連続で票を投じ、ニューディール政策を支持した。そして一九五三年に共和党から大統領になったドワイト・アイゼンハワーは、自分がやるべき仕事は民主党の前任者たちのプログラムを縮小することではなく、心底嫌悪する「集産主義」のこれ以上の拡大を阻止することだと考えた。

一九四六年雇用法は、連邦政府の「継続的な政策および責任は……すべての計画、機能、資源を調整し活用すること……自由で競争的な企業を育成し福祉を推進すること、働く能力と意思があり仕事を探しているすべての人に有意義な雇用を提供しうる環境を整えること、雇用、生産、購買力の最大化を図ることである」と謳っている。[11] 目標のはっきりした法律は、世論やものの見方や個人の努力目標の変化を先導する役割を果たすものだし、実際にもそうなった。雇用法によって起きた政策上の最大の変化は、第二次世界大戦後には政府が財政のビルトインスタビライザーを活用できるようになったことである。

すでに述べたように、アイゼンハワーは一九五〇年代に兄のエドガーに宛てた手紙に、自由放任は死んだ、復活させる試みは「愚かだ」と書いている。フリードマンとアイゼンハワーはケインズが見たのと同じ脱出口を見ており、それを開けて脱出したいと同じように切望していた。実際、アイゼンハワーが兄宛の手紙に書いた政策や、他の先進国が採用した同様の政策は、党派を超えた政治的協調の実現にみごとに成功する。アイゼンハワーが指摘したとおり、「いかなる政党も、社会保障制度や失業保険を廃止したり、労働基本法や農業補助金制度を打ち切ったりすれば、政治史の中で二度とその党の名前を聞くことはない」ことになる。[12]有権者は社会保障プログラムの縮小を目論むような政治家を支持せず、社会保障税は社会保険を維持するために必要だとして他の税金ほど目の敵にしなかった。アメリカ以外の国でも、中道右派政党が社会民主主義への抵抗を本気で試みるようなことはめったになかった。

アイゼンハワーの構想は、コンセンサスに基づいていた。と言っても、圧倒的多数が心から社会民主主義に賛同するという意味ではない。圧倒的多数が、自由放任の立場をとったカルビン・クーリッジやハーバート・フーバー時代のアメリカに戻ろうとすることは愚かだと考えるという意味でのコンセンサスである。

その結果が大きな政府、もっと大きな政府だった。アイゼンハワー政権の連邦政府支出はGDP比一八％に達する。平時で最高水準だったニューディール当時の二倍である。そこに州・地方政府の支出を加えると、総合政府支出はGDP比三〇％となる。ニューディール前の一九三一年の政府支出はGDP比三・五％に過ぎず、連邦職員のまるまる半分は郵便局員だった。一九六二年には、連邦政府が直接雇用する職員は五三五万四〇〇〇人になっていた。全人口一億八〇〇〇万人に対して、である。二〇一〇年には、全人口三億人に対して連邦政府の職員数は四四四万三〇〇〇人に縮小している。職員数に見合う巨額の政府キャッシュフローが景気循環の影響をほとんど受けないとなれば、民間部門は活性化され利益を生む事業が次々に出てくる。大きな政府をまかなうのは借り入れではなく高い税金であり、一九五〇〜七〇年の連邦財政赤字は平均してGDP比一%未満にとどまっていた。

かくして階級や富の大規模な入れ替えはなかったにもかかわらず、所得の中央値は一貫して上がり続け、強力な中流層を形成するに至った。車、家、家電、よい学校はそれまで最上位一〇%の所得層しか望めなかったが、一九七〇年には大多数の人が所有するか、すくなくとも手の届くところまで来ていた。

連邦政府は住宅建設と持家を奨励し、住宅ローンへのアクセスを緩和する。これは一九三二年八月にフーバー政権で成立した連邦住宅貸付銀行法の下ですでに始まっており、住宅ローンには政府保証がつくようになる。この法律を契機に、持家の奨励と補助に関するアメリカ政府のアプローチが定まった。ヨーロッパでは住宅そのものを供給する方式が主流だが、アメリカ政府が採用したのは民間による住宅開発と購入の資金調達を手厚く支援する方式だった。ほぼ同時期に住宅所有者資金貸付会社(HOLC)が設立され、一九三三年八月〜三五年八月までの二年間で一〇〇万件以上のローンを貸し付け、アメリカの住宅ローンの条件(長期、固定金利、少額の頭金、分割返済、最終手段としての政府の債務保証付き)を確立し、定着させる。銀行を説得するにはこうした条件が必要だったからだが、銀行にしてみれば、三〇年ローンを固定金利で貸し出す相手がどんな場合にも必ず完済するとわかっているのは結構な商売だった。

一二〇～二四〇坪の一世帯用郊外型住宅には自家用車が必須となる。かつては郊外の住宅は路面電車や通勤列車で都心部と結ばれていたが、もはやそんなものは古臭いというわけだ。電車の代わりに登場したのが、巨大な環状高速道路システムだった。高速道路はアメリカ全土に出現し、インターチェンジと料金所により出入りが制限されている。一九五六年全米州間国防高速道路法は、全長約七万キロの高速道路の建設を定め、建設費の九〇％は連邦政府の負担とした。運輸関連投資は連邦住宅局（ＦＨＡ）の債務保証以上に偏っており、都市部のニーズを無視して郊外偏重になっていた。なにしろ都市部の公共交通機関に回された連邦運輸予算はたった一％だったのである。高速道路総延長の三分の二は大都市圏内に建設されたのだから、州間高速道路網ではなく郊外高速道路網とでも名付けるべきだった。

大都市の都心部から郊外への大量移転に伴い、内在的な民主化と消費パターンの均質化が出現する。かなりの下流階級および黒人世帯を除くアメリカの多くの世帯は、自分たちはみな中流だと感じる。各種の調査でも彼らは繰り返しそう答えたから、社会科学者たちはなぜアメリカ人の四分の三に相当する人たちが自分たちは中流だと言い続けるのか頭を捻ることになった。学者の悩みをよそに、白人の中流層は郊外に新築住宅を持つことに邁進した。郊外開発によって、階級、そして言うまでもなく人種の分離が極端な形で表面化する。だがそんなことは問題ではなかった。なぜなら「中流アメリカ」という国は一つだったからである。たとえ中流の中で所得の多寡はあるにしても。

一九四四年に終戦が視野に入ってくると、政府は一六〇〇万人の復員兵の職探しに頭を悩ませるようになる。そこで施行されたのが、一九四四年復員兵援護法（通称ＧＩ法）だった。これまでは復員兵に一時金を支給していたが、それに代えて大学進学を希望する復員兵に気前のよい支援を提供する。こうすれば当面彼らを労働力人口から外すことができるからだ。さらに、復員兵のために大規模な住宅ローン補助プログラムも用意した。なんと頭金はゼロである。

大恐慌と戦争を経てアメリカという国を形作った国民のコンセンサスは、労働組合にも居場所を与える。労働組合は、ハイエクとポラニーの縁組みに欠かせないパーツだった。一九一九年にはアメリカの組合員数は五〇〇万人ほどだったが、フランクリン・ルーズベルトが大統領に就任した一九三三年には推定三〇〇万人まで落ち込む。その後は増加に転じ、一九四一年末には九〇〇万人に達する。そして第二次世界大戦による労働市場の逼迫を受けて、アイゼンハワー就任時には一九五三年に一億七〇〇〇万人に膨れ上がった。

一九三三〜三七年は、高い失業率にもかかわらず組合の組織化が容易だった。政治がリベラルな民主党寄りに振れており、かつて組合を敵視していた連邦政府が友好的になったからである。一九三五年全国労働関係法（通称ワグナー法）によって労働者に団結権・団体交渉権が認められ、全米労働関係委員会は企業を監視し、組合に敵対的な経営側が組合員に不利あるいは不当な行為を働かないよう目を光らせた。大量生産を手がける製造業の経営者たちは、組合が持つ労使の調整能力の価値を次第に認めるようになる。一方労働者の側も、組合が交渉で勝ち取る市場水準以上の賃金を大いに評価した。

組合運動が一九三〇年代に活発化し組織として定着するにつれて、アメリカの労働者の賃金水準は収斂していく。一九二〇年代後半〜三〇年代には、上位一〇%、そのまた上位一%、さらに最上位〇・〇一%がそれぞれアメリカ全体の富の四五%、二〇%、三%を所有していたが、一九五〇年代にはそれぞれ三五%、一二%、一%に下がっている（ただし二〇一〇年には五〇%、二〇%、五%になった）[13]。その原因はある程度まで、教育が技術との競争に勝利した結果、賃金の低い低技能労働者が一時的に希少化し、したがって価値が高まったことにある。また移民の制限も、ある程度まで、英語のできない労働者の供給に同様の効果をもたらした。もっとも、賃金の収斂傾向は北大西洋諸国どこでも見受けられたのだから、需要と供給の原則以上に何らかの政治・経済的要因が働いていたと考えるべきだろう。組合も賃金分布の圧縮に寄与したし、最低賃金法その他の規則も同様の効果を挙げたと考えられる。最後の要因として、第二次世界大戦の戦費捻出のために強い累進課税制度が導入されたことが挙げられる。この制度は富裕層が他人を犠牲にして利益を独り占めする意欲を挫いた。CEOの報酬が会社の総利益に占める割合がむやみに大きくなると、組合を怒らせることになる。CEOにとっては危険を冒してまでやることではなかった。

労働運動家のウォルター・ルーサーは、一九〇七年にウェストヴァージニア州ホイーリングで、ドイツ系移民で社会主義者の両親の元に生まれた[14]。父親は第一次世界大戦中に、刑務所に収容されていた社会主義者・平和主義者のユージン・V・デブスの面会に息子を連れていく。ルーサーはデブスから「労働組合思想」を学び、「労働者の苦悩と期待と渇望」を知る。彼は両親の下で学び、一九歳になるとホイーリングを出てデトロイトのフォードで機械工として働き始める。担当は、組立ラインで使われる工具の製作だった。一九三二年にルーサーは、社会党から大統領選挙に出馬したノーマン・トーマスを応援する集会を組織したというのでフォードを解雇される。彼はその年から一九三五年まで世界を旅して歩いた。この間に、ロシアの工業都市ニジニ・ノヴゴロドにあるフォードのモデルTの生産ライン用機械設備に関して、ロシア人労働者の訓練を行っているフォードは一九二七年にモデルTをモデルAに切り替えた際、スターリンに機械一式を売ったのである。デトロイトに戻ったルーサーは、全米自動車労働組合（UAW）に加わる。そして一九三六年一二月にフォードのブレーキを手がけるケルシーへイズに対して座り込みストライキを打った。数千人の同調者《シンパ》が加勢し、生産設備を他の拠点に運んで生産を再開しようとした経営側の試みを阻止する。

ちょうどその頃民主党のフランク・マーフィーは、ミシガン州知事選挙で、共和党のフランク・フィッツジェラルドに僅差で敗れたところだった。一〇年前だったら、ストライキには警察が（四〇年前のプルマンのストライキの場合には軍隊が）出動して直ちに鎮圧し、経営者の所有権を保護するのがふつうだった。だが一九三六年にはもはやそうではなくなってきた。ストライキ一〇日目には、ブレーキをどうしても必要とするフォードから強い圧力がかかり、ケルシーへイズは降参する。ルーサーが率いるUAW一七四支部の組合員数は、ストライキを開始した一九三六年一二月の時点では二〇〇人だったのが、翌年末には三万五〇〇〇人に膨れ上がっていた。一九三七年にルーサーと兄弟たちは、当時世界最大の企業だったゼネラルモーターズ（GM）のミシガン州フリント工場で座り込みストライキを決行する。フリント工場は、GMで一番売れているシボレーのエンジンを製造している唯一の工場だった。このとき、知事になっていたマーフィーは警察を出動させず、強制退去も行わず、ただ労働者たちに「平和に行う」よう要請した。

ルーサーは一九四六年にUAW会長に就任する。彼は、単に組合員の賃上げと労働条件の改善だけを要求するのではなく、「社会改革の一つの道具として……広く大衆の幸福のために闘う」ために組合の力を使う戦略を掲げる。とは言えUAWは一つしかなく、自動車メーカーはビッグスリーと呼ばれたGM、フォード、クライスラーのほかに、中小メーカーが数多く存在する。自動車メーカーは伝統的に反組合色が濃かった。ルーサーの戦術は、毎年ビッグスリーのどれか一つにストライキを仕掛けると脅し、交渉が決裂したら躊躇なく断行する。ストライキで工場が止まれば会社にとっては大打撃だ。そのうえ他社で働くUAW組合員がストライキを応援する。それでも応援した組合員がロックアウトされることはなかったし、他社がストライキをかけられたメーカーを支援することもなかった。第二次世界大戦後の四年間に毎年のようにストライキの脅しをかけられたGMは、一九五〇年にCEOのチャーリー・ウィルソンが、五年間ストライキをしないという条件で協定を結ぼうと持ちかける。ルーサーは賃金水準の引き上げのほかに、健康保険と退職年金に会社が金を出すこと、生活費に配慮した賃金引き上げを行うことを要求した。これが「デトロイト条約」と呼ばれるようになる労使協定である。この協定によって、自動車メーカーで働く労働者は公正な水準の所得のみならず、一戸建て住宅を買い、郊外に引っ越し、自分たちの作った車で通勤するといったことを考える生活の安定性を手に入れた。かくして労働者階級の上位層は中流階級になる。

一九七〇年にルーサーは殺害される。妻のメイや四人の同乗者も一緒だった。濃霧の中、ミシガン州ペルストン地方空港に最終進入中だった飛行機の墜落事故ということになっている。搭乗機の高度計は部品が欠落しており、一部の部品は上下逆に取り付けられていた。それにルーサーはそれまでに二度も暗殺されかかっている。

戦後アメリカでケインズ的コンセンサスの形成に寄与した要素の第一が大きな政府、第二が労働組合だったとすれば、第三の要素は、福祉国家である。それは具体的には社会保険を意味した。もっともアメリカの社会保険制度はヨーロッパの標準的な制度と比べるとだいぶ見劣りする。西ヨーロッパからすれば、アメリカはやる気がないとしか思えなかった。保守的なマーガレット・サッチャーでさえ、国家が運営する医療制度がアメリカにないのはとんでもないことで、野蛮ですらあると述べている。全体としてアメリカの社会保険プログラムは、公平性の観点からもヨーロッパのプログラムに遅れをとっていた。第二次世界大戦後の最初の世代の乏しい購買力を高めるためにアメリカが実施した施策はと言えば、食事の足しにする食料配給券ぐらいである。要扶養児童家庭扶助プログラムがシングルマザーに提供するのは、少額の現金と劣悪な公営住宅の一室といった程度だった。

その一方で、アメリカでは広い意味での社会民主主義が広範な計画や組織にまたがって展開された。ほんの一例を挙げるなら、州間高速道路、空港建設、航空管制、沿岸警備隊、国立公園局、国立標準技術研究所・海洋大気庁・国立衛生研究所といった政府機関を通じた研究開発支援といったところである。このほか、司法省と連邦取引委員会による独占の取り締まり、証券取引委員会・通貨監督庁・連邦準備制度理事会・年金利益保証会社による金融規制、さらに小規模銀行破綻時の連邦政府による預金保証、大規模銀行（システム上重要な金融機関）に対する救済措置、社会保障および補足的保障所得、ヘッドスタート（低所得層の子供向け就学援助）、勤労所得税額控除も社会民主主義的な施策に含めることができよう。これらはどれ一つとっても、リバタリアニズムの同調者からは政府の適切な活用法とはみなされないにちがいない。

アメリカは、自由放任からより「複合経済」へと左寄りに移行しつつあったが、これを大恐慌に妨げられた。このことは、第二次世界大戦後の福祉国家の形に影響を与えている。ヨーロッパでは複合経済がかなり平等主義的な傾斜を強め、所得分配を平等にし、市場から市民を保護した。一方アメリカでは、福祉国家としての主な政策の目玉は「保険」だった。ここでいう保険とは、平均すれば個人が払った保険料に見合うだけ得られるという意味での保険である。

福祉政策は所得分配を変える手段ではない。社会保障は先に積み立てた分に比例して払い出すだけである。労働者の権利を拡大したワグナー法の枠組みは、賃金の高い安定した職に就いている高技能労働者に有利になっており、彼らは産業の利益の取り分をよこせと法的機関に訴えることができた。所得税の累進性の度合いはアメリカではつねに低めに抑えられていた。

社会民主主義の目的は、社会主義の目的とは明確に異なる。後者では各人が額に汗して稼ぐ代わりに、国が食料や住宅などの必需品を供給する責任を負う。それを受け取るのは市民あるいは同志の権利だった。翻って社会民主主義では、所得に補助金を出すとか累進課税を課すといった措置を通じて、より平等な方向をめざす。社会主義の政府による供給システムはしばしば非効率に陥りがちなのに対し、所得をより平等に分配するだけのシステムは、必要な人にだけ供給することによって無駄を回避できるし、市場の魔法のような効率を社会的な目標に活かすことができる。

ハイエクとポラニーの強制結婚は、社会民主主義の下で数十年にわたりなんとか夫婦関係を維持していた。その国がケインズの完全雇用を実現し、従来より包摂的になり、まずまず誠実であれば、という条件付きではあったが。

第二次世界大戦後に西ヨーロッパがアメリカより社会民主主義的になることは、既定路線

だったわけではない。大恐慌の間、西ヨーロッパの政治は大きく右寄りに振れていた。しかも数世代にわたり、政治的民主主義と市場経済への意欲はアメリカより低かった。それでも全体としてみれば、西ヨーロッパの社会的セーフティネットと福祉国家政策はアメリカより大幅に手厚かったのである。

これまでの章で見てきたように、西ヨーロッパの社会民主主義の取り組みは実を結んだ。西ヨーロッパ経済は一九五〇年代〜六〇年代に活況を呈する。第二次世界大戦後のヨーロッパが六年間で実現した成長は、第一次世界大戦後のヨーロッパでは一六年分に相当した。西ヨーロッパのGDP成長率は、長い二〇世紀が始まってからというもの年二〜二・五%あたりをうろうろしていたが、一九五三〜七三年にはなんと年四・八%に加速している。好況とともに、一人当たり生産高も前例のない水準に達し、一九五五年にはフランスと西ドイツで労働生産性が一九一三年以前の趨勢を上回った[15]。

ヨーロッパの高度成長を牽引した要因の一つは、設備投資率がきわめて高かったことにある。この時期の投資率は、第一次世界大戦直前の一〇年間の二倍に達していた。

もう一つの要因は、ヨーロッパの労働市場である。完全雇用をほぼ達成しながら、賃金の上押し圧力が生産性の伸びをほとんど上回らないという驚くべき組み合わせが実現した。

経済史家のチャールズ・キンドルバーガーは、労働市場のこの安定性は先進国の農村部とヨーロッパの南部・東部辺境から雇用機会に恵まれない労働者が弾力的に供給されたからだと説明している。供給が弾力的だったため、そうでなかったらやみくもに賃上げを要求したはずの労働組合を自重させた。だがこの状況は、ごく近い過去のおぞましい経験に影響された結果だったとも言える。高い失業率と闘争の苦い記憶が、労使対立を和らげる効果をもたらした。保守派は、戦間期の福祉国家を縮小しようとすれば二極化と不安定性を引き起こし、ついにはファシズムの誕生を招きかねないことを思い出した。対する左派は、同じストーリーの裏側を見ていた。どちらも戦間期の景気低迷を思い起こし、あれは政治の行き詰まりが原因だったと結論づけていた。よって右派にとって左派にとっても、まずは生産性の向上を優先し再分配は後回しにするのが賢い戦略だと考えられたのである。[16]

第二次世界大戦後の最初の世代が退場して次の世代が登場し、主要先進国で工業の機械化が一段と進むにつれて、人件費の安い国との競争が熾烈になってくる。かつては熟練工がやっていたことを未熟練工でもできるようにヘンリー・フォードが生産ラインの設計を一新できるなら、フォードにせよ誰にせよ、それを先進国以外の低賃金労働者でもできるように設計することをどうして阻止できるだろう。

実際にも製造業はゆたかな主要先進国から貧しい周縁国へと移転し始める。それでも第二次世界大戦後の最初の世代と次の世代あたりまでは、その動きはゆるやかだった。理由の一つは、貧困国では政治が不安定化するリスクが高かったことにある。投資家は政権転覆といった大混乱が起きやすい国に資金を投じることを渋った。それに企業にとっては、同じような製品を生産している他の設備や工場がすぐ近くにある先進国で生産を維持することに大きな利点があった。信頼できる電源に確実にアクセスでき、複雑な機械が故障した場合に専門の技術者がすぐに駆け付けられるというメリットもある。

こうした要因がとくに重要な意味を持ったのは、すでに確立された技術を使うケースよりも、まだ新しい変化する技術に依存するケースである。後者の場合、生産拠点として製造機械のメーカーに近い立地を選ぶことが多い。そうすれば機械メーカーとの意見交換が図れるからだ。技術が進化中で設計が固まっていない状況では、こうしたフィードバックはとくに貴重になる。機械に精通した教育水準の高い技術者と交流することで微調整や適応も効率的になる。やがて技術が成熟し、固定化してくると、生産プロセスにはあまり変化がなくなり、ビジネスモデルとしても価格競争に傾きがちになる。この段階に達したとき、人件費の安い国への移転が加速することになる。

社会民主主義はあくまで民主主義であるから、国民は投票箱の前で、所得と資産の格差をどの程度まで受け入れるかを選ぶことができる。累進課税をきつくすべきか、ゆるめるべきかも選べる。国民すべてに提供される公共財や準公共財を拡大すべきか縮小すべきかも選ぶことができるし、貧困世帯に提供される給付を拡大すべきか縮小すべきかも選ぶことができる。そう

は言っても、制度としての社会民主主義は、基本的にはすべての人を対象にした再分配を好ましいとしている。どんな人も、貧困に陥るリスクから守ってもらいたいと考えるからだ。もちろん生産の最大化を促すインセンティブを設けることも重要ではあるが、問題はリスクに対する保障と生産の奨励とのバランスをどうとるかということだ。そこには政治的な判断と駆け引きが関わってくる。社会民主主義が根を下ろした国では、ごく小規模な所得再分配を行いつつ、残りは功利主義的な「最大多数の最大幸福」の実現に回す取り組みがなされた。

これらの要因から、社会民主主義は強い勢力となったが、そこに落とし穴があった。社会民主主義はいずれは自壊し、代わって「新自由主義」が台頭することになる。なぜなら、市場経済は社会の召使いではなく主人なのだという信念は生き残っていたからだ。加えて、ポラニー的権利を守ろうとする社会民主主義の試みは途方もない負担を社会に強いることになり、それは長期的な経済成長の足を引っ張ることになりかねないという信念も消えていなかった。そのうえ、万人に恩恵をもたらすとなれば平等でないはずの人々まで平等にすることになるから社会正義にも反する、という信念もしぶとかった。

おそらくこうした見方の根底にあるのは、ゆるやかな集権的再分配でさえ嫌悪する人間生来の傾向だろう。誰かから取り上げて別の誰かにあげるというのはうれしいことではない。人間は、すくなくとも私たち人間は、社会を持ちつ持たれつの関係のネットワークでできていると考えている。一人ですべてをやるよりもお互いに力を出し合うほうが生活ははるかによくなることに、原則として私たちは同意している。私たちはいつも「もらう人」でいたくはない。それでは自分を貶めることになる。かと言っていつも「与える人」でいるのもいやだ。これでは騙《だま》し取られているようだと感じてしまう。さらに、一生ずっと「もらう人」でいる戦略を採用した誰かを監視したり通報したりすることには、どうも賛成できない[17]。

さらに言えば、「与える人」や「もらう人」が何を意味するのかについては異論が多い。子供を何人も育てているシングルマザーは、次世代の育成という大きな価値のあるたいへんな仕事をしている。彼女も社会保障税を納めて他者の役に立っているのだろうか。それとも、シングルマザーの中にはいわゆる「ウェルフェア・クイーン（福祉の女王）」がごろごろいて、働くより楽だからと社会福祉制度を悪用して多額の給付金を騙し取っているのだろうか。すくなくとも批判論者はそう主張している。金利の半分を割り引いてくれる金貸しは、元本と残り半分の金利を借り手から取り立てても、「与える人」と言えるのだろうか。

社会民主主義の論理は、私たちはみな市民として平等である、平等な人はとくに明白な理由のない限り平等に扱わねばならない、というものである。市場経済の場合、不平等が正当化される明白な理由は、スキルや勤勉や先見の明に報いることによって経済成長を促す必要があるというものだ。その結果として単なる幸運に報いることになってもやむを得ない。

だが一部の市民が、自分たちは出自や教育水準や肌の色や宗教その他の属性により他の人以上に平等にしてもらう必要があると考えたらどうなるのか。そして政府の資力調査の結果、一部の人は不運だったからではなく、単に何もやる気がなかったから給付を受け取っていると判明したらどうなるのか。

こうしたジレンマは、雇用水準が高く経済が力強く成長している間は覆い隠されている。だが成長が鈍化し、雇用に翳《かげ》りが出てくると、「給付金泥棒」のような連中が得をしているとの疑念が社会を動揺させる。この「給付金泥棒」懸念こそが、社会民主主義を退場させ、新自由主義の台頭を許した重大な要因だった。

社会民主主義は再分配政策を介して市民を平等に扱おうと努力する傍ら、奇妙な方向にも足を踏み出していた。社会民主主義を掲げる政府が、先進国か途上国かを問わず全世界で、自らの手で事業経営に乗り出したのである。共産主義を毛嫌いする政府も含めて、だ。

第二次世界大戦の終結時にウィンストン・チャーチルの後継としてイギリス首相を務めたクレメント・アトリー（在任期間一九四五～五一年）のケースを思い出してほしい。アトリー政権はイングランド銀行、鉄道、航空、電話、石炭、発電、長距離貨物輸送、鉄鉱石・鉄鋼、天然ガス事業を次々に国有化した。政府は所有権が国に移っても経営方針に変更はないとし、商業的利益の追求が引き続き公式の目標であるとした（ただし、利益追求の熱意が乏しかったことは否めない。とくに不採算工場の閉鎖といったことになると、その点が顕著だった）。

いまとなってみれば、社会民主主義政権がなぜ国営企業によるモノの生産やサービスの提供にこだわったのか不思議である。政府が単に要求したり、分配したり、価格や品質を規制したりするのではなく、生産するというのだ。二〇世紀半ば頃には、製造業のかなりの割合を国有化すべきだという考えが世界的に流行していた。二一世紀の今日でさえ、国有または国営企業が数多く存在する。鉄道、病院、学校、発電所、製鉄所、化学品工場、石炭鉱山、等々。

どの事業も、政府が得意とする事業ではない。病院や鉄道といった組織は効率重視で運営すべきであり、活用可能な資源から最大限の効果を挙げなければならない。だが政府の経営方針が依拠する論理はそうではない。彼らにとっては利害の不一致をなんとかうまく調整することが最大の課題なのだ。その結果、政府が経営する事業は、イギリスの石炭鉱山であれ、西ヨーロッパの独占的電話会社であれ、あるいは開発途上国の国営石油事業であれ、例外なく非効率で無駄が多くなっている。

これらの組織や事業の一部は、そもそも「効率」追求が望ましくないという理由から国有化されたものもある。たとえば病院経営などは、利益追求のインセンティブがあまり強いのは好ましくない、ほどほどがよいとかつては考えられていた。コスト削減のために抗生物質を処方せずに着色した水で済ますのは、たしかに好ましくない。送電網の運営会社が増益のために保守点検の頻度を危険なほど下げるというのも、そうだ。

だがほどほどのインセンティブが望ましいケースは思うほど多くないし、ほどほどで済まされるのは消費者に判断できないほど品質の違いが微妙な場合や、他の事業者に容易に切り替えることができない場合に限られる。それ以外の場合には、営利企業を動機づける物質的な強いインセンティブのほうがよほど効果的に作用する。

ではなぜ社会民主主義国家は、程度の差こそあれ、事業経営に乗り出したのか。主な理由は三つあったと考えられる。

第一は、独占を過剰に恐れたことである。社会民主主義国家の指導者たちは、規模の経済が最終的にはほとんどの産業で一社独占につながると信じ込んでいた。ひとたび独占になれば、国有企業でない限り、大衆を容赦なく搾取するにちがいないという。第二は、独占に伴う腐敗、あるいは独占企業の経営者が規制当局を抱き込む可能性を恐れたことである。第三は、国有化の推進は古典的なマルクス思想に裏付けられていたことである。すなわち、市場は本質的に搾取する性質を備えているが、生産手段の私有化を廃止すれば搾取を防げるという考え方である。

いまとなってみれば、三つの理由はどれも単純にすぎる。市場は搾取的だというが、では官僚組織は搾取しないのか。なるほど独占は懸念すべきだし、経済活動の大半において独占企業の規模に応じてリターンが増えていることは由々しき問題である。だが政府が運営する独占企業にしても、やはり独占にはちがいない。経済の「管制高地」を政府自らの手で支配しようとする社会民主主義の努力は、最後は失望に終わった。このことが、社会民主主義の冒険に対する長期的な政治的支持を損なう結果になっている。

だがこの問題による損失は、アメリカに一九七〇年代に起きたインフレ危機による損失に比べれば、取るに足らなかったと言ってよい。一九七〇年代の大半を通じて、アメリカのインフレ率は年五%〜一〇%の間を行きつ戻りつした。前例のない高インフレである。しかも痛ましいことに、同時に失業率も持続不能な水準まで上昇した。どうしてそんなことになったのか。一九六〇年代にリンドン・ジョンソン政権は失業率が五%前後になることすら容認せず、なんとかしてこの数字を引き下げようとした。ジョンソンの経済顧問を務めたウォルター・ヘラーは「高水準の雇用と成長を維持するためには、政府が介入して「経済の」安定性を回復しなければならない。市場のメカニズムに任せておいたらこれはけっして実現しない」と述べた。政府の使命は不況を回避するだけでは足りない。高水準の雇用と成長を実現しなければならない、というわけだ。

この野心的な新しい使命を前にすると、重大な疑問が湧いてくる。需要と供給のバランスを維持しつつ、失業率を五%以下に引き下げることは果たして可能なのか。言い換えれば、失業率をこれほど低い水準に維持しつつ、インフレを加速させないことは可能なのか。一九六九年までに答えは出た。当然ながら、ノーである。

アメリカの非農業部門の名目賃金平均上昇率は、朝鮮戦争終結から一九六〇年代半ばまでは年四%かそれを下回る水準で推移していた。それが、一九六八年には六%以上に急上昇している。しかもゆるやかとはいえインフレ率の上昇が五年近く続いていたため、人々は物価に注意を払うようになる。誰しも来年の物価水準はどうなっているかを予想し、それに基づいていろいろなことを決めるものだ。物価や賃金がどうなるかによって、何を買うか、どれだけ貯金するかを判断する。一時的な通貨の供給過剰は予想外のインフレを引き起こすことがある。一方人々が過去五年ほどを思い出し、通貨の供給過剰があったと認識すると、その後はインフレになると予想する。これは二重の打撃となりうる。物価水準は一部は予想通り、一部は予想外に急上昇することになるからだ。その結果、両方をあわせたインフレ率の上昇は加速する。

物価急騰は、ジョンソン政権にとって衝撃だった。マクロ経済学者のロバート・ゴードンは、かつては信頼されよく使われていた分析フレームワークについて、「一九六七年を境にあっという間に役に立たなくなった」と回想している。ゴードンも同僚の経済学者たちも、みな学位を取得して最初の仕事についたばかりだった。「みな潮目が変わったことをひしひしと感じた……われわれが大学でかじった知識では、経済の変化を説明できないことがすぐにわかった」[18]。

ジョンソンと前任者であるジョン・F・ケネディの経済顧問を務めた経済学者たちは、失業率を大幅に押し下げるにはゆるやかなインフレを容認するほかないと主張した。だが人々のインフレ期待というものはけっして固定されているわけではない。それに物価と賃金は、物価安定の期待に応えようとか、インフレ上昇を抑えようといった意図で決まるのではなく、前年のインフレ率に基づいて決められ、それが新しい標準になる。一九六五〜六九年の四年にわたり、連邦準備制度理事会（FRB）はジョンソン大統領の失業率抑制の願望に応えようと、低インフレの中で通貨供給量を増やし続けた。そこにベトナム戦争の戦費支出が加わり、増税では相殺できずに経済は一段と過熱する。一九六九年にはアメリカは目標のインフレ率二％を実現するどころか、年五％も物価が上昇するインフレ体質になっていた。

一九六九年にリチャード・ニクソンが大統領に就任すると、共和党政権に助言する経済学者たちは、政府支出の縮小とFRBによる利上げでインフレ抑制をめざすことにする。それでも失業率の上昇はわずかとされた。彼らの計画は、半分はうまくいった。失業率は上昇したが（一九六九〜七一年に三・五％から六％へ）、インフレ率は下がらなかったのである。

この結果は大きな謎となる。この時点までアメリカ経済は、物価上昇率（名目賃金上昇率）と失業率の関係を示すフィリップス曲線（経済学者A・ウィリアム・フィリップスに由来する）上を行きつ戻りつしていた。民主党政権の間はフィリップス曲線の左側（インフレ率は高いが失業率は低い）に長く留まり、共和党政権になると右側（インフレ率は低いが失業率は高い）に長く留まる。それでも絶対的な基準からしても歴史的にみても、失業率とインフレ率はどちらも低かった。にもかかわらずニクソンの経済顧問たちは、アメリカ経済をフィリップス曲線の左から右へ移動させようとする。そして、それはできないと気づいた。

いくらか失業率が上がってもインフレ率を押し下げようとする試みが頓挫したのは、政府にそれをやり抜くだけの胆力があるとは誰も信じていなかったからである。たとえば自動車産業の工場労働者は、政府が失業の拡大を容認するはずがないと考えていた。販売台数が落ち込み始めたら、きっと政府が介入して需要をテコ入れし、流動性を潤沢に供給して大勢の人が車を買えるようにしてくれるにちがいない、と。そう信じているため、全米自動車労働組合

（UAW）は賃上げ要求を手控えようとはしなかったし、企業側も労働側の要求に頑強に抵抗する気はなかった。そして彼らは当然のごとくコスト増加分を販売価格に転嫁した。

ニクソンの経済顧問たちは、インフレ抑制の試みが予想外の失敗に終わってむずかしい状況に追い込まれる。解決策として一つ考えられるのは、本格的な景気後退を引き起こすことである。そうすれば、インフレ率がどれほど高くなっても政府に打つ手はなく、結局はインフレ率が下がるまで失業率は高止まりするのだということが残酷なまでにはっきりする。だがどんな大統領も、そんな可能性は考えたくもないだろう。結局アメリカはこの道をたどることになるのだが、それは偶然によるところが大きかったし、それも何度も一時凌《しの》ぎの措置を講じた末のことだった。

失業率が六％でインフレ率は五％――政府は経済運営に失敗したとの批判に直面したニクソンは、自分に逆風が吹いていることを痛感する。一九七〇年にFRB議長に就任したアーサー・バーンズは、市場のメカニズムを介してインフレ期待を押し下げるためには大規模な景気後退が必要になる、だが実際にそんなことをしたら自分は更迭されるだろう、と陰鬱な予想を披露した。議会では圧倒的多数が景気を後退させたFRB議長の更迭に賛成票を投じるにちがいない。ニクソンにとっては、以前にも手痛い経験をしたことのある状況だった。ニクソンは一九六〇年に現職副大統領（アイゼンハワー政権）として大統領選挙に出馬している。ニクソンは、大統領補佐官だったバーンズともども、選挙の年に失業率を上げてくれるなとアイゼンハワーに懇請した。しかしアイゼンハワーは受け付けず、ニクソンは大統領選挙で僅差でケネディに敗れたのである。[19]

今回ニクソンは「ショック療法」を採用することにした。金・ドル本位制と呼ばれるブレトンウッズ体制を一時停止し、ドルと金の交換停止を発表したのである（この一時停止は結局恒久化した）。同時にインフレ抑制のために賃金・物価統制を行い、バーンズには一九七二年の選挙が近づいてきたら失業率を引き下げるよう念を押した。だが残念ながらニクソンの政治的胸算用は、インフレ昂進の責任を免れることはできなかった。ジョンソン大統領の経済顧問だったウォルター・ヘラーをはじめ多くの経済学者は、ニクソンの政策はあまり景気刺激効果はないうえにインフレ誘発効果はあったと評している。

実際には通貨供給が需要を大幅に上回り、ニクソンの物価統制が打ち切られると、インフレ昂進には一段と拍車がかかった。

いま振り返っても、ニクソンにはインフレ率を「正常」な三％前後に押し下げるか、最低でも六％を上回らないように抑え込む手段が果たしてあったのか、甚だ疑わしい。テクニカルな面だけを問題にするなら、もちろん手段はあっただろう。ちょうど同じ時期に西ドイツは「ディスインフレ政策」を実行した最初の国となった。ドイツのインフレ率は一九七一年にピークを打ち、その後はブンデスバンク（ドイツ連邦銀行）の政策の下で供給ショックその他のインフレ押し上げ要因は押さえ込まれた。一九八〇年代初めには西ドイツのインフレは姿を消す。

日本も同様のディスインフレ政策を一九七〇年代半ばに採用した。イギリスとフランスはしばらく様子見をしていたが、その後にやはりディスインフレ政策を導入している。フランスでは二桁台のインフレ率を記録したのは一九八〇年が最後、イギリスは八一年が最後となった。[20]

これらの事例からわかるように、アメリカが一九六〇年代後半に見舞われた高インフレを短期間で逆転させることは十分に可能であり、テクニカルな阻害要因は存在しない。だがバーンズはディスインフレ政策に踏み切ろうとしなかった。

彼は、失業率を許容不能な水準まで上げることなくインフレ率を押し下げられるのか、自信が持てなかったのである。バーンズはアメリカ経済学会の会長だった一九五九年に「経済的安定性への前進」と題する定例講演を行った。[21] 講演の大半は財政の自動安定化装置と金融政策の分析に費やされ、銀行システムがよりよく機能するようになったおかげで大恐慌などの大惨事が繰り返される可能性は大幅に下がったと述べている。講演の最後のほうでは、彼自身が未解決と考える問題を取り上げた。経済の安定化に向けて前進する中で生じた「長期インフレの未来」という問題である。かつて労働者は、たとえ交渉力を持っていても、好況時の生産性の伸びを上回る賃上げは手控えていた。不況になったときに、賃上げが高いものにつくことを恐れたからである。だが不況が一切起きないとしたら、どうなのか。

その心配は無用とばかり一九七二年以降、二度にわたってオイルショックが起きる。一回目は一九七三年の第四次中東戦争を機に原油価格が三倍に跳ね上がり、二回目は一九七九年のイラン革命を機に再び三倍に跳ね上がった。その背景として石油輸出国機構（ＯＰＥＣ）が自分たちの市場支配力に気づいたことが挙げられる。

第二次オイルショックは、アメリカの外交政策が意図した結果だとも言える。一九七〇年代前半に遡ると、ニクソンの大統領補佐官として外交政策のブレーンだったヘンリー・キッシンジャーは、イランのシャー（国王）の影響力を強化したいと考えていた。そうすれば、中東におけるソ連の影響に対抗しうると考えたからである。原油価格が三倍になると、たしかにシャーの影響力は途方もなく強くなったが、しかし欧米先進国でも開発途上国でも原油代金が嵩《かさ》み多大な経済的ダメージを被《こうむ》るという代償と引き換えだった。原油価格が経済に与えた打撃をみてニクソン政権が驚愕したことはまちがいない。そもそもキッシンジャーは、経済など瑣末で退屈だと考えていた。だがアメリカの軍事・外交上の力は経済に依拠しているのだ。ニクソン政権は、心配するにはおよばないものとして、さらに言えばわざわざ手を打つにはおよばないものとして原油価格の上昇を受け止めた節がある。シャーの地位が強化されたのだから結構なことだと考えたのだろう。経済に与えるダメージの度合いを想像できた人間はほとんどいなかったし、想像できた少数の意見に政府は耳を貸さなかった。

石油は世界経済の主要なエネルギー源である。だから、その価格高騰の影響は世界中に波及する。そして最終的には一九七〇年代後半に年二桁台のインフレを引き起こすことになった。

第四次中東戦争後の原油価格の上昇に起因するインフレ昂進の第一波は、第二次世界大戦後で最も深刻な景気後退の一つを招いた。アメリカ経済は高インフレに見舞われ、一九八〇～八二年にまたもや景気後退に陥ることになる。これは第二次世界大戦後で最悪となり、インフレ急上昇の前または同時に失業率が急上昇した。一九六〇年代後半～七〇年代を通じて、インフレ率と失業率はつねに前回を上回る上昇を記録している。一九七一年には、失業率は約六％だったが、七五年には八・五％に、八二～八三年には一一％近くに達した。

一九七五年の景気後退が底を打つ頃には、人々は何か新しいことを試したいという気分になっていた。その年、上院議員のヒューバート・ハンフリー（民主党、ミネソタ州選出）が下院議員のオーガスタス・ホーキンス（民主党、カリフォルニア州選出）とともに、ある法案を提出する。ハンフリーは一九六八年大統領選挙でニクソンの対立候補だった大物議員である。上院に提出された法案は、政府は四年以内に失業率を三％以下にすること、すべての求職者に政府の建設プロジェクトで支払われる一般的な賃金と同一水準の雇用を提供すること、というものだった。下院の修正案では、連邦政府が適正な雇用を提供できない場合に、求職者には政府を連邦裁判所に訴える権利が追加された。一九七六年初めの時点では、法案は議会を通過する可能性が高いものの、ジェラルド・フォード大統領（共和党）は拒否権を発動するだろうというのが専門家の見方だった。しかし大方の人は、ハンフリーとホーキンスの狙いはむしろフォードに拒否権を行使させ、次期選挙で民主党のジミー・カーターにフォードを攻撃する材料を与えることだと考えていた。

実際に起きたのは、ハンフリー＝ホーキンス法案は骨抜きに次ぐ骨抜きにされたことである。そして最後には、完全雇用・均衡成長法という名称ながら、ＦＲＢはそのために努力すること、年二回議会で報告することというまったく中身のないものになった。いずれにせよジミー・カーターは一九七六年大統領選挙で圧勝する。おそらくハンフリー＝ホーキンス法の最も重要な長期的影響は、一九七〇年代後半にインフレ抑制政策を提案しにくくしたことだろう。一時的にもせよ失業率を押し上げるような政策は、そもそも俎上にも上らなかった。

かくして一九七〇年代末には、インフレは制御不能となる。

経済学者の中には、アメリカが一九七〇年代に経験したインフレは騒ぎ立てるようなものではないという人がいるかもしれない。物価は上昇したが、賃金も利益も上昇している。別の言い方をすれば、インフレはゼロサムの再分配だと主張することもできよう。一部の人は損をするが、他の人はその分だけ得をする。損をした人のほうが得をした人より配慮に値するという強力な理由がないのなら、さほど気にする必要もあるまい、と。

この見方はまったくまちがっている。なぜまちがっているのか理解するには、ケインズに立ち帰ればよい。ケインズは第一次世界大戦中と戦後のインフレの影響を次のように総括した。「既存の社会秩序を転覆させるのに、通貨の堕落ほど一目につかず確実な方法はない。このプロセスは経済の法則の隠れた力をすべて破壊に向かわせるが、百万人に一人もその原因に気づかないだろう」。この通貨の堕落とは、高インフレにほかならない。高インフレは「資本主義の究極の基盤を形成する借り手と貸し手との恒久的な関係」を根こそぎにしてしまう[22]。

だがこのメッセージから見えてくるのは、インフレのもう一つの影響だ。みな、富の分布にはある種のロジックがあるふりをしている。つまり、勤勉だとか、能力や先見の明を備えているとか、あるいは財産を相続したといった何か合理的な理由があるというわけだ。インフレは、たとえゆるやかであっても、その仮面を剝ぎ取る。すると、合理的な理由などないことがあきらかになった。むしろ「一部の人には棚ぼたの利益がもたらされ……彼らは不当利益者となる」とケインズは書いている。こうして「富を獲得するプロセスはギャンブルや宝くじに堕落する」と[23]。

よってインフレを起こす政府は、あきらかに能力不足である。一九七〇年代後半に社会民主主義の批判者がやるべきだったのは、インフレを指弾し、こう問いかけることだった。うまく機能している政治経済システムはインフレを引き起こすだろうか。答えはノーである。

第15章 新自由主義への転回

The Neoliberal Turn

歴史はそっくり繰り返しはしないが、韻を踏む。それも奇妙な韻を。一九四五〜七五年に迎えた経済の黄金郷《エルドラド》は、一八七〇〜一九一四年の第一の黄金郷と同じ韻を踏んでいた。一九七五年が過ぎると第二の黄金郷は終わるが、これもまた第一次世界大戦後に第一の黄金郷を復活できなかったことと同じ韻を踏むことになる。

南北戦争後の一八七〇〜一九一四年に迎えた第一の黄金郷は、ユートピアへの道を早足で、いや駆け足で進んでいた。しかもそのペースはこれまでにない速さだった。大多数を占める貧しい人々にとって、困窮と物質的欠乏の圧力は大幅に減った。そして富裕層には、物質的ゆたかさに関する限りユートピアに近い状況がもたらされた。一九一四年には、「少ない費用と最小限の手間で、他の時代なら最も富裕で最も大きな権力を持つ君主でさえ手が届かなかったような利便性、快適性、娯楽」が手に入るようになる。時代は自信に満ち溢れていた。思慮深い人にとってさえ、昨日より今日、今日より明日の繁栄を約束してくれるこの進歩的な経済システムが崩壊するかもしれないなどと想像することは「常軌を逸した恥ずべきこと」だったのである。[1] だが第一次世界大戦が勃発し、戦後の経済運営に失敗して安定性も信頼も取り戻せず、戦前の成長ペースも回復できないとわかると、システムは崩壊し、中道を維持することはできなくなった。

ここで読者にお断りしておきたい。新自由主義《ネオリベラリズム》が登場した時期は私のキャリアと重なっている。つまり私は新自由主義の風が吹く中で、研究者、評論家、思想家、官僚、政府職員、悲観的予言者としての役割を微力ながら演じてきた。私は政策提言をする際に、良きにつけ悪しきにつけ深く感情的に新自由主義に関わってきたし、その関与が私の判断を鋭くもすれば鈍らせもした。このため本書はある面では、若かった頃の私自身や頭の中にあったさまざまな声との対話となっている。歴史家としての理想は見て理解することであって、擁護したり判断したりすることではない。一九八〇年以降の時期を論じる際にこの理想を実現すべく努力したが、うまくいったとは言い難い。

第二次世界大戦後、正確に言えば北米では一九三八〜七三年、西欧では一九四五〜七三年に、第二の黄金郷がやってくる。第一の黄金郷を含め過去になかったようなペースでユートピアへの道を早足で、いや駆け足で進んだ時代だった。大多数を占める貧しい人々にとって、困窮と物質的欠乏の圧力は大幅に減り、すくなくとも最も基本的な生活の利便性に関しては十分なアクセスが提供された。そして富裕層には、物質的ゆたかさに関する限りユートピアに近い状況がもたらされた。他の時代なら最も富裕で最も大きな権力を持つ君主でさえ手が届かなかったようなゆたかさである。社会民主主義は着々と公約を果たしていた。創造的破壊で失業するとしても、きっと別のもっといい仕事がある。なにしろ完全雇用状態なのだ。生産性がハイペースで伸びている中、所得は同じ実績・同じ地位の先行世代よりも確実に増える。それに、近隣の住民が気に食わなかったら、もう車を買えるのだから郊外に引っ越せばいい。すくなくとも白人の所帯持ちでグローバルノースに住んでいれば、そうできるはずだ。

一九七三年の時点では、冷戦が熱戦に変わるのではないかという恐れはあったものの、時代はまだ自信に満ち溢れていた。思慮深い人にとってさえ、昨日より今日、今日より明日の繁栄を約束してくれる進歩的な経済システムが崩壊するかもしれないなどと想像することはやはり常軌を逸した恥ずべきことだった。グローバルノースでは、一九七三年の大方の人は親世代より二〜四倍は物質的にゆたかになっていた。とりわけアメリカでは、ケインズが「孫の世代の経済的可能性」に書いた最終状態にどう対処するかということが話題に上るようになる。最終状態とは、物質的にゆたかになって、切迫した経済的困窮から逃れるためや生活をいくらかでも便利にするために四苦八苦する必要がなくなり、「経済的逼迫から自由になった状態をいかに使い……賢明に、快適に、裕福に暮らしていくか」という問題に直面する状態である。[2]ケインズが予想したより五〇年早く、それが実現するように見えた。と同時に煙突と煙はもはや歓迎すべき繁栄の先触れではなくなり、きれいな空気を吸えるように排除すべき厄介者となる。アメリカでは環境意識が高まり、緑色革命の時代を迎えていた。資本主義の美徳だった勤勉と物質的ゆたかさの渇望に疑問を持ち、反抗し、方向転換し、脱出する時代になったのである。

システムは完全に崩壊はしなかったものの、中道は維持できなくなった。時代は新自由主義に鋭く転回し、従来の秩序すなわち社会民主主義に背を向ける。一九七九年には文化と社会のエネルギーは右に向いていた。社会民主主義は失敗だというのが大方の見方だった。実力以上に背伸びしすぎた、軌道修正が必要だというのである。

なぜこのような事態にいたったのか。私のみるところ、原因は、栄光の三〇年の間にあまりに早いペースで繁栄が拡大したことにある。その結果、政治と経済に対する要求が過大になり、政府にとっては幅広い支持を得るためのハードルが上がった。グローバルノースの人々は、おおむね均等な所得分布（すくなくとも白人にとって）、一世代ごとの所得倍増、とくに物価と雇用に関する経済の不確実性の最小化（上振れは歓迎する）を要求するようになった。しかも、所得が期待したほど増えなかったり不安定だったりした場合には、すぐさま改革を要求するようになる。

カール・ポラニーは一九六四年にトロントで死去した。[3] 彼の主張がもっと受け入れられていたら、高度成長期の知識人に対し、成功していた経済運営も最後はイデオロギーをめぐる泥沼にはまると警告することができただろうか。人々は権利の尊重を求める、とポラニーは言った。

毎年富が増えることはある程度は尊重の代用になるにしても、やはりそれはある程度に過ぎない。そして平等な分配は諸刃の剣である。誰もが自分で稼ぐことを望む。あるいは、自分が受け取ったものは自分で稼いだと感じたがっている。誰かのお慈悲で分け与えられるのはいやだ。なぜなら、それでは尊敬に値しないからである。加えて、多くの人は自分より下の人たちが自分と同等に扱われることを望まない。それは自分たちのポラニー的権利に対する最大の侮辱だと感じることさえある。

数世代にわたる高度成長に人々が慣れきっていくにつれ、市場資本主義の創造的破壊に対する不安や懸念を鎮めるために必要な富の量は増えていく。かくして政府にとってハードルは高くなったが、一九七〇年代後半の政治と経済は高くなったハードルを越えられなかった。そこで人々はどうにか状況を変えられないかと新しいアイデアを探し始める。

人々がムッソリーニやレーニンをはじめ、第一次世界大戦後に、いや戦前から、社会改革について新しい考え方を提案した思想的指導者に熱狂したのは、彼らが知的創造性を持ち合わせていたからである。たしかに創造的だったことはまちがいない。だが一九七〇年代後半にグローバルノースの店頭に陳列された思想は、どれもこれも古ぼけた棚ざらし商品だった。左からは、ブレジネフのソ連から毛沢東直後の中国にいたる鉄と竹のカーテンの向こうで進行中の実験は華々しく成功していると売り込む。[4] 右からは、一九三二年にフーバーが負けてからはすべてがうまくいっている、ニューディールと社会民主主義は大まちがいだったと売り込まれた。

それでも一九七〇年代後半には、グローバルノースの政治経済には抜本的な改革が必要であり、店頭に並んだ商品のすくなくともどれか一つは買わねばならないとの大雑把なコンセンサスが生まれていた。

そのようなコンセンサスが生まれた最大の原因は、一九七三年以降、ヨーロッパでもアメリカでも日本でも生産性と所得の伸びに急ブレーキがかかったことにある。[5] その背景の一つとして、環境を汚染する経済から環境を守る経済へ移行するとの決断を挙げることができよう。だが環境が改善され人々の生活にはっきりと変化が現れるまでには数十年を要する。その一方で「より多く」から「よりクリーンに」へと政策転換すれば、賃金と利益の伸びがすぐさま鈍化することは避けられない。そうなった要因の一つが、一九七三〜七九年の原油価格の急騰にあることはまちがいなかった。エネルギーは、これまで労働生産性の向上に寄与してきた。しかし今度は、よりエネルギー効率のよい方法で生産するにはどうしたらいいか、また相対的なエネルギー価格の変動に柔軟に対応できるような方法で生産するにはどうしたらいいか、ということを考えなければならなくなったのである。二つ目の要因として、これまでに発見され一部は活用されてきた有益なアイデアの未使用在庫が枯渇したことが挙げられる。とくに西ヨーロッパと日本は第二次世界大戦後に安易なキャッチアップ型経済を謳歌してきたが、もはやその時期は終わっていた。戦後のベビーブーム世代が労働力人口に加わると、彼らを最大限に活用することは困難なタスクであることが判明する。この困難なタスクに失敗したとき、それは経済にのしかかる重石となった。[6] どの要因がどれだけ成長鈍化に寄与したのかあきらかにすることはむずかしく、今日でも謎とされている。重要なのは、繁栄を恒久的に続けるとの社会民主主義の約束は一九七〇年代には守られなかったということだ。

顕著な低成長に対する苛立ちは、インフレによって増幅された。もっとも、第一次世界大戦後の二倍だとか七倍といったインフレではない。せいぜい年五%か一〇%というところだった。生産性の伸びが鈍化しても、名目賃金が従来のペースで上がり続けた場合、価格はそれ以上に上げなければならない。一九六六年からの一〇年間、名目価格は毎年上がり続け、その平均上昇率に企業、労働組合、労働者、消費者はショックを受けた。そして、物価動向に注意を払わねばならない、来年の物価は今年と同じかすこし上がる、したがって来年は賃金も物価も今年と同じかおそらくはもっと上がる、と考えるようになる。となれば、この見通しに基づいて来年の計画を立てなければならない。すると今度はスタグフレーションが起きた。インフレ率を一定にしたければ、雇用水準が完全雇用を下回り、労働者が期待を下回る低い賃金上昇率を受け入れざるを得ないようにする必要がある。完全雇用を維持したければ、インフレ率が徐々に上がることを受け入れなければならない。

ＯＰＥＣは、一九七三年の第四次中東戦争を受けてアメリカとオランダに対する石油禁輸を発表し、原油市場を大混乱に陥れる。自らの力に目覚めたＯＰＥＣは原油価格を高水準に維持することによって、グローバル経済を大規模な景気後退に突き落としたのだった。[7] それだけではない。高い原油価格は経済の方向性を転換させた。それまでの労働生産性の向上の重視から、今度は省エネルギーが重視されるようになった。となれば、多くの人の所得と雇用が失われることになる。それも永久に。そして将来創出されるはずだった他の雇用機会も消えることになった。いうまでもなく、原油高はすでに進んでいたインフレを一段と加速させた。

三倍になった原油価格の影響は波のように何度も押し寄せては経済全体に浸透し、まるでインフレ率の歯車を永遠に上向きに回し続けるかのように、一度だけでなく何度も物価を上昇させた。振り返ってみれば、一九六五～七三年のインフレは来年のインフレ率も去年と同じだろうと高を括《くく》れる程度のものだったため、インフレ対策を担当すべき人間は誰も手を打とうとはしなかった。[8] インフレ対策は必然的に失業や設備稼働率の低下を招くからである。それよりも、エネルギー危機を解決し、現在の景気後退は長続きしないと国民に信じさせ、信頼感を維持することのほうが大事だった。

インフレは政府が対応に苦慮するじつに疎《うと》ましい現象である。人々のインフレ期待を打ち消す唯一の方法は、労働者と企業を怯《おび》えさせ、失業を恐れるあまり予想インフレ率に応じた賃上げを要求できなくなると同時に、企業が予想インフレ率に応じた値上げをできないほど労働需要を押し下げるとともに、経済全般における支出を縮小させることである。インフレ率をつねに低水準に維持するには、失業率が高くて利益の乏しい弱い経済が必要なのだ。

年五～一〇％のインフレは、西ドイツの何兆倍ものインフレとはまったくちがう。それに生産性の伸びが鈍化したと言っても、止まったわけではなく、一九七三〜二〇一〇年にグローバルノースの労働生産性は平均して年一・六％の伸びを記録している。一九三八〜七三年の三％と比べれば大幅な落ち込みにはちがいないが、長い歴史的視点に立てば、まだ十分に大きい数字だった。年一・六％は、第一の黄金郷だった一八七〇〜一九一四年の生産性の伸びと基本的に同じであり、一九一八年以降は、その数字の回復が目標になっている。

だが一九四五〜七三年の繁栄で人々の期待が高くなりすぎると、年一・六％ではさしてありがたくなくなる。しかも一九七三年以降の成長は不平等の拡大を伴った。最上位層では、実質所得の伸びは一九四五〜七三年の年三％かそれ以上を維持した。しかし、上位中流階級の着実な成長と富裕階級の爆発的成長の対価を払っているグローバルノースの中流階級と労働者階級にとって、インフレ調整済みの賃金は年〇・五〜一％しか増えない。しかもそこに、包摂の影響が加わる。一九七三年に「正しい」民族と性に属していた人は、階層中の地位にどれほど満足していようと、黒人と女性が「生意気」になってくると押し出されてしまう。人種・民族・性別による所得格差がいくらかでも縮小されると、白人男性の所得、とりわけ相対的に教育水準の低い白人男性の所得の伸び率は、下位中流層と労働者階級の伸びの平均（年〇・五〜一％）を下回るようになった。

すくなくとも見かけは所得の不安定性をもたらしたインフレ、第二次世界大戦以降で最初の深刻な景気後退を引き起こしたオイルショック、社会の混乱、所得の伸び悩みなどはすべて、何らかの改革の機運を高めた。それにしても一九七〇年代に新自由主義が時代を席巻するにいたるまでに五年とちょっとしかかかっておらず、驚くほど速いスピードだったと言えよう。

アメリカはベトナム戦争に足を引っ張られた。リチャード・ニクソンとヘンリー・キッシンジャーは一九六八年後半にベトナム戦争終結を阻止し、南ベトナム大統領のグエン・バン・チュー大統領に対し、自分たちはリンドン・ジョンソン政権よりも有利な取引を成功させ、長期政権の可能性を高めると約束した。[9] だがこれは嘘だった。一九六八年以降にさらに一五〇万のベトナム人と三万のアメリカ兵が命を落とした末に、一九七五年半ばに北ベトナムは南ベトナムを征服する。そして直ちに中国系ベトナム人の民族浄化に着手した。ニクソンにとって、アメリカ国内での戦争に対する不満は政治的にむしろプラスだった。文化にせよ戦争にせよ分裂を推進するというのがつねに彼の戦略だったからである。国内が二分されたとき、大きいほうの半分が必ず自分を支持するとニクソンは信じていたのだった。

インフレ、生産性の伸び悩み、アジアでの泥沼の地上戦に加えてニクソンの犯罪にもかかわらず、経済成長と社会の進歩の兆候に関する限り、ものごとはめっぽううまくいっていた。すくなくとも戦間期と比べればそう言えたし、一八七〇〜一九一四年のどの一〇年間と比べてもそう言って差し支えなかった。それなのになぜ、一九七〇年代には社会民主主義的な政治経済秩序に対してあれほど強い逆風が吹いたのだろうか。第二次世界大戦以降、社会民主主義はなんとか綱渡りをやってのけていたのに。ベトナム戦争でアメリカ兵の犠牲が大きかったことはまちがいない。だが問題はインフレだった。インフレの上昇を抑え込もうとすればいくらか失業率が上昇することは避けられないが、それを別にしてもインフレというものはゼロサムの再分配であり、勝ち組の分だけ負け組を生む。生産性が伸び悩んだにもかかわらず、賃金は歴史上のどの時代よりもハイペースで上昇した。

インフレの負の側面を過小評価する経済学者は、ポラニーの言葉にもっと注意を払うべきだ。人は物質的な富だけを求めるのではない。誰もが富の分配には（とりわけ自分にとっての分配には）しかるべきロジックが存在することを望み、自分にはそれだけの価値があるという合理的な理由に基づいて富を手にしているのだと考えたがる。だがインフレは、たとえ一九七〇年代のゆるやかなインフレであっても、その仮面を引き剝がす。

右派から見ると、社会民主主義にはほかにも問題があった。社会民主主義政府は、とにかく多くのことをやろうとし過ぎた。やろうとしたことの多くは実務的にばかげていたし、失敗するに決まっていた。社会民主主義政府が正そうとした欠陥の多くは実際には欠陥ではなく、適切な行動を促すために必要な措置だったと彼らは主張した。レーガン政権でチーフエコノミスト（大統領経済諮問委員会委員長）を務めることになるマーティン・フェルドシュタイン（マーティは私の最高の師である）は、「失業率を……押し下げようとして採用された」景気刺激策がインフレを誘発したと主張する。「退職給付はその後の投資や貯蓄への影響を顧慮せずに増やされてきた。健康と安全を守るための規則は、生産性の低下を顧慮せずに強制されてきた」。そのうえ

「失業給付は解雇を奨励する結果となり」、社会福祉は「家族を構造的に脆弱にした」とフェルドシュタインは書いている。[10]

フェルドシュタインは経験主義者の右派を葬り去るべく最大限努力し、誠実かつ専門的な学術的議論を展開しようと努めた。それが研究者としての存在意義だと信じていたのだ。こうした信念は彼だけのものではない。権威と秩序こそが第一義的に重要であり、逸脱を大目に見るのは致命的誤りだという信念が厳然と存在する。チャーチルの私設秘書、P・J・グリッグの言葉を再び借用するなら、経済と政治的実体は「その実力以上に長らえる」ことはできない。市場経済には独自のロジックがあり、哀れな人間には理解できない固有の理由に従って動くのだから、それを尊重しなければならない、さもないととんでもないことになる。言い換えれば、市場を調整したり統制したりできると考えるのは傲慢であり、天罰を受けることになる。

フェルドシュタインの見解が完全な誤りだったとは言えない。なぜイギリスでは、社会民主主義的教育政策をとりながら、医者や弁護士や地主の子供にただでオックスフォードへ進学できる権利を与えたのか。なぜ社会民主主義は経済の心臓部を国有化しておきながら、それを技術の進歩や雇用の維持に活用せず、むしろ時代遅れになった斜陽産業のテコ入れに躍起になったのか。経済運営の効率の観点から判断すれば、政治的に人気のある調整はどれも大なり小なり非効率である。不満が広がり、一〇年後にそれが急速に再燃しながらも、二〇〇八年大不況や二〇二〇〜二一年新型コロナのパンデミックのときほどの大規模なショックを引き起こしたようには見えないことに、私は驚き、興味を持った。一九三八〜七三年にグローバルノースの生活水準は三倍になったが、ユートピアには届かなかった。成長は中断され減速した。そして一〇年も経たないうちに、社会民主主義は何か別のものに置き換える必要があると人々は感じるようになる。

そのことを示す一つの証拠を、再びエリック・ホブズボームから拝借したい。ホブズボームは一九七〇年代後半を振り返り、社会民主主義的秩序に対する不満にはもっともな理由があったと述べている。彼は「国営産業や行政に対する幻滅が生まれる素地は十分にあった」とし、「黄金時代の政府の政策の下でしばしば隠されていた硬直性、非効率、無駄」を非難した。そして「複合経済という構造物の外郭を新自由主義という研磨剤で擦り落とせば、よい結果が得られる可能性はきわめて大きい」と結論づけている。ホブズボームはさらに決定的な発言をした。新自由主義を掲げるサッチャリズムは必要だった、そのことには事実に基づくほぼ全員一致のコンセンサスができていたというのである。「イギリスの左派でさえ、サッチャーが英国経済に与えた乱暴なショックの一部はおそらく必要だったと最後には認めた[11]」。

ホブズボーム自身は、死ぬまで共産主義者だった。最晩年にもなお、インタビュアー相手に紅茶を啜りながら、レーニンとスターリン（毛沢東は別らしい）の血塗られた所業にはそれだけの価値があったのだと頑固に主張した。その後の成り行きが違ってさえいたら、彼らは真のユートピアへの扉を開き、道を示すことができたという。[12]それでもホブズボームは、サッチャー体制という宗教の熱心な支持者だった。彼はサッチャーの説教を聞き、自分でも教訓を垂れた。「市場は与え、そして奪う。市場の御名に祝福あれ」と。

ではグローバルノースは、店頭に陳列された思想の中から改革のためにどれを選ぶことにしたのだろうか。左には、商品はほんの少ししかない。実際の社会主義は完全な失敗に終わり、なお多くのエネルギーがなぜ失敗したかを究明するために使われていた。右には、使える商品はたくさんあった。歴史の視点に立てば、どれも一九三〇年より後退することになるのだが、そんなことを気にしてはいけない。結局のところ、ニューディール政策を支えた思想の多くは一九〇〇年代初めの進歩主義の時代からは後退していた。右派思想の大半は潤沢な資金の裏付けがある。大恐慌の記憶も大恐慌の際に緊縮政策が失敗した記憶も急速に薄らいでいき、健全な財政規律さらには金本位制を求める声が再び聞かれるようになる。それに対する標準的な答えもまた同じだった。市場がうまくいかなくなったら、すべて全能気取りの政府の失敗である。真の市場信奉者にとっては、大恐慌をあれほど深刻にしあれほど長引かせたのは政府の介入なのだと考えることが、形而上学的に必要だった。要するに、市場は失敗しない。失敗させられるだけである。

大恐慌の記憶が薄れるに伴い、中流階級にも労働者階級と同じく社会保険が必要だという信念、というよりも認識も薄らいでいく。経済が安定し成長が堅調な状況では、単に物質的に成功するだけでは十分ではない。道徳的にも成功したと思えること、つまり成功は自分の手で摑み取ったのだと言えることが重要だった。政府などというものは不当に税金を課し、本来自分のものだったお金を社会から脱落した貧乏人、怠け者で道徳的に価値がない連中に渡すためだけに存在するのだ、と彼らは考えた。

この立場から保守派は批判を展開していき、それは経済低迷の攻撃にとどまらなかった。というのも保守派は文化批判にも踏み込んでおり、人種や男女の平等への進歩を標的にしたからである。社会民主主義は平等でないものを平等に扱ったのだからまちがっている、と保守派は反動的に断言した。シカゴ大学の経済学教授でノーベル賞も受賞したジョージ・スティーグラーは、公民権法や投票権法やアファーマティブ・アクション（差別是正措置）前とはいえ、一九六二年に「黒人《ニグロ》の問題」と題する論文でこんなことを主張しているのだ。彼に言わせれば、黒人は貧しく、嫌われ、馬鹿にされるに値する。「問題は、黒人はだいたいにおいて自己研鑽の意欲が乏しく、そのために自分を律することができないことだ」という。このような偏見が多分に問題の一部であるにもかかわらず、「黒人は労働者として劣等であるため多くの職業から除外される」。「教育がないうえに根気がなく勤勉さに欠けるため、雇用主にとっては採用の対象にもならない」。しかも「黒人の家族はだいたいにおいて怠惰で、道徳的にも乱れている」ため、近隣地区では「犯罪と破壊行為が急激に増える」。「いかなる法規も説教も威嚇も、黒人に地道な美徳を備えさせ好ましく尊敬される存在にすることはできない[13]」。

社会民主主義は、万人を平等に扱うという基準を定めた。黒人たちは、自分たちが受け取った約束手形をアメリカ社会が不渡りにしていると知って、抗議した。彼らのデモは「次第に大規模になり増長してきた」とスティーグラーが書いたように、これはものごとが悪い方向に進む前兆となる。スティーグラーの一派にとって、社会民主主義は経済的に非効率だっただけでなく、利益を万人に分配することも甚しく不当だった。

地政学的・地理経済学的不安定性は現れては消えた。大恐慌の記憶は薄れ始めた。一九七〇年代のインフレ率が、「ケインズ主義」と社会民主主義政権の無能の証拠とされなかったら、また「正統的」な財政規律への回帰を求める論拠にされなかったら、社会民主主義は揺らぐことなく存続できたのだろうか。あるいは、ケインズ主義的な社会民主主義者は無から有すなわち繁栄を作り出そうとしたからには、その当然の報いとしていずれは政権運営を担わなければならないというような深い道徳性のロジックが存在したのだろうか。影響力と権力の回廊で広く受け入れられたのは、道徳性のほうだった。社会民主主義は生き延び、再編成し、なんとか前へ進む可能性はあったのだろうか。ここでもまた、もし影響力を持つ少人数の集団がちがう考えを持ったとしたら、歴史の道筋の大半は違っていたかもしれない。だがこの集団の強い作用を受けて、世界は新自由主義へと転回したのだった。

FRB議長のアーサー・バーンズは、インフレ退治のために金融を引き締めることをつねに

尻込みした。景気後退を招くリスクを恐れたためである。[14] ジミー・カーターはバーンズをG・ウィリアム・ミラーにすげ替えたが、ミラーも怖気づいている点では同じだった。大規模な景気後退を引き起こす（そしてそのことで非難される）のはまっぴらごめんというわけである。インフレは続いた。一九七九年までそういう状態だった。そして自分の政府にも経済にもすっかり失望したカーターは、突如として閣僚五人を更迭する。その中には財務長官のマイケル・ブルーメンソールも含まれていた。

カーターの顧問たちは、後継者を指名せずに財務長官を更迭してはならないと助言した。そんなことをしたらタガの外れた政権を運営しなければならなくなる。だがカーターは実際にタガの外れた政権を運営した。めぼしい後継者が見当たらなかったからである。最後は顧問や報道陣を宥めるために、FRB議長のミラーを財務長官に横滑りさせた。

カーターの顧問たちは、後継者を指名せずにFRB議長を更迭してはならないと助言した。そんなことをしたらタガの外れた政権を運営しなければならなくなる。だがカーターは実際にタガの外れた政権を運営した。めぼしい後継者が見当たらなかったからである。挙げ句の果てに、カーターは財務省と連邦準備制度で最古参の人物に白羽の矢を立てる。それが、ニューヨーク連銀総裁のポール・ボルカーだった。こうしてボルカーがFRB議長に指名される。[15]

この件について私に言えるのは、ボルカーの政策志向に関してひどくおおざっぱな調査しか行われなかったのだろう、ということである。

だがすぐにはっきりしたことが一つあった。ボルカーは、いまはインフレ退治ほど重要な任務はほかにないと固く信じていたこと、そのためなら大々的な景気後退を含めどんな犠牲を払っても構わないとまで考えていたことである。ボルカーには任務を遂行しインフレを抑え込む覚悟ができていた。彼の希望的観測によれば、金利を十分に引き上げそれを十分に長く維持すれば、状況は変わったと経済に観念させ、インフレを永久に年五%以下に抑制できるはずである。一九八二年の失業率は一一%に届こうとしていた。アメリカは、いや世界は、大恐慌以来初めての景気低迷に見舞われており、それは「景気後退」などという手ぬるい言葉ではとうてい言い表せないほど深刻なものだった。

多くの専門家は、ボルカーが一九八〇年代初めに実行したディスインフレ政策の代償は、払う価値があったと主張するだろう。一九八四年以降、アメリカ経済は上向き、しかも物価は比較的安定していたし、二〇〇九年までは失業率もまずまず低かった。ボルカーの強力な利上げがなかったら、インフレはおそらく一九八〇年代を通じて上がり続け、二〇%に達していただろう。その一方で、もっとましなやり方があったはずだという声も絶えない。政府、企業、労働者が名目賃金の上昇を抑える交渉をまとめていたら、インフレはあれほどの犠牲を払わずに抑えられていたはずだという。あるいは、FRBが政策目標と見通しをもっと賢く開示していたら結果は違っただろう、という指摘もある。「ショック療法」よりじわじわ効く「漸進手法」のほうがよかったという意見もある一方で、漸進手法は本質的に非効率で信用できないから、インフレ期待を無理矢理押し下げるためには大々的な政策転換のショックが必要だったとする意見も聞かれた[16]。

保守派にとっては、ボルカーのディスインフレ政策が絶対に必要だったということに疑いの余地はない。むしろもっと前にやるべきだったと言いたいところだろう。保守派が社会民主主義に対して突きつけた非難の一つは、人生は気楽だと人々に思わせ、完全雇用は実現できる、仕事はいくらでもあると過剰な期待を抱かせたというものだった。その結果労働者は勢い付き、経済状況を顧慮せず過大な賃上げを要求し、インフレ率を押し上げ、企業収益を縮小させて投資を冷え込ませた。そのうえ、雇用主が満足する水準に達していない労働者にまで報奨を約束したのは社会道徳に悖《もと》るという。

政府とFRBは物価安定を最優先して緊縮を行うべきだと保守派は主張した。そのとき失業率はしかるべき水準まで行って落ち着くだろう。誰かが泣いたらすぐにミルクをあげるような過保護国家になるべきではない。金融政策は強力にインフレを抑え込む方針に転じるべきだった。カーターが半ばやむなくボルカーをFRB議長に指名した時点でようやくその路線が定まったが、そもそもFRBが十分に強力で統制がとれていれば、失業率が一時的に小幅の上昇を示すだけでインフレ昂進は食い止められたし、保守の文化的ヒエラルキーが覆ることもなかった、と保守派は指摘した。

こうした動きはアメリカに限った話ではなかった。イギリスでも、組合による賃上げ要求とストライキが起きており、とくに政府部門で激越だったため、中道の有権者は労働組合の力をそろそろ制限すべきであり、それができるのは保守党だけだ、労働党政権は役に立たないと考えるようになっていた。マーガレット・サッチャーの保守党は、秩序と規律の回復を目標に掲げ、完全雇用とインフレ抑制を実現してイギリス人に再び雇用を与えると公約する。フランスでは大統領に就任した社会主義者のフランソワ・ミッテランが急旋回し、インフレ抑制と財政規律の回復をめざすとして新自由主義を支持した。アメリカでボルカーが実行したディスインフレ政策は北大西洋諸国全域で失業率を押し上げ、社会民主主義の試みを一段と困難にする。いまや社会民主主義は、完全雇用という約束すら果たせなくなっていた。

こうした状況で、ロナルド・レーガンとマーガレット・サッチャーが政治指導者として登場したのである。彼らはそれぞれの国で一九八〇年代の大半を通じてトップの座を守り、その後も政治的右派、さらには中道、さらには中道左派の考え方に長く影響をおよぼした。

それでも奇妙なことに、レーガン、サッチャーの国内政策は、合理的に判断すればいずれも失敗に終わっている。彼らの公約と実績の間には通常以上の乖離があるのだ。両者はともに形骸化した規則を廃止して雇用を増やし賃金を上げようとした。また通貨を安定させてインフレを鎮静化しようとした。減税、とくに富裕層向けの減税をして投資、起業、成長を促そうとした。さらに減税を活用して政府支出を削減し、政府の規模を縮小しようとした。当時の世界では、これらはおおむねどれもよいアイデアであり、繁栄を促すと考えられたものである。

多くの政治家と戦略家は、レーガンとサッチャーの政策は大人気になって成功を収めるだろうと予想した。減税に有権者は大喜びだろう。その後の支出削減にもさほど反対はしないはずだ。支出を維持すれば、巨額の財政赤字は避けられないからである。しかも減税は所得分配を富裕層に有利にする方向に作用し、本来平等でない者まで平等に扱うという社会民主主義の悪弊を是正するという余禄がある。減税は勤勉に報い、怠惰を罰するのだから、スティーグラー一派の批判も和らぐだろう、云々。

それでも、予想された好ましい結果は得られなかった――インフレ鎮静化と富裕層に有利な大型減税を別にすれば。しかも前者と引き換えに人々は失業という重い代償を払わされ、以前よりもっと貧しくなった[17]。後者は所得分配を不安定化させ、それがいまの第二の金ピカ時代を招くことになる。じつのところ、失業率は西ヨーロッパではひどく高いままだった。賃金の急上昇が始まる兆しもない。政府は小さくなるどころか、財政赤字を急拡大させて税収減に対処した。投資も起業も成長も加速しない。その一因は、本来なら資本ストックに加わるはずの資金を巨額の財政赤字が吸い上げてしまうことにあった。政府の資金調達意欲が高いため実力以上のドル高となり、市場は混乱する。その結果、市場はアメリカ中西部の製造業に対し、「縮小と閉鎖」というまちがったシグナルを送ることになった[18]。公約と実績との落差はアメリカのほうが大きかった。サッチャーは労働組合の力を削ぐという目的は達成したし、そもそもレーガンほど大風呂敷を広げなかったからである。

レーガン政権は軍備増強も計画した。つまり政府を小さくするのではなく、大きくしようとした。だが支出の拡大と減税と予算均衡はどうやって折り合いをつけるのか。政策担当者なら誰しも、選挙前には候補者が有権者を喜ばせるようなことを無分別に口走るとよく知っている。だが問題はそこではない。彼らは減税を約束したらすぐに、いろいろな現行プログラムを槍玉に上げて攻撃する。たとえば農業補助金、学生ローンへの政府補助、公的年金所得に対する課税免除、南西部の水道プロジェクトへの補助金、等々。連邦政府から補助金を引き出そうと「弱い要求」をしたところで相応の報いを受けるだけだ。弱い要求だけで補助金の恩恵に与れる人は、政治的影響力を持ち合わせていて、かつそれをうまく行使できる人である。

財政赤字に対する不安を鎮めるために、レーガン政権は政府支出の削減などまったく必要ないとしきりに強調するようになった。経済から規制の締め付けを取り除き、減税を行えば、経済はぐんぐん成長して財政赤字はあっという間に黒字に転換する。こうしてアメリカには朝が来るというのである。

政府予算の規模をきちんと把握していてその変化のパターンもわかっている人なら、こんな話を真に受けたりはしない。だが政府機関の多くはこの宣伝文句を歓迎した。実際には、減税と軍事予算の拡大に加えて組織的な支出削減が行われなかったせいで、一九八〇年代を通じて財政赤字は積み上がっていった。それまで数十年にわたって、アメリカが大赤字を計上するのは一年単年度かせいぜい二年連続で、それも深刻な景気後退期に限られていた。だが一九八〇年代には経済が成長し失業率も低いというのに、巨額の財政赤字がしぶとく続いたのである。これは、共和党を与党にしようとがんばった人たちからすれば苦々しい結果だった。民主党政権は近視眼的な反成長政策を追求してアメリカの未来を台無しにすると考えたから共和党を支持したのに、大赤字を出したのは他ならぬその共和党だったのだから。

アメリカ経済が一九八〇年代半ばに完全雇用に近い水準を回復した後、レーガンの財政赤字は国民所得の四%を投資から取り上げて消費支出に流し込むことになった。銀行を通じて預金者から企業に回し、企業が設備投資をする代わりに、資金は銀行を通じて預金者から政府に吸い上げられ、富裕層向け減税の手当に充当され、富裕層は棚ぼた的に浮いた資金を贅沢品の消費に回したからである。完全雇用に近い状態の経済でこれほど巨額の財政赤字はそれまでに生じたことはなく、それ自体が生産性と所得の伸びを年〇・四%ずつ押し下げる働きをした。さらにレーガンの財政赤字は、アメリカの経済成長に間接的な悪影響をおよぼした。一九八〇年代の半分以上にわたって、財政赤字を埋め合わせるために外国から資金が吸い上げられ、ドル相場を押し上げて実力以上のドル高が続いたことが原因だ。国内産業の製造原価が外国企業の販売価格を上回ったら、市場は国内産業に生産量を減らせとシグナルを発する。外国企業のほうが効率的に生産できるのだから、それまで使っていた資源はより大きな比較優位を持つ別の部門に回すほうがよい、と。一九八〇年代に市場がアメリカの製造業に対し送ったシグナルはまさにそれだった。だがこれはまちがったシグナルだった。比較優位の原則を踏まえず、政府から借り入れる超短期的な資金需要だけに注目したシグナルだったからである。それでも企業はこのシグナルに従った。こうしてアメリカの貿易財の製造部門は縮小し、その一部はついに復活を果たすことなく消滅する。レーガン減税は中西部の製造業に打撃を与え、今日「錆びついた《ラスト》工業地帯《ベルト》」と呼ばれる取り残された地域を生み出した。

こうしたわけだから、新自由主義への転回は、レーガン政権において出現した形では、生産性の伸びの鈍化を食い止めるどころか助長する結果となった。そのうえ、経済規模に比して政府の規模はいっこうに小さくならなかった。公的な規制も質的に向上していない。新自由主義がもたらした主な結果はといえば、格差が大幅に拡大する方向で所得分配が行われたことである。

根本的な問題は、新自由主義的転回の賛同者たちが予想したように世界は動かなかったように見えることだった。

レーガンが大統領に選ばれる前年の一九七九年に、ミルトンとローズ・フリードマン夫妻はいまや古典となった著作『選択の自由』を発表する。彼らの旗印である小さな政府とリバタリアニズム（自由至上主義）について論じた著作である。同書の中で事実に基づくものとして強く打ち出された主張が三つある。これらの主張は当時は正しいように見えたし、実際に正しかったのかもしれないが、いまとなってはあきらかにまちがっていたことがわかる。しかも彼らの小さな政府とリバタリアニズムというスローガンは、この三つの主張に大きく依存していた。[19]

第一の主張は、マクロ経済の失敗は政府が原因であって、民間市場の不安定性が原因ではない、というものである。低インフレと可能な限りの完全雇用を実現し経済を安定させるために必要なマクロ経済政策は単純至極であって、己の限界をわきまえた有能な政府なら容易に実現できるという。政府が余計なことをするから無用の混乱が起きるというわけだ。第二の主張は、負の外部性（公害など）は比較的小さく、政府による規制よりも契約と不法行為法で取り組むほうがよいというものである。第三の最も重要な主張は、政府が差別を命じない限り、市場経済はおおむね平等な所得分配をもたらすというものである。等しいものは平等にし、等しくないものの平等は避けられるという。セーフティネットを大幅に減らし、機会の平等に対するすべての合法的な障壁を排除すれば、税金と補助金をもてあそぶ社会民主主義のやり方より平等な結果が得られる、とフリードマン夫妻は主張した。

だが残念ながら、これらの主張はどれもまちがいだったことが実証された。ただしそのことは、二〇〇七年に大不況が始まるまで（ほとんど）誰にもはっきりわからなかった。

ここまでのストーリーは、社会民主主義の統治システムの一形態が一九七〇年代に不運に見舞われたというものである。不運のうえに内在的な欠陥があり、さらに栄光の三〇年を基準にした繁栄への高い期待を抱かせたことが不支持につながった。かくして保守に道が開ける。だがこれはほんとうに不運あるいは偶然だったのだろうか。社会における大恐慌の記憶が消え失せ、グローバルノースのブルジョワ階級が感じる実際の社会主義の脅威が薄れた結果として、社会民主主義の綱渡りが次第にむずかしくなるという構造的原因が作用したのではないだろうか。

新自由主義の政策がいざ実行に移されてみると、インフレ抑制を除けば社会民主主義の政策を上回る成果はあげられなかった。高度成長は再開しなかった。それどころか、レーガン政権とサッチャー政権の下では所得の中央値が下がっている。生産性の伸びが乏しく、その乏しい分が富裕層の懐に入ってしまったためだ。第二の金ピカ時代が近づいていたのである。一九八〇年代後半になると、栄光の三〇年に定着した高い期待に応えて社会民主主義を撃退するという新自由主義の試みが失敗に終わったことがはっきりする。社会民主主義と同じく新自由主義も高いハードルを超えることはできなかった。

だがこの失敗にもかかわらず、政策と政治経済に新たな革命を求める声は上がらなかった。ある意味で新自由主義の試みは受け入れられ、その後数十年にわたって共通認識として中道左派から支持された。一般教書演説で「大きな政府の時代は終わった」と宣言したのは、ロナルド・レーガンではなくビル・クリントンだった。[20] 失業率が九％を上回ったときに財政規律を求めたのは、マーガレット・サッチャーではなくバラク・オバマだった。「国中の家庭がベルトをきつく締め困難な決心をしている……連邦政府も見習わなければならない」と彼は言った。[21] 社会保険への取り組みについて「われわれが知っている形での福祉は終わりにする」と宣言したのはクリントンである。[22] イギリス労働党の労組中心の政治的姿勢に対するサッチャーの強い嫌悪感を是認したのは、労働党から首相になったトニー・ブレアだった[23]。アメリカでは、社会保障の部分的民営化がどのような形をとりうるかについて、民主党と共和党が激論を戦わせた。個人のプランは公的プランに追加できるのか、それとも別建てになるのか？[24]。どちらの陣営も産業振興は政府より市場主導で行うべきだとし、アメリカの公共投資はＧＤＰ比七％から三％まで縮小する。政府は役割を縮小し、表立っての支払い保証も裏での大規模な研究開発補助金も減らしていった。金融の規制緩和によりベンチャーキャピタルをはじめとする民間投資資金のファンドが次々に発足し、技術革新の資金供給を担うようになる。炭素排出規制に代わって排出権取引が導入された。また福祉よりも、教育によって福祉の必要性をなくすことに重点が置かれた（ただしあくまで概念上の話であって、実行は伴わなかった）。それ以上のことを政府がやろうとすれば、時代遅れの社会民主主義が試みたトップダウンの計画に回帰してしまう。そうしたやり方は失敗が証明されたと考えられていた。

だが一九六〇年代〜七〇年代に社会民主主義がうまくいっていたことは、それとして認めなければならない。それにインフレ抑制を除けば、一九八〇年代の新自由主義は経済成長に関して一九七〇年代の社会民主主義に劣っていたし、平等な成長ということに関してはなお一層劣っていた。なぜそうなったのか。

中道および中道左派の新自由主義者は、市場志向の手段を使えば社会民主主義の目標をより効率的に実現できると考えていた。ハイエクが生涯を通じて正しく強調したように、市場はまず集団的な意見交換つまりブレインストーミングを、続いて市場経済が自ら選んだ解決の実行をクラウドソーシングし、市場経済はそれらに市場価値をつける。左派の新自由主義者は、それがより効率的である場合には、このクラウドソーシングとインセンティブを支持するつもりだった。それでも、政府はなお大きかった。包摂の皺寄せを受けた労働者階級の白人男性に対し、大きな政府の時代は終わったとクリントンが断言したにもかかわらず、政府は小さくなってはいない。成長を推進するというふれこみの政策や介入は多々存在した。その筆頭が教育である。とくに女性の中等教育は人口転換を加速させた。国内産業に重要な産業技術の獲得を容易にするための政策、組織運営の簡素化と透明性の確保を促す政策もそうだ。さらに輸送・通信インフラの整備も政府の手で行われた。これらはどれも政府の効率化につながったし、政府にしか提供できないものでもあった。市場と適正規模の効率的な政府に依存すれば高度成長に回帰できるし、長続きする中道連立政権への支持も得られる、と左派の新自由主義者は期待した。そのときには、人々を平等かつ寛容に扱うのは、それに値しない人にまで与えることになるから不公正だという考え方を覆せるだろう、という胸算用である。

　右派の新自由主義者はもっと先鋭的だった。所得と資産の分布が偏るのは欠陥ではなく特徴だという。彼らの主張によれば、最上位〇・〇一％の雇用創出者や起業家はＧＤＰの一％ではなく五％を受け取るに値する。[25] 準功利主義的な市場の優先順位からして、彼らには人類の時間と労力の方向性に関して顕著な社会的影響力を持つ資格があるという。その点を考慮すれば、最上位〇・〇一%には一人当たりGDPの一〇〇倍ではなく五〇〇倍、一〇〇〇倍ではなく二五万倍を与えてしかるべきだ[26]。さらにいえば、彼らの死後にまで税金を課すのは無礼というだけでなく、倫理に悖る。つまり盗みである。このような見方は偽古典的準自由主義の復活形と言うべき代物であり、億万長者が出資するシンクタンクや「草の根」を装った利権団体のネットワークに熱狂的に支持された（「国民のために発言しているなどと言わないでくれ」と財務長官のロイド・ベンツェンが言うのを私は耳にしたことがある。「私も歳をとったから、本物の草の根と偽の草の根の違いぐらいはわかる」）。このネットワークの中心的な主張は、社会民主主義は大きな誤りだった、世界中の政府が社会民主主義を捨て去ることによってのみ、人類はユートピアにすみやかに近づくことができる、というものである。世界は一握りの価値を生む生産者と大多数の寄生者に分かれており、生産者は寄生者を背負ってやる必要はない。寄生者は節度を守らなければならない。さもないと結果に苦しむことになるし、それは当然の報いである。

この主張が実際にうまくいくとは思えないが、そんなことは信念の妨げにはならなかった。

私の見るところ、現実の失敗に続いてイデオロギーが強化されるこのパターンは、第一神殿時代末期のユダ王国（首都エルサレム）で行われていたという宗教政治を思い出させる。北のイスラエル王国はすでにアッシリア人に滅ぼされ、多くの都市が跡形もなく破壊されたうえ、支配層は奴隷としてニネヴェに連れ去られた。ユダ王国の王族は外国と手を結ぼうとする。縁組相手として狙いを定めたのは、近隣国の中でアッシリア攻撃に唯一興味を示した大国エジプトである。だが預言者はノーと言った。他人の剣を信用してはならない。異教を信じる民となればなおさらだ。ヤハウェを信じよ！　彼の力強い腕がおまえたちを守ってくれる！　軍隊が敗れて戻ってくると、預言者はまた言った。おまえたちがヤハウェを強く信じないからこういうことになるのだ。おまえたちは女が通りで踊ることを許し、天の女王のためにケーキを焼くことを許した。もっとヤハウェを信じよ！[27]。

真実を言おう。新自由主義への転回は、最上位層の所得と資産の伸び率を回復することには成功した。正確に言えば、回復してなおお釣りがくるほど成功した。いちばん大きい拡声器を持っている富裕層は、所得のハイペースの伸びをしきりに喧伝した。では、それより下の層はどうだったのだろうか。政治の主導権を握り新自由主義に転回させた政治家に投票したのは彼らだった。規制緩和により市場が解放されれば、誰もがその価値に見合うだけ十分に報われる、と政治家はぶち上げた。最上位以外の有権者は、その発言を半ば以上信じたのである。

新自由主義への転回が確実に実現したのは、華々しく掲げた公約とはまったく別のことだった。国民所得の分布で富裕層の割合を急速に拡大させたのである。

すでに述べたように、アメリカの本物の上流階級、すなわち最上位〇・〇一%の所得は、平均所得の一〇〇倍だったのが五〇〇倍になった。次の〇・〇九%、すなわち最上位一%の残りの層は平均の八倍から一七倍に、次の四%、すなわち最上位五%の残りの層は平均の三・二五倍から四・二五倍に増えた。次の五%、すなわち上位一〇%の残りの層の所得が国民所得に占める割合はまったく変わらず、それ以下の層になると、割合が縮小している。

ここでいう「所得」とは所得分布に占める階層ごとの所得であって、個別の個人や世帯の所得ではない。個人の所得は、年齢が上がるにつれて増える。また一人当たり所得は、一九七九年より二〇一〇年のほうが多く、アメリカの平均所得から算出した実質一人当たり所得は、二〇一〇年には一九七九年の二倍近くに増えている。さらに、使用価値が大きく非常に有用なモノの多くが、二〇一〇年には大幅に安く手に入るようになった。これは大きな意味を持つ。一般的に、市場で売られている標準的な商品(たとえばブレンダー)の消費者にとっての使用価値は、おそらく市場価値の二倍にはなる。有形財の場合、その製造・販売がもたらす価値の半分は資源(自然資源および人的資源)に由来する。これは製造コストである。残り半分は消費者余剰だ。こちらは、消費者がその商品にいくらなら払ってもよいと感じるかに左右される。よって消費者余剰は、しかるべきユーザーがしかるべき場所でしかるべき時にそれを入手するかどうかに依存する。ただし情報化時代には、無形財の比率が大幅に上昇し、おそらくは五対一にまで達すると見込まれる。

不平等が拡大しても、抗議の声はうまくかわされた。理由は、こうだ。一九七九年にはアメリカの世帯でエアコンがあるのは五五%だったが、二〇一〇年には九〇%に上昇した。洗濯機は七〇%から八〇%に、ドライヤーは五〇%から八〇%に、電子レンジは五%から九二%に上昇した。コンピュータまたはタブレット端末はゼロだったのが七〇%に、携帯電話は九五%以上に、スマートフォンは七五%以上に達した。[28] アメリカの労働者階級と中流階級は、一九七九年と比べて二〇一〇年のほうがあきらかにゆたかになったのである。新自由主義時代のアメリカでは、若年層の教育水準はもはや以前ほどぐんぐん上昇はしなかったし、公共インフラへの積極投資も進まなかった。また、民間投資の手当てに回されるはずだった貯蓄の一部を政府が垂れ流すことはもはや咎《とが》められなくなった。生産性の伸びは、栄光の三〇年と比べると半分に落ち込む。平等な成長はいっこうに実現しない。それでも成長しなかったわけではなく、標準的な所得はおおむね一八七〇～一九一四年と同じペースで増えていた。一九一三～三八年に生きた人々なら渇望したペースである。

そうは言っても、人々が中流階級のステータスとして受け取ってきた、あるいは受け取ろうとする多くのことが、アメリカでは二〇一〇年のほうが一九七九年より手が届きにくくなっている。たとえば通勤のしやすさ、好ましい近隣環境での一戸建て、望ましい大学へ子供たちを行かせ学費を十分に払えること、雇用主が出資する手厚い医療保険（これがあれば医療費で破産しなくて済むし、心臓発作の治療のために家を手放す必要がない）がそうだ。加えて、個人の相対的なステータスの問題も生じた。社会民主主義の時代には、アメリカン・モーターズのCEOジョージ・ロムニー（のちのミシガン州知事、住宅都市開発省長官）が、ミシガン州の田舎町ブルームフィールドヒルズのごく普通の家（かなり大きくはあったが）に住んでいるのを中流階級の人々が実際に目にすることができた。彼が運転する車は、小型車ランブラー・アメリカンだった（アメリカン・モーターズ製だという事情はあるが）。これに対して新自由主義の時代になると、ベインのCEOミット・ロムニー（のちのマサチューセッツ州知事、上院議員＝共和党、ユタ州選出）が国内各地に七つ家を持っていることを知ったが、実際に目にしたことはない。そのうちのいくつかは豪邸である。彼がどんな車を運転しているのか私は知らないが、カリフォルニア州のビーチ近くにある高級住宅地ラホヤの邸宅には、自動車専用エレベーターが付いていると聞いたことがある。絶対的な価値でみて親世代よりはるかにゆたかになったとは言っても、最富裕層との間にこれほど大きい格差が開いたら、しかもその格差がどんどん拡大しているとわかったら、誰しも心穏やかではいられまい。

フランスの経済学者トマ・ピケティは、第一次世界大戦前と第二次世界大戦後でグローバルノースの経済がどう変わったか、衝撃的な事実を列挙した大著を発表して世間の注目を集めた[29]。第一次世界大戦前の第一の金ピカ時代では、資産の大半は相続財産であり、富裕層が政治を牛耳り、経済格差は（そして人種や性別による格差も）甚しかった。第二次世界大戦が始まると、すべてが変わる。所得の伸びは加速し、資産の大部分は相続ではなく（合法的または違法に）取得された。政治を動かすのは中流階級になり、経済格差は小さくなる（ただし人種や性別による格差は長く残った）。グローバルノースは新しい時代に突入したように見えた。

その後、事態は後退する。

ピケティは、不平等の拡大に驚くべきではないと指摘する。資本主義経済においては、富の大半が相続されるのも、資産分布が非常に偏るのも、大金持ちのエリート層がいったん形成されたらその政治力を駆使して自己の利益になるよう経済を操るのも、必然の成り行きなのだという。そしてこれらのことが経済成長の足を引っ張るのも当然だとピケティは主張した。一九四五〜七三年に見られたような高度成長には、何と言っても創造的破壊が必要である。だが破壊されるのは富豪たちの富なのだから、彼らが創造的破壊に手を貸すはずもない、と。

ではなぜ新自由主義の時代は長続きしたのだろうか。社会民主主義は第二次世界大戦後の第一世代にもたらしたようなユートピアへの前進をもはや実現できなくなった、と新自由主義者は批判した。そして、新自由主義ならよりよい成果を挙げられると約束したものである。だが、イギリスで労働運動を抑圧したこと、減税および賃金抑制（その影響は多大だった）を通じて富裕層の所得を増やしたことを除けば、さしたる成果は挙げていない。それなのにどうして、新自由主義の失敗に対する不満が政治・経済・社会・組織の歯車を再び転回させる事態にはいたらなかったのか。

長続きした原因は、レーガンが冷戦に勝利したからだと私は考えている。もっと厳密に言えば、レーガンの大統領としての任期が終わった直後に冷戦が終結したため、勝利の栄誉が彼に与えられたことだ。それに店頭に陳列された思想のあきらかな失敗は、何も保守に限ったことではなかった。

今日の視点から、あるいは一九九〇年代、いや七〇年代末の視点から振り返っても、実際の社会主義に関して最も衝撃的な特徴は、腐敗と衰退が避けられなかったことである。ドイツの社会学者マックス・ウェーバーは、レーニン一派が確立したボルシェヴィキ体制に何が起きたかを理解するために、一九一七~九一年に起きた出来事を調べる必要はなかった。一九一七年より前に遡り、歴史上で企業家精神と企業が官僚制度に取って代わられた事例を調べ上げ、「たとえば中国やエジプトのように、いったん官僚制度が優位になったら、この組織はけっして消滅しない」と書いている。マルクス主義者の言うように「徐々に衰えるということはあり得ない」のであって、逆に命令を発する主体としての政府の肥大化を助長するとウェーバーは述べた。

ポーランドに生まれドイツで活動した政治理論家ローザ・ルクセンブルクは、もっと冷めた目で(そして悲観的に)一九一八年に次のように書いた。

普通選挙、無制限の報道と集会の自由、自由な討論が認められない限り、あらゆる公的制度の活力は失われる……残るのは官僚組織だけだ……無尽蔵のエネルギーと広い経験を持つ一握りの政治指導者が命令し支配する……労働者階級のエリートたちが集会に適宜呼ばれるが、そこでやることと言えば指導者の演説に拍手し、提案に満場一致で賛成することなのだ。このエリートたちは要するに自分たちは特別だと考えている集団にほかならない……こうした状況は不可避的に公人の行動を暴力的にし、暗殺の企てや人質の射殺などが頻発するようになる。[30]

だがウェーバーもルクセンブルクも、官僚組織は企業家精神に敵対的だとしても効率的ではあると考えていた。ただしウェーバーが実際の社会主義は統制され組織化されると考えたのに対し、ルクセンブルクは暴力的で独裁的になると考えた。膨大な無駄、パンを手に入れるための行列、合理性を欠く経済の組織化、中央の腐敗、影響力、コネ（blat）といったものはどちらも予想していなかった。また、一九八〇年代末についに鉄のカーテンが引き降ろされたとき、スターリンの（あるいはホーチミンの、金日成の、フィデル・カストロの）軍隊がのし歩く国が物質的なゆたかさに関して隣国のたった五分の一になっているとも予想していなかった。

ソ連の外にいた多くの専門家、たとえば左派のマルクス経済学者ポール・スウィージーなどは自信たっぷりに、レーニンの社会主義と計画経済は他のいかなる体制よりも効率的に生産資源を配分し、よりハイペースで経済成長を実現すると予想したものである。レーニンの社会主義の破壊的潜在力を恐れた多くの人でさえ、ソ連とその衛星国がGDP総額でも一人当たりGDPでも世界の先頭に立っているとの見方に同意した。ポール・サミュエルソン（レーニン主義者ではない）は第二次世界大戦後にアメリカで主流となった経済学の入門書を書いた人物だが、彼ですらそうだった。一九六〇年代後半にいたるまで、ソビエト経済は二〇〇〇年よりかなり手前で一人当たりＧＤＰでアメリカを追い抜くと信じられていた。たとえ自由と選択に関しては西側に劣るとしても、生産と平等に関しては西側を上回るだろうという見方は、一九六〇年に入ってでも有効だったのである。

こうした予想はすべてまちがっていたことがわかった。いざ鉄のカーテンが開いたとき、ソ連とその衛星国はじつに貧しかった。当局は消費財をおそろしく非効率に配分すると同時に、投資もおそろしく非効率に配分していた。自動化された工場の建設予定地は放置されていた。ソ連がそれなりに成功した分野もあったことは事実である。一九六〇年までには、公衆衛生、教育、平均寿命に関してグローバルノースにおおむね匹敵する水準に達していた。一九七〇年代には、アメリカとすくなくとも同程度に強力な軍備を誇った。ただしそのためにＧＤＰの四〇％を注ぎ込んでいる。アメリカは八％に過ぎない。

そうした成功はあるにせよ、経済の失敗はあまりに大きかった。生産量が増えた分野はごく一部で、その大半が鉄鋼、機械、軍備である。農業の集団化は大々的な失敗に終わり、どれほどの農民が死んだのかわかっていない。おそらく数百万人と思われるが、ひょっとすると数千万だったかもしれない。そして世界の状況に照らすとソ連の経済成長率が高いとは言い難かった。

ソ連の経済学者にして政治家のエゴール・ガイダルは、ソ連の工業化の失敗について小麦と石油の譬え話をよく使う。彼によれば、ソ連の著名な共産主義経済学者ニコライ・ブハーリンと政府高官アレクセイ・ルイコフは「スターリンにこう忠告した。〝農民国家で穀物を強制的に取り上げることはできない。そんなことをすれば内戦になる〟と。するとスターリンは〝それでもやるしかない〟と答えた」という。一九五〇年代になるとニキータ・フルシチョフが、スターリンのせいで立ち遅れ、農民が農奴扱いの農業部門の改革に取り組む。一九五〇年の時点でフルシチョフはこう書いている。「直近一五年間、小麦の収穫量は増えていない。その一方で、都市部の銀行は大幅に増加した。この問題をどうやって解決すればよいのか」。最終的にフルシチョフは多額の予算を注ぎ込むことを決意し、小麦の生産に回す土地を増やす大規模プロジェクトをスタートさせる。だがこれも結局は失敗に終わった。一九六三年にソ連は同盟国に対し、今後は小麦の供給はできないと通告する。そして国際市場で小麦を買う側に回った[31]。

原油価格が一九七〇年代に三倍以上に跳ね上がったおかげで、ソ連経済とソビエト・モデルの崩壊は一〇年ほど遅れたと考えられる。ガイダルによると、サウジアラビアがイランの神権政治家の野望を砕く目的で一九八五年末に原油増産の再開を決め、原油価格が急落したときが、終わりの始まりだったという。ソ連は原油収入が激減し、膨大な人口を養うための小麦を買うことができなくなった。その結果、ソ連は一九八六年の貿易赤字を埋め合わせるために借金に頼らざるを得なくなった、とガイダルは分析する。だが一九八九年には、「三〇〇行の銀行コンソーシアムを組織して大型ローンを組成させる」ソ連の試みは頓挫し、「いわゆる政治的動機による借款について欧米政府と直接交渉することを余儀なくされた」。

かくしてソ連の破綻が誰の目にもあきらかになった。原油安になると、政府が国民を養うためにできるのは、政治的に譲歩して他国から割安なローンを獲得し、それで外国から小麦を買うことしかない。

冷戦の勝利者の栄誉を獲得することになるレーガン政権は、南米で冷戦を煽ってニカラグアの左翼サンディニスタ革命政権を転覆させようと目論み、アルゼンチンのファシスト政権から兵士を借りてきて、右翼ゲリラによる反政府活動の中核にしようと画策する。そこでアルゼンチンの暫定軍事政権を担う軍部高官は考えた――自分たちがフォークランド諸島をめぐってイギリスと悶着を起こしても、兵士を貸した見返りにアメリカは中立を守るだろう、と（ひょっとすると、だれか政府高官、国連大使のジーン・カークパトリックあたりがそう入れ知恵したのかもしれない）。フォークランド諸島はイギリスが何世紀も前から植民地にしているが、アルゼンチンの沖合五〇〇キロのところに浮かんでいるのだ。短期決戦の勝利で地位固めをしたいとの思惑に駆られたアルゼンチン軍部は、フォークランド諸島を占領した。サッチャーはアメリカから手厚い兵站支援を受けて直ちに英国海軍を派遣し、二カ月後に奪還に成功する。この勝利でサッチャーの人気は上昇し、一九八三年の選挙で再選された。四年間の新自由主義の実験が失敗したにもかかわらず、こうしてイギリスではその地位が一段と強固になったのである。

アメリカでは経済が再浮上し、レーガンの一九八四年選挙での再選を後押しした。しかもレーガンは、政策通の大統領とは言えないにしても、大国を率いるタイプの大統領としては際立って優れていた。ファーストレディのナンシーは、二期目の友人になれる可能性があるとしてミハイル・ゴルバチョフと会うことを強く勧める。こうして冷戦は終結し、このこともまたアメリカで新自由主義を下支えした。

一九八〇年に新自由主義への転回が始まったときの希望と主張は、市場経済を管理・補足・統制する社会民主主義のやり方はやめなければいけない、政府と社会が（すくなくとも部分的に）市場原理に従うべく姿勢転換すれば、第二次世界大戦後の黄金時代のときのような経済成長がグローバルノースに復活するというものだった。こうした希望と主張は打ち砕かれた（成長は続いてはいたものの、一九三八〜七三年より遅いペースだった。一八七〇〜一九一四年よりいくらか速く、一九一四〜三八年より大幅に速いペースではあったが）。

所得分布は変化した。女性の包摂に加えてマイノリティのある程度の包摂が進んだ結果、白人男性の所得は平均に追い付かなくなる。さらに重大なのは、新自由主義への転回が、所得と資産を最上位層に移転するという新自由主義のあからさまな目標を達成してのけたことである。彼らの主張は、こうだ。リッチとスーパーリッチたちにこうしてインセンティブを設ければ、彼らは一段とがむしゃらに働き、起業家精神を存分に発揮し経済全体をゆたかにする、というのである。この主張は正しくなかったが、それでも所得と資産の移転は実現した。

これは、労働者階級と中流階級の足場を固めていた白人男性にとってじつに悩ましい事態である。一九八〇年以降、彼らの実質所得は伸び悩み、女性やマイノリティや外国人から尊敬されなくなって、すくなくとも彼らの実感として無能な人間に成り下がった。さらには、急速にのし上がる（と彼らが想像する）成金たちからもバカにされるようになった。だが格下の者からの尊敬こそ彼らが期待し、当然受けるべきと考えていたものである。ある意味で、状況は彼らに牙を剝いていた。富裕層はもっと富裕になり、価値のないマイノリティの貧困層は福祉給付を受け取っている。懸命に働いている白人男性は、（この見方に従えば）もっと多くを得るに値するというのに、得ていない。こうして有権者の半分以上が体制を信用しなくなった。先行世代が三〇年前に謳歌した生活を超えられないなら信用できない、というわけである。

大不況に見舞われ景気回復が思うように進まなくても、政府も政治家もいっこうに気にしていないように見えた。富裕層が政治を牛耳っているのだから当然である。富裕層にしてみれば、危機など存在しなかった。だが富裕層でない人々、つまりアメリカ全人口のおよそ九〇％はどんどん不利になっていった。彼らにとって、二〇〇七年以降の経済は失望以外の何物でもなかった。彼らは原因を求め、変化を求め、そしてしばしば責める相手を探した。それはもっともである。

第16章 再グローバル化、情報技術、ハイパーグローバル化

Reglobalization, Information Technology, and Hyperglobalization

新自由主義への転回が世界で始まったのは一九七〇年代である。そして二〇〇〇年までにはほぼ完了した。さまざまな形の新自由主義が登場し、世界の政治経済運営に誤った仮定と慣行を植え付けた。

なぜ新自由主義が台頭したのかは謎である。新自由主義への転回は投資の拡大にも起業家精神の高揚にも生産性の向上にも寄与しなかったし、中流層の賃金と所得の伸びを回復することもできなかった。新自由主義の下で導入された新しい政策は、所得と資産の格差を大幅に拡大している。いったいどこに魅力があったのだろうか。新自由主義的秩序が世界を魅了したのは、冷戦の勝利という手柄を誇示したからであり、受け取るに値しない者は何も受け取れないようにしたからであり、力を持つ者が特大の拡声器を使って、新自由主義的政策で実現できたこと

はすべて自分たちの手柄だと喧伝したからである。彼らが繰り出した手札はじつに効果的だったと言わねばなるまい。

新自由主義者が勝負に出た手は大きく分けて四つある。第一は、第二次世界大戦後の再グローバル化を後退させた政策（これはハイパーグローバル化である。正確には、一八七〇〜一九一四年のグローバル化を後退させた政策（これは一九一四〜一九五〇年まで維持された）を逆転させた。第二は、技術の大転換である。鋼鉄製のコンテナが一九五〇年代半ばから世界の物流を席巻した。第三は、もう一つの技術の大転換である。それまで存在していないも同然だった情報技術が世界を制圧した。第四は新自由主義的政策自体であり、その政策と他の三つとの相互作用である。この四つの要因が再グローバル化をハイパーグローバル化に変えた。

というわけで、この章の物語はそう単純ではない。そのうえ新自由主義の潮流が世界を席巻している時期に紡がれた再グローバル化、情報技術、ハイパーグローバル化の物語は二本の糸で織り上げられているため、いっそう複雑になっている。一本目の糸は、グローバルサウスの再グローバル化、情報技術の出現、ハイパーグローバル化の行方をたどる。二本目は、グローバルノースのほうをたどる。この物語からどんな結論を引き出すか、成績をつけるとしたらどうなるかは、守護聖人としてハイエクを戴くか、ポラニーを戴くかによって大きくちがってくる。

グローバルサウスの一部の国々は、新自由主義の考え方を取り入れて社会の腐敗を減らすと同時に、グローバルノースにおける新自由主義的政策の悪弊を免れることができた。そうした国々はグローバル市場に翻弄されることなく、グローバル市場をうまく活用できている。一八七〇年以来初めてこれらの国の経済は、絶対的には富裕だが成長が鈍化してきたグローバルノースから引き離されずに済むようになる。グローバルサウスの実質所得は、一九九〇年からはおおむねグローバルノースより速いペースで伸び始める。[1] その結果、市場原理というものは実際に人類の役に立つように見えてきた。

グローバルノースの国々には、世界貿易の拡大と情報技術の普及による利益がもたらされた。だがその利益は社会の最上位層に集中することになり、富裕層をより富裕にする結果となった。グローバルノースにある工場で働き組合に加入している労働者の場合、もはやその利益のしかるべき分け前に与ることは望めなくなる。新自由主義へと転回した状況で再グローバル化とハイパーグローバル化が進み情報技術が進化すると、企業経営者と技術者は世界のどこにでも工場を移すことが可能になったからだ。情報の流れが爆発的に加速すると、もはや製造現場に行って監視したり管理したりする必要はなくなる。歴史上初めて産業が空洞化し始めたグローバルノースでは、ポラニー的権利はもはや望むべくもないようだった。産業の空洞化と言えば、一八七〇年以前にはもっぱらグローバルサウスが経験したものである。

だが『ヒルビリー・エレジー』に描かれた人々、すなわちアメリカの繁栄から取り残された白人たちは、グローバルノースの物語を構成するピースの一つに過ぎない。もっと複雑につぎはぎされた全体のごく一部を占めているだけだ。一九九〇年代初めに情報技術の大部分が実現したことによって、グローバルノースは栄光の三〇年と同等の生産性の伸びを一五年にわたって達成することができた。しかし第二の金ピカ時代のしくみでは、生産性の伸びた分が全面的に賃金に反映されることはなかったし、人々の期待やポラニー的権利についてもまた、ここでは期待に応えたがあそこでは応えておらず、その度合いもまちまちというふうに、つぎはぎだらけだった。その結果として、政治経済において意思決定がなされる土台が大きく揺らぐことになる。

二〇〇七年になると、政財界のトップにいる新自由主義者たちは、ものごとは当然のごとくうまくいっており、このままこれが続くと信じて自画自賛したものだ[2]。生産性の伸びは後退したように見えたものの、所得分配が安定すれば広範囲の成長の波が再び押し寄せ、不満を抱く大衆は減っていくだろうと彼らは考えた。頂点に立つ者から見ると、市場原理は人類に利益をもたらすとしか思えなかったのである。

だがこの思い込みは、実際に起きていることの大半を見落としていた。二〇〇七年以降は次章のテーマである金融危機とそれに続く大不況が、独自の筋書きに沿って情け容赦のない災厄をもたらす。ただし本章においては、それまで実態を隠していたカーテンをこの災厄が引きずり落とし、新自由主義の傲慢こそが天罰を招くことになると知っておけば、さしあたり十分である。

第二次世界大戦後の再グローバル化は、歴史的視点から見ると、一八七〇年以降のパターンの韻を踏んでいる。覇権国家の下での国際経済秩序が確立されたことに加え、輸送技術革命が起きて、グローバル化が再び急速に進行した。だが一八七〇年以降のパターンでは覇権国家であるイギリスが単独で成し遂げ、他国がそれに適応するという形だったのに対し、第二次世界大戦後のアメリカは、さまざまな国際機関を発足させる。その結果、戦後期は国際協力機関にとってすばらしい時代となった。政治面では言うまでもなく国際連合が創設され、安全保障理事会、総会などが設けられた。

経済面では、三つの国際機関が発足するはずだった。すくなくともそういう計画になっていたが、実際には二つと半分しか実現していない。新しく覇権国家となったアメリカは、国際貿易が国際平和と各国の繁栄の両方を近い将来に実現する可能性に賭ける。西ヨーロッパはこの賭けに乗り、一九五〇年代半ばに欧州石炭鉄鋼共同体（ＥＣＳＣ）を設立し、自由貿易への道を歩み始めた。その延長上に今日の欧州連合（ＥＵ）が存在する。一九四四年のブレトン・ウッズ会議では、アメリカ側からハリー・デクスター・ホワイト、イギリス側からジョン・メイナード・ケインズが代表として出席し、グローバル化推進のためのシステムを設計した。

さきほど述べた三つの国際機関とは、世界銀行、国際通貨基金（ＩＭＦ）、そして完全な設立にいたらなかった国際貿易機関（ＩＴＯ）である。この三つは、グローバルな経済協力を促すために設立された。世界銀行は国際復興開発銀行としてスタートし、戦争による破壊からの復興への金融支援と産業技術の活用機会を摑めなかった国への開発支援という二つの目標を掲げた。ＩＭＦは、通貨価値および国境を越える金融資源のフローの管理、貿易条件の改訂を求める国の支援、経済的義務を守らない一部の国に遵守を強制することを目的とする。三つ目に計画されたＩＴＯは、双方に利益をもたらすような関税削減交渉を取り仕切ると同時に貿易紛争を仲裁するための機関だった。

だがすでに述べたとおり、トルーマン政権は、国連、世銀、ＩＭＦについては議会に可決を急がせたが、ＩＴＯについてはあまたある国際機関の一つに過ぎず、議会の尻を叩きすぎるのはよくないと一九五〇年代末に判断する。その頃には国際協力に諸手を挙げて賛成する終戦直後の情熱は薄れ、冷戦と呼ばれるようになった自由世界と国際共産主義との長い暗闘が始まっていた。こうしてＩＴＯは日の目を見ずに葬り去られ、貿易紛争の解決策を強制する実効性を持った組織に代わって、協定が締結される運びとなった。それが、関税および貿易に関する一般協定（ＧＡＴＴ）である。ＧＡＴＴの下で複数の多角的貿易交渉（ラウンド）が行われ、数十年にわたって多国間で関税引き下げが協議されてきた。このように再グローバル化の出発時点から、逆行する流れが存在したわけである。ＩＴＯの場合、関税を引き下げたら自動的に市場で決まる交易条件をどの国のどの産業も受け入れなければならないが、ＧＡＴＴの場合は全加盟国の議会承認を経ない限り各ラウンドの合意は有効にならない。

一九四七〜九四年に行われた八度にわたるラウンドで、各国の政治的合意は成立してきた。列挙すると、ジュネーブ（終了年：一九四七年）、アヌシー（一九四九年）、トーキー（一九五〇〜五一年）、ジュネーブⅡ（一九五六年）、ジュネーブⅢ（一九六二年。通称ディロン・ラウンド。名前の由来は、C・ダグラス・ディロンがアイゼンハワー政権の国務次官だったときに提案し、ケネディ政権で財務長官だったときに終了したため）、ケネディ（一九六七年。ケネディが一九六二年に提唱したが、開始前に暗殺されたため追悼ラウンドとなった）、東京（一九七九年）、ウルグアイ（一九九四年）となる。各ラウンドは一〇年近くかけて交渉が続けられ、次のラウンドまではどの国も疲労困憊状態だった。

だがこれは、本章の物語の一部に過ぎない。一九一四〜五〇年には各国の生産拡大は長距離輸送の効率改善に先行していたが、その後はペースが逆転する。コンテナ化という形で海上輸送に革命が起きたからだった。[3]

コンテナとは、長さ二〇フィート（約六メートル）または四〇フィート（約一二メートル）、幅八フィート（約二・四メートル）、高さ八・五フィート（約二・六メートル）または九・五フィート（約二・九メートル）の箱のことである。この箱で約二〇〇〇立方フィート（約六八立方メートル）、二七トン程度の貨物を運ぶことができ、その小売価格はごくおおざっぱに見積もって五〇万ドルに達する。コンテナに詰め込まれた貨物は、適切な港、鉄道、機関車、貨車、道路、トラックがあれば世界中どこにでも一カ月以内に届けられる。よほど壊れやすいものや腐りやすいもの以外は、トラックヤードを備えた工場から世界中の近代的な倉庫まで、貨物の小売価格のおそらく一％程度の運賃で運んでしまう。一九六〇年までは、ほとんどの商品の国際海上運賃は小売価格のゆうに一五％に達していた。一九五〇年代まで遡れば、サンフランシスコの人口は八〇万人だが、パートタイムを含めればうち五万人が荷役の仕事についていた。だが一九八〇年になると、荷役労働者は五分の一以下に減っている。

我が家ではドイツ製の洗濯機をカリフォルニア州サン・レアンドロの量販店で買ったことがある。サン・レアンドロはオークランドの南に位置し、自宅のあるバークレーはオークランドの北側にあるのだが、店から自宅までの運賃は、製造工場のあるショルンドルフ（ドイツ）から量販店までの運賃の八倍もかかった。

再グローバル化は第二次世界大戦後の栄光の三〇年の間に進行したが、その推進力の大半は政治経済の側から供給された。とくにアメリカが冷戦を戦う重要な手段の一つとして、市場へのアクセスを強化したことが大きい。そうなると貿易の好循環が始まる。生産性が向上すると財への需要が拡大し、今度は需要を満たすために生産能力が拡大する、というふうに。一九七五年には、世界の経済活動に占める貿易の割合は、一九一四年のピークと同じ二五％まで回復する。つまり平均的な地域が財とサービスに支出する金額の八分の一は、輸入された財とサービスに使われ、平均的な地域が得た収入の八分の一は、輸出した財とサービスから得たことになる。

この好循環は、グローバルノースで最も顕著だった。一八〇〇〜一九一四年には産業も知識もグローバルノースの工業国に集中していたことがこの結果に結びついたと考えられる。グローバルノースではそれまでの工業化が成長を加速させたのに対し、グローバルサウスでは産業空洞化が成長を停滞させたからだ。新たなアイデア創出の決め手となるのは、結局のところ、すでに実用化され試されたアイデアのストックの密度と規模なのである。グローバルノースの工業国が成長を牽引できたのはこのためだ。対照的にグローバルサウスではこのような好循環は見られなかった。最初のグローバル化の波が産業空洞化を招いたことが原因である。

活気のある工業地帯がなく、技術・工学の知識やノウハウを持つ集団もいないとなれば、グローバルサウスはどうやって再グローバル化の恵みを受け取ればいいだろうか。唯一の方法は、国際分業の中に居場所を確保することである。そのためには、所有する貴重な資源、たとえば鉱物や熱帯作物などを活用する必要があるが、あいにくこれらの商品の相対価格は下がり続けていた。このため、第二次世界大戦後の一〇年にわたる再グローバル化によってグローバルサウスはたしかに裕福にはなったものの、そのペースは鈍かったし、相対所得の格差はすくなくとも一九九〇年まで拡大し続けたのだった。

第二次世界大戦後の最初の世代で誰が再グローバル化から最も多くを得たかを理解するには、いわゆる「逆スマイルカーブ」を考えるとよい（スマイルカーブは笑った口もとのように両端が高く中央部が低い。逆スマイルカーブは逆に両端が低く中央部が高い）。逆スマイルカーブの左すなわち上流部は収益が低い。原材料を輸出して得られる収入が相対的に少ないためだ。供給が弾力的で需要が非弾力的だと、一次産品の生産者が一丸となってがんばって生産性を向上させても、価格を押し下げるだけである。また設計でも得られる収入は相対的に少ない。抜け目のない競争相手が市場に出た商品のリバースエンジニアリングをすばやく行うことが可能だからだ。だが逆スマイルカーブが高くなっている中央部では、大きな収益が得られる。グローバルノースの工業国の持つノウハウや知識は、一九〇〇年代半ばから終わりにかけての大量生産に並外れた効率をもたらした。そして逆スマイルカーブの右の下流部門、すなわちマーケティングと販売では再び収益が減る。商品と消費者の個別のニーズをマッチングすること、すくなくともこれは払う価値があると消費者に思わせる活動は、当時はさほど重視されなかった。

だが再グローバル化とコンテナ輸送の発展は、本章の物語の三分の一に過ぎない。一九八〇年代になると、もう一つの技術革新が登場し、世界貿易だけでなくあらゆる面にわたって根深い影響を与えることになる。それが、情報技術である。情報技術は、貨物ではなくビット、有形の物体ではなく情報の輸送コストに真の革命をもたらした。情報通信ネットワークであるインターネット、そして海底や地下を走る光ファイバー、送信機、受信機、通信衛星等々のすべてが、世界を再び様変わりさせる。それが始まったのは一九九〇年代だった。

本書ではここまで、集団としての人類の自然に対する力を新しい技術がどう進化させてきた

か、また人間の行動をどう変えたか、さらには新技術とはどんなもので何をしたかについて、くわしく触れてこなかった。ここまでに書いてきたのは、新しい技術がどんなペースで進化してきたか、ということだけである。たとえば一八七〇年以降、アイデアは年二％のペースで増えた、というふうに。技術がどんなもので何をしたかを語るには、まったくちがう本を書かねばなるまい。その本を書くには政治経済学者よりもエンジニアの知識が必要になる。そのまったくちがう本を完璧に書くことができたら、非常に重要な、いや途方もなく重要な価値を持つ偉大な著作になることだろう。私の師である故デビッド・ランデスの『西ヨーロッパ工業史』（みすず書房）は一七五〇～一九六五年のヨーロッパについてこの仕事を完遂しており、はやくも古典として読み継がれている。ロバート・ゴードンの『アメリカ経済　成長の終焉』（日経ＢＰ）は一八七〇年以降のアメリカについて同様の仕事を成し遂げた。[4]

だが私としてはいまここで、これらの技術のいくつかの特徴を取り上げておくほうがよいと感じる。まず汎用技術（ＧＰＴ）を考えてみよう。ＧＰＴは次々に分化していくため、すべてとは言わないまでもほぼすべてを変える。[5] ＧＰＴ第一号は、一八〇〇年代初めの蒸気機関だ。第二号は、一八〇〇年代半ばに登場した初代工作機械である。工作機械の設計製造には、材料の切断・加工・処理に関する大量の技術知識が活かされている。そして一八七〇年からは、通信、材料科学、有機化学、内燃機関、組立ライン、工作機械の後続世代、電気と次々にＧＰＴが出現した。ロバート・ゴードンはこれを技術の進歩の「大波《ビッグウェーブ》」と呼ぶ。ゴードンによれば、この波は一八七〇～一九八〇年にグローバルノースを大きく変えたのちに衰えたという。そして一九五〇年代に始まり一九九〇年代に本格化したもう一つのGPTが、マイクロエレクトロニクスだ。電子はいまや電力を供給するためではなく、演算処理や通信のために活用されるようになった。マイクロエレクトロニクス革命は「マイクロ」の名の通り超小型の電子回路による制御を実用化し、機械的に接続された鈍重な回路に依存する従来の機器とは比べものにならないほど高性能かつ安価で軽量な機器の設計・製造が可能になる[9]。

ごくふつうの砂に含まれる石英を一七〇〇度以上で熱して純化・液化させる。次に炭素を加えて酸素原子を石英から引き離すと、高純度の溶融シリコンが残る。このシリコンを冷却し、固体化する直前に少量の種結晶棒を注入して回転させると棒の周囲にシリコンが付着する。これをゆっくり引き上げると、適切な太さの単結晶棒（インゴット）が得られる。

今度はこのインゴットを薄いスライスに切断する。このスライスが「ウェーハ」と呼ばれるものだ。単結晶シリコンのウェーハは、電気を通さない。理由は、シリコン（ケイ素）原子には一四個の電子があるが、うち一〇個は科学者が「殻」と呼ぶ軌道に収まって原子核に固定されており（二個がk殻、八個がl殻）、移動して電気を流すことができないからだ（デンマークの物理学者ニールス・ボーアは一世紀以上前に電気を通すと考えたが、彼はウェーハを正しく制作できていなかった。オーストリアの物理学者エルヴィン・シュレディンガーがそれを指摘した）。シリコン原子の最外殻（m殻）に位置する四個の電子（価電子と呼ぶ）だけが励磁され移動して電気を流すことができる。ただし、単結晶のシリコン原子の場合、四個の価電子は周囲にある他の四個の原子と共有されて安定した結晶構造を作っており、移動することはない。四個の電子をm殻から飛び出させて伝導帯に移動させせられるほどのエネルギーを加えたら、結晶自体が破壊されてしまう。

だが、結晶中のシリコン原子のいくつか（一万個に一個程度でよい）をリン原子に置き換えると、おもしろいことが起きる。リン原子は一五個の電子を持つ。うち一四個はシリコン原子の電子と同じくk殻とl殻に収まって原子核に固定されており、m殻の四個は周囲にある他の四個の原子と共有されている。ところが一五個目の電子は余っている。この自由電子はどの原子核にもゆるやかにしか結合していないため、局所電場がわずかに傾くだけで反応して移動し、電気を流す。こうしてリン原子という不純物を加えた部分は導電性を持つことになる。しかし一五個目の電子が移動してしまえば、その部分は結晶の他の部分と同じく、電気を通さない絶縁体に戻る。つまり不純物を加えた部分はオンオフスイッチとして機能するわけだ。わずかな電圧をかけるだけで、オンからオフ、オフからオンに切り替わり、電気を流したり止めたりできる。

半導体製造のＴＳＭＣ（台湾）の工場ではＡＳＭＬ（オランダ）またはアプライド・マテリアルズ（アメリカ）の製造した半導体製造装置が、いままさにそうした半導体スイッチを製造している。一三〇億個のスイッチが制御パスとともに一枚のウェーハ上に形成され、一センチ角ほどの「チップ」となる。ＴＳＭＣが販売する半導体チップで最小のものは、幅がシリコン原子二五個分しかない（シリコン原子の半径は〇・一ナノミクロン）。しかも性能はその一〇倍のサイズのものと同等である。砂から作られたこの小さなチップのスイッチ一三〇億個が正しく製造され試験に合格したら（合格するには一三〇億個が一秒間に三二億回正確に同期してオンオフ切り替えができなければならない）、チップはマシンの心臓部になる。いま文章を打ち込んでいるキーボードは、まさしくそうしたチップに接続されている。アップルM1チップはこうした極小スイッチの集合すなわちトランジスタの集積であり、超大規模集積回路（VLSI）と呼ばれる。

一九四七年に世界初のトランジスタを作った栄誉は、ベル研究所のウィリアム・ショックレー、ジョン・バーディーン、ウォルター・ブラッテンの三人に与えられている（三人はこの業績により一九五六年にノーベル物理学賞を受賞した）。同じくベル研究所のダウォン・カーンとモハメド・アタラは、一九五九年に金属酸化膜半導体電界効果トランジスタ（MOSFET）を発明したことで名高い。MOSFETは最も広く使用されているタイプのトランジスタで、電子機器の基本素子である。ジェイ・ラストをはじめとする八人（八人の反逆者と呼ばれた）はショックレーと袂をわかってフェアチャイルドセミコンダクターを設立し、ロバート・ノイスやジャン・ヘルニのアイデアに基づき、半導体集積回路の製作技術を開発した。一九六四年にはフェアチャイルドセミコンダクター出身者が設立したゼネラル・マイクロエレクトロニクスが、一二〇個のトランジスタを集積したICを製造・販売している。当時のトランジスタは一ミリのピッチで配置されていたが、それでもほんの一センチ角になった。従来の真空管方式と比べてサイズは一〇〇分の一になり、演算能力は一万倍に、消費電力は大幅に減っている。

その頃フェアチャイルドセミコンダクターで働いていたゴードン・ムーアは、一九五八年以来七年間でＩＣ上の素子数が一個から一〇〇個に増えたことに気づく。そこで彼は、「部品がぎっちり詰まった回路」の未来がどうなるか、大胆にも予測した。ムーアが一九七五年に発表した予測によると、今後一〇年間で一〇〇平方ミリメートルのシリコンチップ上には六万五〇〇〇個の部品が収まるようになるという。そうなれば「現在は適切に活用されていないか、全然活用されていない電子技術が社会全体で広く利用できるようになり、多くの役割を果たすようになるだろう」とムーアは予想し、その例として「ホームコンピュータ、すくなくとも中央コンピュータに接続した端末、自動車の自動制御、携行可能な個人用通信機器」を挙げている。さらに「多重通信機器の信号処理をするデジタルフィルターにもＩＣが使われるようになる」として、電話回線やデータ処理の進歩を予想した。そして「コンピュータはより高性能になり、従来とまったく違うやり方で構造化されるようになるだろう」と結論づけている。[7]

一九七一年には半導体チップの製造技術、具体的にはウェーハ表面にパターンを形成する技術は一段と高度化・微細化する。世界初のマイクロプロセッサ Intel 4004 では三ミリ×四ミリのチップ上に二三〇〇個のトランジスタを集積し、最小加工寸法（線幅）は一〇ミクロンだった。二〇一六年にはこれが一四ナノメートルになり、二〇二一年にはさらに微細化が進んで一〇ナノメートルになる。また消費電力で見ると、一九七九年には一ＭＩＰＳ（一秒間に一〇〇万回の命令を処理すること）の実行に一ワットを消費していた。だが二〇一五年には、一ワットで一〇〇万MIPS以上を処理できるようになる。半分になった最小加工寸法で処理速度は二倍になった。一九八六年までは、マイクロプロセッサの処理速度は七年ごとに四倍になっていた。その後は命令セットが単純化したこともあり、一七年にわたって三年ごとに四倍になる。そして二〇〇三年以降は再び七年ごとに四倍のペースに戻り、二〇一三年頃になると伸びは鈍化した。

たしかに元祖「ムーアの法則」より遅れ始めはしたが、それでも、どんどん小さくなるトランジスタをVLSIチップにより多く詰め込むことは続いていた。シリコンウェーハ上の狭い範囲にあのように微細で複雑な回路を書き込む技術はもはや魔法としか言いようがない。なにしろ波長一三・五ナノメートルの極端紫外線（EUV）を光源に使う露光装置を世界で唯一製造できるASMLのTWINSCAN NXE3400Cは、三〇〇ミリのウェーハ上に二〇〇〇万本の線を焼き付けていくのだ。髪の毛の三万分の一の幅で並ぶ線の一本たりともまちがうことはない。高い精度と信頼度を誇るこのプロセスが、マイクロプロセッサ一個当たりたった五〇ドルでどうしてできてしまうのか、私には理解できない[8]。

情報技術革命中の最も進化のペースが速かった時期には、マイクロプロセッサの設計・製造企業としてイノベーション経済の中心にいたインテルは、両面作戦で臨んでいた。一方ではマイクロプロセッサのアーキテクチャの細部を改善してプログラムの動作速度を上げ、もう一方では製造技術の微細化を追求して最小加工寸法ひいてはマイクロプロセッサ自体の小型化を実現する。この両面を完全に実行するサイクルが三年間で繰り返された。マイクロプロセッサの処理速度が二年ごとに二倍になり、情報技術産業がそれを全面的に活かせるようになると、経済全体の生産性は一九九五年を境に再び向上し始め、第二次世界大戦直前の黄金時代のペースに近づく。これが、二〇〇七年末に大不況に見舞われるまで続いた。創出された富は広く分散し、驚異的なローコストで学習・通信・娯楽の能力を手にしたユーザーに、そしてもちろんシリコンバレーの起業家たちに恩恵をもたらした。とはいえ、情報技術革命には負け組がいたこともまちがいない。たとえば一九六〇年のアメリカでは五〇万人の女性が電話交換手や受付係として働いていた。今日そうした仕事に就いている人は二〇〇〇人もいない。ただし国内レベルでみればほとんどの場合、情報技術の浸透は仕事の内容を変え新しい雇用機会を創出したのであって、雇用自体を破壊したわけではなかった。

情報技術が経済全体に普及するにつれ、仕事の内容は変化する。アフリカ起源の現生人類は長い間強い背骨と大腿を持っており、そのおかげで重いものを運ぶことができた。また俊敏な指は精巧な仕事を、口と耳は情報伝達を、脳は考えたり指令を出したりする仕事を担当していた。馬が家畜化され、続いて蒸気機関が発明されると、人間の仕事の中で背骨と大腿が占める割合は一八七〇年までに大幅に減る。それでも、手先による細かい仕事はまだまだたくさんあった。電気が実用化され電気機械が普及すると、人間の指も機械で置き換えられるようになるが、複雑な設計の仕事はまだ膨大にあったし、意見交換やブレインストーミング、日常的な会計・経理業務や情報伝達などを行うにはやはり人間の脳と口と耳が必要だった。どんな機械も何らかの制御機器が必要だったし、それをこなすのに人間の脳にまさるものはなかったのである。こうしたわけで、テクノロジーはそれまでのところ労働者に置き換わるのではなくて、労働者を補うものだった。機械と情報技術が浸透するほど、人間はより価値が高まり、より生産的になったのである。だが多くの人にとって、新しい仕事は熟練の職人がやるようなものではなく、むしろ召使いがやるような仕事のように見えた。あるいはどんどん自動化される機械自身がこなせる仕事のようにすら見えた。

グローバルな尺度で見ると、情報技術とともに進んでいた再グローバル化だが、情報技術の浸透率が一定水準を超えた一九九〇年代に、再グローバル化はハイパーグローバル化へと変容を遂げる[9]。

国際経済学者のリチャード・ボールドウィンは、通信費用の大幅な低下により製造工程の一部を移転することが可能になって企業内部で国際分業が始まったことを「第二のアンバンドリング」と名付けた。インターネットが出現すると、高度な分業をもはや地理的に集中させる必要はなくなる。わざわざ下請けの工場へ出向き、できあがった部品のどこが注文通りでないか現物を前に指摘するにはおよばない。一九八〇年代には、絵を描いてファックスで送れるようになった。一九九〇年代になると、eメールで送れるようになった。そして二〇〇〇年代後半には、数メガバイトのファイルを地球の反対側までやすやすと届けられるようになったのである。

では、紙に描けないとか画面越しではわからないといったケース（そういうケースは少なくない）はどうするのか。一九九〇年以降は、大洋を横断する深夜直行便に飛び乗るという手がある。噂によると、アップルは新型コロナウイルスのパンデミック前には、サンフランシスコ〜中国往復便のファーストクラスをつねに五〇席押さえていたという。このような国際分業では、知識の伝達よりも意思の疎通が重要になる。対面でコミュニケーションをとり、信頼関係を確立し、譲歩の限界を見極める、といったことだ。深夜直行便はその意味で大いに役に立った。

こうして、一八〇〇年以来ずっとグローバルノースに集中していた製造業は、一九九〇年以降すさまじいスピードでグローバルノースから流出していった。通信性能の向上、いや単なる向上ではなく革命的な向上は、これまで地域的に集中していた企業が全地球上に拡散するバリューチェーンに変貌することを可能にした。一世紀におよぶ経済の分岐によって生まれたグローバルノースとグローバルサウスの膨大な賃金格差は、大きな利益の源泉となる。たった一世代の間に、製造拠点がグローバルノースから全地球上に拡散するバリューチェーン・ネットワークに移ったことによって、世界の製造業の多くは高い技術と低い賃金で特徴付けられるようになった。

ボールドウィンが指摘したように、一九九〇年以降の世界の生産はスマイルカーブ、つまり両端が高く中央部が低いカーブに沿うようになってきた。大きな価値が得られるのは、まず左の下流部門すなわち原料と資源の供給および工業デザインである。とくにこの設計の生む価値が重要になった。中央の製造・組み立ては次第に定型化され、付加される価値はわずかしかない。そして上流部門すなわちマーケティング、ブランディング、販売では大きな価値が付加される。ありていに言えば、こんなにたくさんの種類の商品をご用意しました、あなたはひょっとするとこれが欲しいのではありませんか、それともあれですか、といった（ときに不適切な）情報を消費者に撒き散らすのがこの下流部門の仕事である。そしてここでもまた、結果はつぎはぎだった。いくつかの選ばれた場所ではすばらしいことが起きた。だが別の場所は、文化や政治的忠誠や考え方が似通っていても、取り残された。世界的な分業の中で相対的に高い価値を付加し所得を生むと期待できるようなニッチ産業は、さっさと出て行くか、そもそも来なかったのである。

この「第二のアンバンドリング」の過程で製造業がグローバルサウスに移転したと書いたが、この書き方はあまり正確ではない。世界の製造業のうちハイテク産業は韓国に移転したが、韓国はいまや日本や台湾と並んで押しも押されもせぬグローバルノースの正規メンバーである。また中国に移転した製造業もあるが、中国と言っても広大な中国のごく一部で、まずは上海の珠江デルタ、北京といった成長の極となるメガシティ、次が沿岸部であって、内陸部ではなかった。またインドにも移転したが、主にマハーラーシュトラ州（州都ムンバイ）とカルナータカ州（州都ベンガロール）といったもともと活気のあった州であって、北部のウッタル・プラデーシュ州ではなかった。そのほかの移転先にはインドネシア、タイ、マレーシアがあり、今日ではそこにベトナムも加わっている。また、ヨーロッパの工業大国ドイツの隣国のポーランドにも移転した。ドイツ企業は、隣国の低賃金労働者を活用してバリューチェーンを国外展開することで多大な利益を手にしている。メキシコにも移転したが、一九九〇年代前半に多くの人が北米自由貿易協定（NAFTA）に抱いた期待には応えられていない。いま挙げた国以外には移転していない。このように、移転先もまたつぎはぎだった。グローバル・バリューチェーンの製造ネットワークで重要な地位を占めるチャンスは、グローバルサウスのごく一部にしか開かれていなかったのである。知識はインターネットを介して伝播するにしても、信頼関係を確立するにはやはり対面のやりとりが必要になる。そんなときに役に立ったのが大洋を横断する深夜直行便であり、国際的なホテルチェーンである。これらが第二のアンバンドリングにおける重要な橋渡し役を務めた。

誰がどれほど利益を手にするかという現在進行中の競争は、全世界に大きな恩恵をもたらした。一八七〇年の時点では、総人口の八〇％以上が一日二ドル以下で暮らしていた。一九一四年にはそれが七二％まで下がり、一九五〇年には六四％、一九八四年には四〇％、そして二〇一〇年にはついに九％まで下がったのである。その大部分は、ハイパーグローバル化のスピルオーバー（波及）効果による。

だが世界人口の半分はいまなお一日六ドル以下で暮らしており、世界はフラットになったとはとても言えない。コンテナ、クレーン、輸送トラック、フォークリフトを使うためのインフラが整備されていなかったら、ドイツ製の高級洗濯機をヴェストファーレンの工場からカリフォルニアの倉庫まで重量一ポンド（約四五キロ）当たりわずか一セントで運ぶグローバルな貿易システムから取り残されることになるのだ。また、電力供給の信頼性が低かったら、ディーゼル油をトラックに効率よく給油することができない。また、生産量が少なすぎて二〇フィート・コンテナを一杯にできない、国家予算の横領が横行して道路建設が進まない、司法が機能しておらずつねに外国企業が不利になる、国内の生産能力を誰も正確に把握できていない、強力なネットワークを持つ裏社会の人間を関与させずに新規起業をすることが不可能な社会になっている、といった状況ではやはり世界の貿易からは脱落してしまう。グローバルな貿易ネットワークに加われば膨大な機会を手にすることができるが、そのためには、インフラ、規模、行政、統治、外国に関する知識などすべて、すくなくともほぼすべてがうまく機能していなければならない。さらに、ハイパーグローバル化に全面的に加わるためには、グローバルに展開されたバリューチェーンの指揮を取る企業がスムーズに利用できるような国際線の接続やグローバル基準のホテルなども必要になる。

そうは言っても二〇一〇年に世界で現場に配置された技術は一八七〇年の二〇倍以上に達し、一九七五年と比べても二倍を上回っている。その一方で人口の爆発的増加は続いており、世界人口は二〇五〇年が過ぎると九〇億〜一〇〇億人で安定する見通しではあるものの、多くの国や地域では増加が鈍化する兆しは見えていない。人口爆発は、資源がどんどん希少化することを意味する。このため一八七〇年と二〇一〇年を比較すると、平均的な生産性は二〇倍にはならず、九倍にとどまっている。それに創造は必然的に多くの創造的破壊を伴い、多くの人が市場に自分の公平な取り分を奪われたとか、公平な取り分が与えられなかったと感じると同時に、あまりにも多くがそれに値しないような自分以外の人間に与えられたと感じている。

この最後の点がとくに問題だ。ハイパーグローバル化によって製造拠点の多くがグローバルサウスの一部に移転したということは、製造拠点の多くがグローバルノースから出て行ったということである。だからといって、グローバルノースの工業生産高が減ったわけではない。いや、全体としては増えている。全体に占める割合は小さくなっても、絶対的な生産高は増えているからだ。このことは、グローバルノースにおける製造業の雇用比率が下がったことを意味する。始めはゆっくりと、だが二〇世紀末に近づくにつれて急速に、製造業の雇用は減っていった。

一九七〇年以降の数十年間は、グローバルノースの製造業ではいわゆる低技能労働者の比率が主に低下した。並行して、低技能労働者全般（おおむね大学卒業資格を持たない労働者と同義である）の雇用も減少している。ただしグローバルノースでも地域によってその現れ方はちがった。西ヨーロッパでは失業率（とくに男性）の上昇という形をとったのに対し、アメリカでは低技能労働者（やはりとくに男性）の実質賃金の低下という形をとっている。

右派も左派もこの懸念すべき動向に反応し、元凶はハイパーグローバル化だと叫んだ。開発途上国からの輸入増加が原因だというのである。だがこれは正しくない。たとえば、一九七〇～九〇年のアメリカを考えてみよう。この時期に初めて、輸入がアメリカの雇用を脅かすとの主張が影響力を持つようになった。たしかにこのときの二〇年間で、輸入はGDP比約六％から一二％へと二倍増えている。だがアメリカに輸出した国の平均相対賃金も、アメリカの六〇％から八〇％へと上昇しているのだ。したがって代表的な輸入品は、アメリカとの相対賃金格差がおよそ半分になった国から来たことになる。低賃金国からの輸入からアメリカが受ける圧力は、以前とほぼ同じであるはずだ。

個々の地域の雇用水準が他国との競争によって下がることは事実だ。だがそれは一八七〇年以前からずっとそうだった。その原因は、拡大する市場経済に伴う創造的破壊にある。「市場は奪う」ことにばかり目が奪われる人々は、この不安定性をポラニー的権利の侵害とみなす。だが負け組がいれば勝ち組もいる。すくなくとも一九八〇年以前は、創造的破壊はグローバルノースにおいて顕著な階級的非対称を引き起こすことはなかった。

ここで、私の祖父のキャリアを考えてみたい。祖父ウィリアム・ウォルコット・ロードは二

○世紀初めにニューイングランドで生まれた。マサチューセッツ州ブロックトンで経営していたロード・ブラザース皮革商会が大恐慌の煽りで一九三三年に倒産の危機に瀕すると、商会は賃金水準の低いメーン州サウスパリスに移る。職を失ったブロックトンの労働者には、新しい仕事を見つけられる可能性が乏しかった。ニューイングランド南部域全体で、比較的賃金の高い工場労働者の雇用が激減していたからである。だが国全体の統計としては、ニューイングランドでの失業の増加は、サウスパリスでの雇用増で打ち消された。サウスパリスで最低生活水準ギリギリの農業に従事していた労働者がよろこんで靴工場で働き始めたからだ（ただし、一九四六年には南北カロライナ州との競争や第二次世界大戦終結後の需要急増で靴工場の経営は経済的に非効率になった）。

第二次世界大戦直後の時期は比較的安定していたと考えがちだが、ロード・ブラザース皮革商会の例からもわかるように、実際には製造業と建設業の雇用は揺れ動いていた。ただし、消えてなくなったわけではない。ある地域から別の地域へと大量に移動したのである。一九四三年には、アメリカの非農業部門就業者の三八％が製造業に従事していた。当時は爆弾や戦車製造の需要が非常に大きかったからだ。戦争が終わると、製造業の占める比率は三〇％に低下する。アメリカがドイツや日本のような平時の工業大国だったら、技術革新によって製造業の比率は一九五〇〜九〇年にさらに減り続け、一九九〇年の時点で一七％前後になっていただろう。ところがロナルド・レーガンが財政の赤字転落を容認してまでアメリカを投資以上に貯蓄する国から貯蓄以上に投資する国へと変容させると決意した結果、製造業の比率は一九九〇年の時点で一三％前後まで低下する。

そして長い二〇世紀の終わりに近い一九九〇～二〇一〇年になると、アメリカに石油以外の品目を輸出する国の相対賃金は大幅に低下する。その主な原因は中国だった。アメリカの輸入品に占める中国製の工業製品の比率は大幅に上昇したにもかかわらず、同国の賃金水準は相変わらず非常に低いままだったからだ。だからと言って、アメリカにおける製造業の雇用の減少ペースに拍車がかかったわけではないし、ブルーカラー向けとみなされる仕事（製造、建設、物流、運輸など）の比率が下がったわけでもない。たしかにアメリカの消費者は中国の製造業から買うようになり、組立ラインの仕事はオハイオ州デイトンから深圳に移った。だが貨物を港から最終仕向地へ運ぶ物流の仕事は豊富にある。それに、中国の製造業が稼いだドルは中国の金融システムを介してアメリカに投資されており、還流した資金の多くは住宅建設に投じられた。よって、製造業でのブルーカラーの仕事は相対的に減少したものの、物流と建設の仕事は相対的に増加している。

にもかかわらず、急速に向上する製造業の生産性と無能なマクロ経済運営のせいで、ブルーカラー職の占める割合はどんどん縮小していった。ハイパーグローバル化の主な影響は、ブルーカラーの仕事を減らしたことではなく、あるタイプのブルーカラー職から別のタイプへ、組立ラインの仕事からパレット移動の仕事へ、そして建設の仕事へと移したことにある。それでも世界の最富裕国において、ブルーカラーの経済的困窮の主因として表舞台に登場したのがハイパーグローバル化であったことはまちがいない。

なぜそうなったのか。

ハーバード大学の経済学者ダニ・ロドリックは、貿易障壁が取り除かれるにつれて貿易拡大の恩恵は小さくなると指摘した。つまり、貿易に参加した人が得られる利益はどんどん小さくなるのに、それを生み出すために必要な貿易量はどんどん増えるというのである。その結果、貿易の正味利益に比して貿易量はひどく大きくなる。それとともに雇用も一段と早いペースで移動する。流出した雇用を埋め合わせる別の雇用機会が出現するにしても、多くの人がこの大混乱に巻き込まれることは避けられない。となれば、翻弄される人々が自分たちの窮状をグローバル化のせいにしても不思議はなかろう。しかもその打撃を深刻に被るのは一部の人口層に集中しているのだ。アメリカの雇用が製造業から建設業、サービス、介護などに移転しても、所得分布全体にはさしたる影響は与えない。だが性別による分布には大きな影響を与える。なぜなら、失われた雇用の大半は男性の仕事だったのに対し、新たに出現した雇用機会はそうではないからだ。しかも、貿易が原因であれ、技術や地域的移転その他が原因であれ、失われた雇用の多くは教育水準の低い労働者に上方移動を約束してくれる仕事であり、以前は隔離政策によりマイノリティとくに黒人が締め出されていた仕事だった。雇用、それも親や祖父の世代がスラムから脱け出し社会の階段を登る手段として頼りにしていた雇用が失われた集団にとって、グローバル化こそが自分たちの不幸の主因だと考えるのは必然だったと言えよう。[10]しかも中国経済の台頭は、アメリカをはじめとする工業先進国が完全雇用の実現に苦慮している時期と重なった。倒産の連鎖の中では、労働者と資本を低い生産性・低い需要の産業から追い出すという経済の再調整がうまくいくはずがない。うまくいくのは、好況の中で労働者と資本を高い生産性・高い需要の産業へと移すほうの再調整である。もともと不安定な経済がいわゆるチャイナショックに襲われたのだから、破壊的な打撃を受けやすいのは当然だった。

もしハイパーグローバル化が工業先進国の労働者を貧困に突き落としたのでなければ、何が原因として考えられるのだろうか。第一次世界大戦前のベルエポックの時代に遡ってみると、この疑問はより明確になる。第一次世界大戦前のイギリスでは、ドイツやアメリカとの競争が激化して、ありとあらゆる産業で輸出比率が下がっていった。当時イリノイで小麦農場を経営していた私の曽祖父は、ヨーロッパの需要に左右されていた小麦価格が、もはや世界経済に組み込まれていないと聞かされて驚愕することになる。

このときと何が違うのだろうか。今日では資金フローが当時より太く重要な点だろうか。そうかもしれない。貿易が世界の総生産に占める割合は、たしかにいくらか拡大した。だが貿易の構成要素（労働、資本、技術、資源など）が世界の総生産に占める割合は、差し引きで減少している。そしてこれこそが、たとえば未熟練労働者の賃金に貿易が与える最大の影響だと考えられる。貿易とは、要するに交換である。これまで自国で生産していたものを輸入するようになったら、何か別のものを生産して輸入代金を捻出しなければならない。貿易が賃金に影響をおよぼすのは、「これまで生産していたもの」から「何か別のもの」への移行によって労働者の需給バランスが変化し、従来とは異なる種類、異なる技能を持つ労働者が必要になるからだ。だがもし「これまでのもの」を生産していた労働者が「何か別のもの」を生産する労働者と同じ技能を備えているなら、平均賃金に大きな影響をおよぼす要因は見つけにくくなる。

国際的な労働者の移動が以前より顕著になったことが原因だろうか。そうではあるまい。一八五〇～一九二〇年には世界で一〇人に一人が大陸間の移動をしていた。第二次世界大戦後は、いや一九七三年以降、一九九〇年以降でさえ、労働者の移動が世界人口に占める比率はかつてよりずっと下がっている。

では何が違うのか。長い二〇世紀が終わろうという頃になって、なぜ「グローバル化」は大衆の怒りを掻き立てる赤いマントになってしまったのだろうか。

一つの可能性は、こうだ。ベルエポック前の時代に遡ると、国境を超えて受け渡しできるものと言えば、一次産品や証券類に限られていた。個人で送れるのは、木箱か封筒に入れて船便に託せる（または電報の形で電信線に載せられる）ものに限られていた。物理的に国境を越える形での国際取引は非常にむずかしかったのである。第一次世界大戦直後にフォードが組立ラインの生産性をイギリスで実現しようとしたらどうなるか、考えてみてほしい。あるいはイギリスと日本がランカシャーで製造された紡績機械をインドや中国の工場に持ち込んで高い生産性を実現しようとしたらどうなるか、あるいはイギリスの投資家がアメリカのエリー鉄道株式会社から社債のクーポンや株式の配当を引き出そうとしたらどうなるか（社債券や株券は彼らがエリーの「所有者」であることを証明している）、考えてみてほしい。モノや資金は国境を越えて行き来するとしても、その管理は各国内でそれぞれの国の人間によって行われるだけだった。

だがハイパーグローバル化ともなれば、国境を越えたやりとりの範囲は大幅に広がる。とくに顕著に増えたのが、他国での事業を管理する他国の人間の数だ。だから、かつては自国の国境を越えて企業を効率よく経営することはできなかったが、いまならできる。かつては自国の組織を国外に移転して自国と同等の生産性を国外で実現することはできなかったが、いまならできる。かつては他国の製造拠点において自国と同一の設計や仕様で製造することはできなかったが、いまならできる。こうした環境で国境を越えて活動する企業すなわち多国籍企業は、非難の対象を探す人々にとって格好の標的となりやすい。

しかも二〇〇八年のグローバル金融危機後に世界を襲った大不況の中で、誰かを血祭りにあげたいという欲求は高まる一方となった。

第17章

大不況と緩慢な景気回復

Great Recession and Anemic Recovery

二〇〇七年春の時点で、すくなくともアメリカの知識人は、長い二〇世紀を司ってきた米国例外主義ひいては北大西洋の優位がすでに終わっていることに気づいていなかった。

イノベーション経済の心臓部であるマイクロプロセッサの設計と製造を担当するインテルはまだ勤勉に働き続け、マイクロプロセッサの演算速度と処理能力を三年ごとに二倍に伸ばしていたし、情報技術産業はその恩恵をフル活用していた。二〇〇七年までの一〇年間にわたって経済全体の生産性の伸びは、第二次世界大戦直後の黄金時代のペースに近づいている。[1] 高インフレと深刻な景気後退が続いた苦悩はもはや二五年前のことで、その後は二〇〇七年までグレートモデレーション（大安定期）が続いた。[2] 加えて新自由主義への転回によってグローバルサウスにも恩恵がもたらされ、グローバルサウスの経済は史上最高のペースで成長し始める。ただし、同時期に一世代にわたって所得・資産格差が急速に拡大していたことはまちがいない。それでも有権者はさして気にしていないように見えた。対象の多くが富裕層となるような減税も、反対されるどころか円滑に施行されている。中道左派政党は、選挙で競える立場になるためには保守派に譲歩しなければならないと考えた。一方の保守政党では、左派に譲歩する必要はないという意見が大勢を占めた。新自由主義への転回に対する不満は長年の堅固な党内多数派の中ではっきり形をとることはなかったものの、せめて転回の一部を引き戻したいとの思惑はあった。北大西洋諸国の中道左派政党は相変わらず一貫性がなく、思想と権益の両面で、左派新自由主義はきっとうまくいくとか、市場原理を使って社会民主主義の目的を実現することは可能だとか、経済成長率が復活すれば政治力を使って第二の金ピカ時代を容易に逆転させられる、といったさまざまな誘惑の声に揺れていた。

いやしくも知識人なら、もっとよく理解していなければならなかったはずだ。政治構造を支えていた柱はもう倒れていた。はやくも一九九三年には、当時下院議員だったニュート・ギングリッチ（共和党、ジョージア州選出）とメディア王のルパート・マードックが、ダイレクトメール、ケーブルテレビ、しまいにはインターネットを駆使して、大衆を易々と騙しおおせていたのだから。人々は、中道左派は政治的にまちがっているだけでなく道徳に反する悪党であり、ピザ店で小児性愛者の集会を開いているとの陰謀説をかんたんに信じ込み、気前よく献金した。こうして即席保守派の牙城が全世界に築かれていった。[3] それでも中道左派は保守との緊張緩和に望みをかけ続け、赤（右派）も青（左派）もない、あるのは紫だなどと言い続けたものである。[4]

だが保守は拒絶した。もし妥協してトーンダウンしようものなら、支持母体はもはや振り向いてもくれず、財布の紐も固く閉めてしまうだろう。

二〇〇三年に、アメリカがグローバルノースの「同盟国」のリーダーとして信頼された時代は終わりを告げる。一九八〇年代末に冷戦が決着した時点では、父ブッシュ政権はアメリカの軍事力は受け入れ国の国民の圧倒的多数の支持を得るか、国連安全保障理事会の意思に従う場合にのみ展開されるのだから、アメリカの軍事的優位は無害だと世界に保証したものである。クリントン政権はこれを「ＮＡＴＯ同盟国の意思に従う場合」と変更し、さらに子ブッシュ政権は「情報収集活動に基づき大なり小なり無作為に、核兵器を持たない国に対して展開する」と変えている。

二〇〇七年に、ハイテクの進歩によってグローバルノースの生産性の伸びが経済成長の重要な推進力となった時代は終わる。勤勉なハイテク産業は技術的障壁に突き当たり、それは今日にいたるまで乗り越えられていない。二〇〇七年までは、過度の熱を放散することなく部品のサイズを半分にし動作速度を倍にすることができた。だが二〇〇七年以後は、トランジスタの微細化によって高速化が可能になるというスケーリング則（またの名をデナード則）は成り立たなくなる。極端な微細化に伴い漏洩電流が増えるからだ。

そのうえ技術の活用方法が、情報を提供することから、人間心理の弱点やバイアスにつけ込んで注意《アテンション》を引くことへと変化した。商品経済の市場は富裕層の利益に適い、富裕層にとっての効用を高めたという点で、すくなくとも功利主義の目的は達成した。一方アテンション経済の市場は、富裕層の注意を引きつける可能性はあるものの、効用を高めるかどうかはっきりしない。

こうした中、金融危機が次々に発生した。一九九四年のメキシコ通貨危機、一九九七〜九八年のアジア通貨危機、一九九八〜二〇〇二年のアルゼンチン金融危機はいずれも当局が事前・事後ともに対処に失敗している。日本も危機にはまり込んだ。経済は恐慌とは言わないまでも長期にわたって停滞し、一五年もの間不適切な政府支出が垂れ流された。それでも政策担当者の間では金融規制を強化すべきではないという感情が支配的だった。規制強化は危機や景気後退の原因となりかねないから、むしろ緩和すべきだというのである。クリントン政権は、デリバティブ市場がまだ小さかった頃、金融においては投資家がリスクテイカーとしての役割を気持ちよく果たせるようにするためにビジネスモデルや資産クラスの実験が必要だとして、規制を拒んだ。

デリバティブ市場が大きくなって全貌を把握できなくなった二〇〇〇年代には、子ブッシュ政権が規制を一段と緩和した。FRBはこれに賛同した。名誉のために付け加えると、聡明な理事エドワード・グラムリッチだけは反対している。FRBは、一九八七年の株価暴落後も、一九九〇年のS&L（貯蓄金融機関）危機、一九九四年のメキシコ通貨危機、一九九七〜九八年のアジア通貨危機、一九九八年のロシア債務危機とLTCM破綻、二〇〇〇年のドットコム・

バブル崩壊、二〇〇一年のテロ攻撃いずれのケースでも、その後に深刻な景気後退が起きることを防いできた実績がある。

その結果、ＦＲＢには金融産業が巻き込まれかねないどんなショックもうまく扱えるとの信頼感が高まった。金融の世界では、安全資産とリスク資産の間の平均リターンに大きな乖離が存在する。だから投資家のリスクテークを促すようなメカニズムを開拓すべく、金融の実験を大いに奨励することは有意義ではないか、という機運が高まった。たとえ無謀なリスクテークが多少増えてもよしとしよう、というわけである[5]。

長期投資を身上とするウォーレン・バフェットがいつも言うとおり、「潮が引いて初めて誰が裸で泳いでいたのかがわかる[6]」。中央銀行はどんな問題が生じても対処できると自信を持ち、中道右派政権は金融緩和に諸手を挙げて賛成する状況では、グローバル金融システムをごく小さなショックが見舞っただけでも、二〇〇七年以降の時期には大恐慌の再現を招きかねなかった。そして実際に招いた。グローバルノースの経済成長に関する限り、失われた五年が到来したのである。

二〇〇七年になっても、グローバルノースの偉大な良き国を自負していたアメリカでは大規模な金融危機とその後の不況のリスクを認識していた人はほとんどいなかった。グローバルノースで最後に起きたそれは、あの大恐慌である。一九三〇年代からずっと、投資家も銀行も大恐慌で被った損失を忘れず、倒産の連鎖に対してシステム自体が危うくなるような規模での借り入れ・貸し出しは控えてきた。パニックに陥った大衆があらゆる金融資産を投げ売りするあの悪夢はもうまっぴらだった。大恐慌を覚えている人たちやその直接の指導者たちが引退するまで、金融システムのタガが緩むことはなかった。

その結果、グローバルノースでは第二次世界大戦後の経済危機は非常に稀だった。完全雇用を最優先する政府は景気後退を小幅に抑え、倒産を誘発して悪夢の連鎖を引き起こしかねない損失を回避した。グローバルノースでは戦後の大きな景気後退が二度あったが、そのうち一度目は一九七四〜七五年のもので、第四次中東戦争と原油市場の混乱が原因だった。二度目は一九七九〜一九八二年で、自ら意図的に招いたものである。FRB議長のボルカーが、一九七〇年代に発生した高インフレ退治のために高金利という代償を払ったのだ。

たしかに西ヨーロッパでは一九八二年以降の数十年にわたって失業率が高止まりしていた。だが新自由主義者の一致した見方によれば、これは西ヨーロッパが相変わらず社会民主主義に偏りすぎていて市場の適切な機能を妨げていたせいである。[7] それに日本は一九九〇年以降、永遠に続くようなデフレ危機に落ち込んでいた。だが世界の一致した見方によれば、日本は特殊なケースであり、自ら問題を引き起こしたのであって、そこからは一般に当てはめられるような教訓はないとされた。[8] アメリカ政府内部でも、世間一般でも、新自由主義への転回は正しかった、繁栄の基盤は揺るぎない、リスクは小さく容易に抑え込めるとの信頼が引き続き醸成されていたのである。それに二〇〇七年の時点ではインフレは影も形もなく、中東でも長期的な供給不足を招くような規模の戦争はなかった。しかもエネルギー産業における中東原油の影響は大幅に弱まっていた。

不吉な予言をする専門家がいたことは事実である。二〇〇五年にジャクソンホール（ワイオミング州）で開かれた経済シンポジウムで、経済学者のラグラム・ラジャン（二〇〇三〜〇六年にIMFチーフエコノミストを務めており、二〇一三年からはインド準備銀行総裁を務めることになる）が警告を発する論文を提出したのだ。ラジャンが警告したのは、倒産の連鎖が起きるような危機や経済学者フランク・ナイトの「不確実性」による不況の可能性といったものではない[9]。金融システムがあまりに不透明になって、システミックリスクがどのような規模になるか誰も知らず、リスクの妥当な発生確率を誰も計算できなくなっていることを指摘したのだった。ラジャンの論文を読んだ人たちは、たいへん興味深い論文だったと口を揃えた。そしてほぼ全員（経済学者でFRBの元副議長アラン・ブラインダーを除く）がラジャンに総攻撃を浴びせたものである。彼らに言わせれば、ラジャンはむやみに騒ぎ立てる臆病者だった。経済はすくなくともこれまでと同程度にはしっかりしていて健全である。懸念する必要などどこにもない。ラジャンの心配性はむしろ嘆かわしい。

言うまでもなく、ラジャンの批判者たちはおそろしくまちがっていた。金融デリバティブが突如として出現し急速に増殖した結果、金融システムに流入した損失を最終的に被るのはどこなのか、誰にもわからなくなってしまう。それはつまり、万一危機が発生したら、誰もが自分の取引相手を疑いの目で見なければならないということだ。どこが支払い不能に陥っていて払うことができないか、わかったものではない。これは言うなれば、グローバル経済というクルマのフロントガラスが真っ黒に塗られているような状況である。当然ながらクルマは壁に激突する。運転席にいた者はエアバッグがちゃんと膨らんでくれることを祈るほかない。

アクセル・ウェーバーは二〇〇〇年代半ばにドイツの中央銀行であるドイツ連邦銀行の総裁を務めた人物だが、二〇一三年のある出来事を後悔とともに語っている。[10]ドイツにはドイツ銀行という銀行がある。これは民間銀行で、幅広い事業を手がけ、一五〇年近くにわたって世界最大の商業銀行の地位を誇っていた。ドイツ連邦銀行はドイツ銀行と名前が似ているせいか、ウェーバーは大手民間銀行の経営者が集まる会議に列席したことがあるという。会議では、デリバティブが話題になっていた。信じられないほどの利益が上がるという。住宅ローン債権を大量に買い取り、バンドルした後に住宅ローン債権を担保とする不動産担保証券（MBS）として証券化し、リスクの度合いに応じて切り分けて発行する（切り分けたものをトランシェと呼ぶ）。リスクの大きいトランシェはハイリターン狙いの投資家（投資銀行やヘッジファンドなど）に、リスクの小さいトランシェはリターンより安全重視の投資家（市中銀行など）に販売するわけだ。こうすれば途方もない利益が得られる。もちろんこの戦略がうまくいくためには、どのトランシェのリスクが大きくどれは小さいかを決定する金融モデルが正しくなければならない。この点は銀行経営者たちも十分に承知していたが、それでも銀行の株主が心配するにはおよばないと自信たっぷりだった。なぜなら、彼らが組成したデリバティブ商品はすべて売り切ってしまうからである。

このときアクセル・ウェーバーは立ち上がって発言した。ドイツ連邦銀行は中央銀行として民間銀行を監督する立場にある。その立場から言うなら、ここに集まっている二〇の大手民間銀行は、証券化商品の最大の作り手であり、売り手であると同時に、最大の買い手でもあることを忘れるべきではない。「これではシステムとしてまったく分散化されていない」。個別の銀行は自前の金融モデルの誤設計リスクにさらされるわけではない。なぜなら、そのモデルを使って組成した金融商品をすべて売り切ってしまうからだ。だからこのリスクは買い手が引き受けることになる。だが取引される資産の一部、いや多くは他の大手銀行が買うのだ。彼らは自前のモデルにはそれなりの精査をしているにしても、これから買おうとする金融商品を設計した他行のモデルまで精査することはあるまい。なにしろその金融商品には権威ある格付会社がAAAのお墨付きを与えているのだから。

銀行はお役所とはちがい、自分たちが買った金融商品がほんとうにクオリティの高いAAAに値するのかなどと悩んだりはしない。そもそも自分たちも証券を組成した際には、AAAの格付けをもらうためにさまざまな新種の技を捻り出したのだ。

アクセル・ウェーバーは、銀行業界は「その時点では、審査部がすべて売り切ったと報告したリスク資産を、財務部が［ハイイールド］資産としてすべて購入したと報告していることを知らなかった」と語る。[11]実際、二〇〇七年一一月、すなわちシティグループがまさに因果応報の憂き目に遭ったその時にシティコープの会長だったロバート・ルービンは、自分が初めて「流動性プットオプション」なる言葉を聞いたのはその年の六月になってからだったと告白している。これはシティグループが組成した証券の目玉とも言うべき特徴だったが、そのせいで同グループが二〇〇億ドルの損失を計上するにいたったことは記憶に新しい。[12]

そしてここからが、アクセル・ウェーバーが後悔する部分だ。彼は、銀行経営陣にとっても、銀行の資産ポートフォリオがどれほどリスクを孕《はら》んでいるか理解していない株主にとっても、新種のデリバティブが重大な問題になりかねないと感じた。だが、中央銀行総裁としての自分の仕事の範疇ではないと判断したのである。これが金融システム全体を揺るがすようなシステミックリスクの潜在的要因であるとは考えなかったし、深刻な不況を引き起こす問題であるとも考えなかったからだ。彼の評価は妥当だったと言える。もし大不況が回避できていたら、不動産担保証券を買い持ちしていて被る予想外の損失は五〇〇〇億ドルに過ぎない。グローバル経済には八〇兆ドルの資産があることを考えれば、この程度の損失が大問題になるはずがなかった。二〇〇〇年のドットコム・バブル崩壊では損失が四兆ドルに上ったにもかかわらず、深刻な危機にはいたっていない。しかもウェーバーには、金融システムが直面しうるいかなるショックにも中央銀行は対処できるという自信があった。アラン・グリーンスパンがＦＲＢの舵取りをしていた一九八七〜二〇〇五年の八年間、アメリカの金融システムはすでに述べたように一九八七年の株価暴落、一九九〇年のS&L（貯蓄金融機関）破綻、一九九四年のメキシコ通貨危機、一九九七〜九八年のアジア通貨危機、一九九八年のロシア債務危機とLTCM破綻、二〇〇〇年のドットコム・バブル崩壊、二〇〇一年のテロ攻撃に見舞われたものの、その都度乗り越えてきた。その背景には、自信満々な新自由主義者のコンセンサスが存在している。それによれば、市場は政府より賢い、市場には知恵と意思があり、どうすればよいかを知っているという。

これらすべてが身の程知らずの戯言《たわごと》であり、傲慢な自信過剰だった。そしてこの自信過剰には当然の報いとして天罰が下されることになる。だが自信を持ち楽観することは楽しく、待ち受けているかもしれない報いを考えることは楽しくない。新自由主義を標榜する政府高官たちは、グローバル金融危機後になって、なぜ自分たちがあれほど楽天的だったのか説明できなかった。しかし危機が差し迫っていることを示す予兆は目に見える形で現れていたのである。一九九四〜九五年にはメキシコで、一九九七〜九八年には東アジアで、一九九八年にはロシアで、その後ブラジル、トルコ、アルゼンチンで危機が起きている。そのどれもが、連鎖的倒産が招く危機は悲劇的な結果をもたらすことを示していた。危機に見舞われた国は短期的に景気後退に陥るだけでなく、しばしばより深刻で長引く成長の停滞に苦しむことになる。世界の経常収支の不均衡、異常な低金利、バブルを疑うような資産価格の高騰も目に見えたはずだ。[13]にもかかわらず、新自由主義への転回が始まった時点で金融規制はきわめて緩やかだった。多くの人が懸念していたのは、政府が干渉しすぎたら市場は機能不全に陥るということのほうだったのである。

危機が過ぎ去ってから、二〇〇〇年代半ばの大不況もそれに先立つ住宅バブルも不可避だった、ある意味では必要だったのだと多くの人が言い出した。「景気後退は必要だった。ネバダで釘を打っている人たちは別のことをする必要があったのだ」とシカゴ大学の経済学者ジョン・コクランは二〇〇八年一一月に述べている。[14] コクランは訓練を受けた経済学者なのだから、もっと経済をよく知っているべきだった。だが彼はハイエクの理論に傾倒していた。経済が必要としていない限り大規模な不況が起きるはずがない、よって不況が起きるときは必要なのだという。この主張は市場参加者の過度の自信がその報いとしての破滅を招いたというパターンに当てはまるため、もっともらしく聞こえた。住宅価格は高くなりすぎ、住宅はハイペースで建設されすぎ、住宅会社の株価は上がりすぎた。住宅建設は大幅に減らす必要があった。そうなれば建設労働者は職を失うが、そうなればもっと社会的に有用な産業で職探しをする気になるだろう、云々。

だがコクランは一〇〇%まちがっている。二〇〇八年一一月には、建設業の雇用を減らすことに何の意味もなかった。なぜなら建設関連の労働市場は、二〇〇五年のバブル気味の高水準から二〇〇六〜〇七年の正常さらには正常以下の水準へと景気後退もなく調整済みだったからである。そして二〇〇八年一一月の時点では、アメリカ全土（もちろんネバダも含む）の建設雇用がアメリカの労働人口に占める比率は、正常つまり平均的な水準に落ち着いていた。失業を増やすことなく調整が行われていたのである。労働者は輸出産業に移動し、景気に影響はなかった。

そもそも構造調整に景気後退は必要ない。労働者を生産性の低い産業から高い産業へと移す強い需要が実際に存在するというのに、生産性の低い産業から追い出して失業という生産性ゼロの状況に移すことが建設的な調整であるとは言い難い。

だが「市場は与え、そして奪う、市場の御名に祝福あれ」という呪文の魅力は抗い難い。たしかに、労働者を将来的に需要のある産業に移すためであれば経済が構造調整を必要とする場合もある。ときに大規模な不況が起きることも事実だ。だから、とハイエクやシュンペーター、そしてアンドリュー・メロン、ハーバート・フーバー、ジョン・コクラン、ユージン・ファーマといった面々は、大規模な不況は調整そのものなのだと主張する。その意味ではカール・マルクスもそうだ。

この筋書きはじつに魅力的ではある。それに、このような筋立てにすれば、二〇〇五年以降に世界の経済政策を運用してきた人間から、それ以前の政策担当者（彼らはもう退場している）に非難の矛先を向けることができる。そこで、執拗に原因追究が行われた。なぜ住宅関連株があれほど高値になったのか？　住宅建設がハイペースで行われたからだ。なぜあれほどハイペースで行われたのか？　住宅価格が非常な高水準だったからだ。なぜ住宅価格はあれほど高くなったのか？　金利が低く資金調達があまりに容易だったからだ。なぜあれほど低金利になり資金調達が容易になったのか？　この最後の質問には何通りか答えがある。

二〇〇〇年にドットコム・バブルが崩壊すると、資金を注ぎ込むに値する有望な投資対象が乏しくなる。同時期に、アジアの工業国は欧米先進国（とくにアメリカ）に対して大幅な貿易黒字を計上していた。中でも中国にとって、貿易は成長戦略の核となっている。それはつまり、アメリカの消費者に（間接的に）人民元を貸し付けることによって、上海で完全雇用を維持する戦略にほかならない。そのためには、アメリカの消費需要をできるだけ増やすことが必要だった。その結果、やがてFRB議長となるベン・バーナンキが「世界的貯蓄過剰」と呼んだ現象が起きた[15]。

この「過剰」は、二〇〇〇〜〇二年の世界的な小幅の落ち込みを大規模な景気後退に突き落としかねない。それを回避するためには、世界的な資産の運用先の需要を満たすべく企業の社債発行高を増やす必要があった。各国の中央銀行は流動性を潤沢に供給して貯蓄過剰に対処しようとし、社債を大量に購入すると同時に、この量的緩和政策を当分続けると約束した。その意図は、金利を押し下げ、それによって企業の資本コストを押し下げ、企業に事業拡大と設備投資を促すことにあった。これはある程度までうまくいき、企業の設備投資は実際に拡大している。だが意図せぬ重大な結果を招くことにもなった。低金利は住宅ローンさらには金融サービス全般に活況をもたらし、住宅ブームを誘発したのである。その結果、アメリカを筆頭にグローバルノース経済は完全雇用状態を実現するにいたる[16]。

だがいくらローン金利が低いとは言っても、住宅価格は上がりすぎた。なぜそうなったのかを知るためには、二〇〇〇年代に入ってから住宅ローンの手法や広く金融工学全般に起きた劇的な変化を理解する必要がある。おなじみの古い銀行モデルでは、銀行は貸出債権をずっと手元に持っていたが、新しいモデルでは銀行はオリジネーター〈資産証券化において対象資産〈原資産〉の当初の債権者〉であると同時にそれを売却するディストリビューターにもなる。住宅ローン債権のオリジネーターは、多くの場合伝統的な銀行ではない。彼らは家を買うための資金を貸し出すと、すぐにそのローン債権を他の投資会社などに売却する。債権を買い取った会社は大量にプールすると新たに組み替えて証券化する。格付会社は最も信用度の高いトランシェにAAAの格付けを与える。このトランシェを購入した投資家には最優先で金利と元本の支払いがなされる。

アメリカでは一九九七～二〇〇五年に住宅価格は最終的に七五％上昇した。このような住宅バブルはアメリカに限った話ではない。北大西洋地域全域で不動産価格は急騰し、イギリスでは二倍以上に、スペインでも二倍近くに上昇している。誰もがリスクを無視し、バブルは膨れ上がった。そしてついに膨らんだバブルが破裂したとき、AAAに格付けされた証券の大半は一ドルにつき二五セントの価値しかないことが判明したのである。

この惨状から教訓を学ばなければならないという点では、みな意見が一致している。問題は、具体的には何が究極の原因で、そこから何を学ぶべきかということだ。こちらについては意見はまったく一致していない。

第一の意見は、規制過剰が原因だというものである。地域再投資法（CRA）などの法律を定めてFRBなどが市中銀行に対し、財政状態が不健全で貸すべきでない相手つまりマイノリティの借り手への融資を強要したという。これは市場への厚かましい干渉であり、社会民主主義が政府に最後に残した置き土産である。怠け者で非生産的なマイノリティになど与えるにはおよばない。よいものをくれてやった結果、システムを破壊し、災厄の種を蒔いたという。ただしこの主張を裏付ける証拠は一片たりとも存在しない。だが規制過剰論者はそんなことを意に介さない。彼らは、社会民主主義によってねじ曲げられない限り市場は失敗するはずがないと信じ込んでいる。そしてこの信念を頼みに、データに現れていないものを確実な事実として主張する。

第二の意見は、第一の意見と似ているが人種差別色は薄れ、アメリカ政府にはそもそも住宅ローンに補助金を出す権利はなかったとするものである。この主張には、もっともな論拠があるにはあるが、全体としてはやはりまちがっている。住宅ローンの貸し手と借り手に補助金を出す機関としては連邦住宅抵当公庫（通称ファニーメイ）などがあり、補助金が住宅価格を押し上げたことは事実だ。だが二〇〇〇年代の追加的な価格急騰についてファニーメイに責任はない。価格押し上げ圧力はもともと存在しており、住宅ブームの間に圧力が高まったわけではないからだ。どんどん値上がりする住宅を買うよう買い手をけしかけたのは、ファニーメイなどの政府機関ではなく、主に民間の住宅ローン専門会社、たとえばあまりニュースにならなかったが破綻したカントリーワイドなどである。

第三の意見は、FRBが低金利に固執したことが原因だというものである。たしかにFRBは二〇〇〇年の時点で六・五％だった無担保コールオーバーナイト物金利を二〇〇三年に一％に引き下げた。一方、欧州中央銀行（ECB）の下げ幅はFRBの半分だった。となればヨーロッパのほうが住宅バブルは小規模でなければおかしい。だが実際にはヨーロッパの住宅バブルはアメリカより大規模だった。多くの人はこの不都合な事実を無視して、FRBは二〇〇二年春に利上げに転じるべきだったと主張する。失業率がピークに達する一年前に利上げを始めるべきであって一年後まで待ったのはまちがいだったというわけだ。だが彼らの主張する最適水準より二・五ポイント低い金利を二年間維持した結果としての住宅価格の値上がり幅は、五％に過ぎない。大量の建設過剰や住宅価格の急騰といった重大な事態に直結するにはあまりに小幅と言うべきだろう。

最後の第四の意見は、規制が多すぎるのではなく少なすぎたというものである。融資基準を満たす住宅購入者なら十分に対応できるような標準的な条件（たとえば頭金）ですら撤廃されていた。この指摘は正しい。ただし、これでは二〇〇八年のあのときになぜ金融メルトダウンが始まったのかは説明できない。二〇〇五年までには、金融の安定性を懸念するエリート層の関心は、アメリカの対アジアでの膨大な貿易赤字から国内不動産市場の高騰へと移っていた。不動産市場は誰がどう見てもバブルになっていたからである。アメリカとその貿易相手国の経済を大失速させることなく過熱した住宅市場を鎮静化することは可能だろうか、と誰もが懸念した。

可能だが実際には大失速した、というのが答えである。

この点を踏まえておくことは重要だ。住宅バブルの後では大不況がある意味で必要な調整だったという主張の前提は根本的にまちがっている。住宅価格は二〇〇五年初めに下落に転じており、二〇〇七年末までには労働者の住宅部門への流入は逆転し、住宅建設が経済全体に占める比率は過去の平均水準を下回るにいたっていた。ネバダで釘を打っている人が多すぎるとコクランが言ったのが二〇〇五年後半であれば、その主張は正しかっただろう（それでも不況が「必要だった」という主張はやはり誤りだが）。だが二〇〇八年にネバダで釘を打っている人が多すぎるという主張は、端的に言って完全にまちがっている。それは、労働統計の建設部門の雇用数を一目見た人なら誰にでもわかることだ。二〇〇八年初めには、アメリカ経済では建設労働者の余剰を吸い上げる他の産業が台頭しており、この移動を実現するのに不況などまったく必要なかった。活力ある経済では、縮小する産業から発展する産業への労働者の再配分はインセンティブを介して行われるのであり、失業給付に出番はない。労働者はよろこんで現在の職を離れ、より高い賃金を払ってくれる成長産業へ移る。

住宅ブームが起きたからには、大不況は不可避だったとか、ある意味で必要だったとか、いやむしろよかったといった考えは、因果応報あるいは傲慢には天罰が下るといった物語を期待する人間の本性にとって心地よい。傲慢はあった、だから天罰は下った。市場は与え、そして奪う、市場の御名に祝福あれというような市場信仰には、だから誰にも罪はないというような響きがある。そして、大不況は不可避だったとか、ある意味で必要だったとか、いやむしろよかったのだと明言するのはハイエクばりの一点の曇りもない市場信奉者たちなのだ。彼らにとって、住宅ブームは因果応報の物語に、傲慢には天罰が下るという筋書きに、ぴたりと当てはまる。

だが大不況はそういうふうに起きたのではなかった。

二〇〇七年のグローバル金融危機後にどのような形で天罰がグローバルノースに下ったのかを理解するには、辛抱強くなければならない。市場以上に賢いものはないという誰も傷つけない単純な信念では不十分だ。まず、高い失業率を伴う景気後退と不況の根本原因を理解する必要がある。その後に初めて、連鎖的倒産が引き金を引く景気低迷（グローバル金融危機後の大不況はまさにこれだった）がなぜ青天の霹靂のごとく起きたのか、その理由を理解できるようになる。

ここで一八二九年まで遡り、当時の最先端のマクロ経済理論を考えてみよう。一八二九年にジョン・スチュアート・ミルは「一般的供給過剰（general glut）」という概念を提示した。一般的供給過剰とは、生産物と労働者の供給過剰が一つの産業だけでなくほぼ全産業で起きている状態である。この一般的供給過剰は、経済において現金の役割を果たすものに対する超過需要が生じたときにつねに起きる、とミルは指摘した。なおここで言う現金とは、誰もがその価値を信用し、モノの対価として、あるいは債務の返済として安心して受け取れるという意味で「流動性」のある媒体を意味する[17]。

経済において、現金は決済手段として使われるという点で特殊な存在である。あなたが現金以外のモノを欲しい場合、出かけて行ってそれを買えば自分の需要を満たすことができる。だが現金が欲しい場合には、何か売れるものをまず売らなければならない（もちろん現金で払ってもらうためである）。でなければ、モノを買うのをやめる。現金所得を維持したまま現金支出を減らせば、名目の正味現金流入は増える。このときあなたの現金需要は満たされる。話は単純だ[18]。

高い失業率を伴う景気後退と不況の根本にあるのは、まさにこの原理である。モノを買うことを減らして現金需要を満たすことは、個人にとっては好ましくて、経済全体にとっては好ましくない。結局のところ、ある人に現金が流入すれば他の人からは現金が流出するのだ。誰もが自分の現金流出を現金流入以下の水準に押し下げようとすれば、現金流出と共に各人の現金流入は減る。よって現金に対する超過需要は満たされない。このとき何が起きているかと言えば、経済における所得の総量が減り、したがって個人の消費の総量が減り、よって雇用が減っている。

このような現金に対する超過需要には三通りの原因がある。

第一の原因は、マネタリスト不況（私が命名した）不況である。その代表例が一九八二年にアメリカで起きた不況だ。このときポール・ボルカー率いるＦＲＢは、インフレ退治のために経済における支出の総量を減らそうとした。彼らがとったのは、国債を銀行と投資家に売り、彼らが中央銀行（ＦＲＢ）の当座勘定に保有している残高を減らすという手法だった。その結果、銀行の現金保有高は準備金勘定の望ましい水準を下回ることになる。そこで準備金を積み増すために、銀行は支出つまり貸し出しを減らす。よって企業は十分な銀行融資を受けられなくなった。そのため起業や事業拡大は減り、最終的に失業率は一一％に達する。私が大学を卒業した一九八二年夏のことだ。

マネタリスト不況に陥ると債券金利が高くなるので、すぐに判断がつく。経済の中で多くのプレーヤーが債券を売って現金残高を積み増そうとすると、債券価格は下落する。債券を買ってもらうためには、債券の金利を高くしなければならない。一九七九年夏～八一年秋には十年物米国債の金利が八・八％からなんと一五・八％に上昇した。これがＦＲＢの引き起こしたボルカー・ディスインフレであり、それに伴うマネタリスト不況である。

マネタリスト不況の解決策は単純明快である。中央銀行が経済におけるマネーストックを増やせばよい。インフレを制御できる程度まで支出は縮小したとＦＲＢが判断し、国債を買い戻して市中銀行の当座勘定の残高を元の水準に戻すと、経済における現金の超過需要はほぼ一夜にして消滅した。そして一九八三～八五年の経済は活況を取り戻し、生産高も雇用もハイペースで伸びている。

第二の原因は、ケインジアン不況である（これも私が命名した）。人々が現金を払い出す用途はおおざっぱに分けて三種類ある。モノやサービスに払う、税金を納める、投資資産を買う、である。一般の人にとってこの三番目の用途の代表例が、企業の発行した株式を買うことだ。人々が株を買えば、企業にとっては事業の拡大や設備の増強に使える資金が増えたことになる。だが企業が経済に不安を抱き、弱気になって事業拡大を断念し、株を発行しないと決めたらどうだろうか。すると他の投資商品の価格が上昇し、そのリターンは縮小するだろう。流動性の高い金融投資商品は現金に非常に近いものの、発行体である企業が支払不能に陥って倒産するリスクはつねにつきまとう。

このような状況に立ち至ると、人々はリスクのある投資商品に大枚を投じるよりは現金を余分に手元に残しておこうと決める。この決定は経済全体において現金に対する超過需要を生じさせ、「一般的供給過剰」、工場の稼働停止、高い失業率を伴う不況を引き起こす。新型コロナウイルスのパンデミックに端を発する二〇二〇〜二一年の世界経済の低迷（最初のパニック的な低迷ではなくその後の症状）は、ケインジアン不況である。人々は投資商品にお金を出す気はあり、債券も株も値上がりし、利回りは下がった。だが肝心の企業が様子見で、パンデミックが終息するまで事業拡大に乗り出そうとしない。その結果、人々は投資商品に回さずに余剰現金を手元に置いておくことになった。

中央銀行がマネーストックを増やしても、ケインジアン不況は解決しない。さきほど述べたように、中央銀行は国債を買い取って市中に現金を還流させることによってマネーストックを増やす。だがその現金は企業の設備投資には回らず、民間部門のバランスシートから他の投資商品を吸い上げるだけだ。これで相殺されてしまい、全体として金融投資商品（現金および投資商品）の不足は解消しない。ケインジアン不況の対策としては、政府が企業に事業拡大のインセンティブを与え、株や債券による資金調達を奨励し、それによって投資商品の不足を解消することが必要になる。あるいは政府が国債を発行し、調達した現金を支出して民間部門に還流させるという方法も考えられる。後者の方法では政府の財政赤字が大きく膨らむことは避けられない。

だが二〇〇七〜〇九年に起きたのは、マネタリスト不況でもなければケインジアン不況でもなかった。これが現金の超過需要を生む第三の原因で、ミンスキー不況である（これも私の命名だ）。ミンスキーは言うまでもなく、ワシントン大学のハイマン・ミンスキーに因んでいる（なおバブルの形成から崩壊に転じる局面は「ミンスキーモーメント」と呼ばれる[19]）。

このタイプの不況では、価値の安全な貯蔵手段が不足し、したがってそれに対する超過需要が生じる。価値の安全な貯蔵手段とは、現金または表面価格からほとんど割引されることなく容易に換金できる資産を意味する。ここでの「安全」はあくまで実務的な意味である[20]。二〇〇七〜〇九年には、世界では決済手段としての現金も金融投資商品も不足していなかった。信用力の低い企業が発行する低格付けのプライベートデットや株式など、リスクの高い投資商品ならいくらでも買うことができた。また中央銀行は景気後退に陥ることをなんとか食い止めようと流動性を潤沢に供給し、世界は現金漬けになった。だが二〇〇七〜〇九年には、投資銀行が発行しＡＡＡに格付けされた「安全」資産が実際には安全ではなかったことが判明する。人々は売りに走り、手元に現金を置こうとした。

安全資産の不足はなぜ起きたのか。この現象は二〇〇七年後半に表面化した。活況を呈する住宅市場に投資家が大挙して押し寄せ、ブームに乗ろうと投資資金をどしどし借り入れた結果、多くの国で不動産バブルが金融システムに信頼の危機を引き起こし、最終的にシステムの中枢部を麻痺させるにいたる。その予兆は二〇〇七年夏からすでにあった。このときＦＲＢは、一時的に資金繰りに窮した金融機関に通常の市場金利で流動性を供給したものの、もっと大胆な手を打とうとはしなかった。たとえば金融を大幅に緩和するとか、最後の貸し手の役割を果たすといった行動はとらなかったのである。そんなことをすれば、将来にもっと野放図な貸し出しを奨励する結果を招きかねないと恐れたからだった。

これに対して、災厄を恐れたＦＲＢの副議長ドナルド・コーンは「われわれは、人口のごく一部に教訓を与えるためだけに経済をまるごと人質にすべきではない」と二〇〇七年末に警告を発している。[21]だが当時これは少数派の見方であり、手遅れになるまで少数派のままだった。

二〇〇七〜〇九年の大不況が青天の霹靂のごとく起きたのはこのためである。

二〇〇八年三月の時点では、問題は対処可能だと私自身は考えていた。[22]ロサンゼルスとアルバカーキの間の砂漠には、建てるべきでなかった住宅がおそらく五〇〇万戸は建設されたと推定される。平均すると、一件につき一〇万ドルのローン債務が生じ、それは永久に返済されることはなく、誰かが被らざるを得ないだろう。試算では、住宅バブルの崩壊で五〇〇〇億ドルの金銭的損失が発生する。この損失は、何らかの形で金融証券の保有者が引き受けなければならない。だがドットコム・バブルの崩壊ではもっと大きな金銭的損失が発生したのに、失業率は約一・五％押し上げられただけだった。だから住宅バブル危機は経済にさほど深刻な影響を与えないだろうと私は結論づけたのである。しかし市場は私とはちがう考えだった。

豊富な投資資金を持ち金融市場を動かしていた連中から見れば、既知の損失五〇〇〇億ドルがどこかに存在するが、おそらくそれは氷山の一角に過ぎない。先ほど述べたように、ロサンゼルスとアルバカーキの間の砂漠には数百万戸の住宅が建設された。あのローン債権を担保に組成され、トランシェに切り分けられた証券は安全だと請け合ったプロは、嘘をついていたか、持っていた情報が致命的にまちがっていたにちがいない。こうなるとリスク資産をどんな安値でもいいから始末してとにかく安全資産を買うということが、投資家にとっての最優先事項となる。

一方、ＦＲＢと財務省は、この危機からウォール街が濡れ手で粟の利益を手にする事態をなんとしても防ぎたい、という動機に突き動かされていた。その動機が、二〇〇八年九月の決定を支配したのである。従来は大きすぎて潰せないと判断された企業であっても、株主は手ひどい損失を被っていた。ベアスターンズ、ＡＩＧ、ファニーメイ、フレディマックの株主は、投資が水の泡となる憂き目に遭っている。だが債券保有者と取引先は全額を回収することができた。

ＦＲＢと財務省は、ここから誤った教訓が導かれるのではないかと恐れた。それを回避するためには、どこか銀行を一つ潰さなければならない。傲慢には天罰が必要というわけだ。かくしてリーマンブラザーズは破綻させることが決まる。すると、監督や監査や保証が不十分だった金融機関が次々に破綻して手がつけられなくなった。後知恵を承知で言えば、リーマンブラザーズを潰す決定はおそろしいまちがいだった。

かくして大狂乱状態が出現する。投資家は安全だと信じ込んでいた資産を躍起になって売り抜こうとし、ごくわずかしかない真の安全資産を見つけようと血眼になった。自分一人が売れないリスク資産を抱えて取り残される事態だけはなんとかして回避しようと、狼狽売りが殺到する。その結果、金融損失は当初の見通しの四〇倍に膨れ上がった。五〇〇〇億ドルで済むはずだった損失は、六〇兆〜八〇兆ドルのどこかということになったのである。二〇〇八年から〇九年にかけての冬の間、政府を除くすべてのプレーヤーにとって借入コストは途方もなく嵩むようになり、世界経済はメルトダウンの淵まで近づいた。

このような安全資産不足にはどう対処したらよいのだろうか。

中央銀行による通常のいわゆる公開市場操作は役に立たない。公開市場操作で行うのは、要するに市中から国債を現金で買い上げることである。こうすればたしかに現金は供給できる。現金は安全資産だ。だがそれと引き換えに、別の安全資産である短期国債を市場から吸い上げてしまうことになる。これでは、安全資産不足は解消されない。企業に事業拡大を奨励し株式の発行を促す策も役に立たない。リスク資産は全然不足していないからだ。不足しているのは安全資産であり、株など誰も求めていない。

それでもやれることはたくさんあるし、じつのところ標準的なマニュアルも存在した。エコノミスト誌の編集長だったウォルター・バジョットが一八七〇年代に発表した金融危機に関する著作、『ロンバード街』がそれである。同書をバジョット＝ミンスキー式マニュアルと呼ぶことにしたい[23]。リーマンブラザーズ破綻後に起きたようなミンスキー不況では、政府がとりうる最善の対策は、平時には健全な担保に対して無制限に貸し出すことによって、安全資産不足をただちに解消することである。ただし貸し出しには懲罰的金利を課す。「無制限に貸し出す」とは、不足を解消しうるほど十分に安全資産を供給することを意味し、「平時には健全な担保」という条件には、金融危機のせいで一時的な資金不足に陥り破綻寸前の金融機関と、慢性的に支払能力が乏しく本来清算すべき金融機関とを峻別する狙いがある。そして「懲罰的金利」には、この状況に便乗しようとする抜け目のない投資家を排除する狙いがある。

やれることの多くは、二〇〇七〜〇九年に実際に行われている。中央銀行は長期リスク資産を現金で買い取り自己勘定に計上することによって民間部門のバランスシートからリスクを吸収し、安全資産の供給を増やした。この量的緩和は有効なアイデアではあるが、中央銀行は長期にわたってリスク資産を抱えることになる。このため彼らは必要な支出にも二の足を踏むようになり、結果的に量的緩和の効果はさして上がっていない。さらに、財政赤字の拡大を厭わず国債を発行して安全資産の供給を増やし、政府支出によって直接民間に働きかける方策もとられている。この戦略はおおむね効果的だったものの、国債が安全資産とみなされる場合に限られた。

政府は債務保証とアセットスワップも提供した。どちらもリスク商品を安全な商品に転換するしくみであり、ミンスキー不況の対処法としては最も安上がりで最も効果的とされてきた手法である。だがこれを効果的に行うには、保証なりスワップなりの価格評価に関する専門知識が欠かせない。高すぎたら誰も買わず、経済は奈落の底に落ちるだろう。かと言って低すぎたら抜け目のない投資家が政府ひいては国民の無知につけ込んで大儲けすることになってしまう。しかも債務保証もアセットスワップも、本来同じ扱いをすべきでない相手を同等に扱うという欠点がある。予想外の金融危機に巻き込まれたプレーヤーだけでなく、注意深い運用を怠り危機の責任の一端を担うべきプレーヤーまで救済することになるからだ。

政府にとって最も安全なやり方は、政府調達を拡大し、必要に応じて短期債務を増やしてでも完全雇用を維持することだった。これがまさに中国のしたことである。同国の大規模な財政出動と雇用創出策は二〇〇八年半ばから実行に移されている。中国政府だけが、自らの任務は政府支出を継続して経済成長を維持し、大量失業を避けることだと理解していた。その結果、中国だけは大不況を免れている。その証拠に、アメリカとヨーロッパを尻目に中国経済だけは成長を続けていた。

大不況のような事態を前にして最も軽率な態度は、これ以上事態は悪化しないと想定することである。ところがグローバルノースの政府と中央銀行はまさにそう想定した。その結果、支出も雇用も激減する。アメリカの失業率は最終的に二〇〇九年後半に一〇％のピークに達し、二〇一二年まで好転する兆しさえなかった。それどころか、もっと上昇した可能性もある。経済学者のアラン・ブラインダーとマーク・ザンディによると、共和党がオバマ政権初期に主張したような緩和打ち切りを政府が実施していたら、失業率は一六％まで上昇した可能性があるという。これは、実際の失業率と大恐慌時の最高失業率とのちょうど中間に位置づけられる。[24]

二〇〇八年九月には、主要国政府は世界経済を深刻且つ長期の不況に落ち込ませないよう手綱捌きができると私は確信していた。だが二〇〇九年三月には、その確信はまちがっており、各国政府は失敗したことがはっきりする。問題は、現状を認識した経済学者が何をすべきか知らないとか、バジョット＝ミンスキー式マニュアルをどう適用するかわからないということではない。すべきことをするための政治的合意が形成できないことだった。別の言い方をするなら、政府と政治家には、傲慢に対する天罰をどうにかして回避し、景気回復を可能にするための政治的意思が欠如していた。その結果多くの国の政府は大胆な行動を即座に起こさず、様子見に終始することになる。

ブラインダーとザンディの（そして私も）みるところ、ＦＲＢが行った債務保証の提供、マネーサプライの拡大、民間セクターのバランスシートからリスクを取り除く一連の介入はきわめて効果的だった。まるで略語の洪水だが、不良資産買取プログラム（ＴＡＲＰ）、ターム物資産担保証券貸出制度（ＴＡＬＦ）、住宅ローン条件緩和プログラム（ＨＡＭＰ）、ＦＲＢの量的緩和政策、米国再生再投資法（ＡＲＲＡ）を介した財政出動をはじめとする政府介入を総合すると、危機襲来時に政府が実行すべきだった失業率一〇％削減目標のうち六％は介入によって達成されたと考えられる。仕事の五分の三は達成したのだ。二〇一一年の時点で完全雇用の回復には長い時間がかかると予想されたが、この予想は正しかった。ボールが跳ね返るような急激な景気回復の気配はなく、回復過程の最初の四年間、労働者はほとんど新しい仕事を見つけられなかった。

バジョット＝ミンスキー式マニュアルを思い出してほしい。その教えは、「平時には健全な担保に対して懲罰的金利を課して無制限に貸し出す」というものである。たしかに政策当局は介入したし、金融機関は税金で救済されたし、保証は延長された。たとえばアイルランド政府は、国内のすべての銀行債務を保証するという異例の措置に踏み切った。さらに銀行が貸せない、または貸そうとしないケースでは中央銀行と政府機関が「最後の貸し手」の役割を果たしている。これらの対策はパニックを食い止めることに成功し、二〇〇九年夏までに金融ストレスを示す指標の多くはほぼ通常の水準まで低下し、世界経済もどん底から脱出した。だがいま挙げたのは「無制限に貸し出す」という部分だけだ。どの国の政府も、「平時には健全な担保」に対して貸すという部分を無視した。大きすぎて潰せないとされたシティグループでさえ、管財人の管理下に置かれなかった。さらによくないのは、「懲罰的金利」を課すという部分が完全に無視されたことである。おかげでシステミックリスクを引き起こす元凶となった銀行や投資家でさえ、いや彼らこそことさらに、棚ぼたの利益をものにすることになった。

金融救済策というものはつねに不公平である。リスクのある資産にまちがった賭けをした連中を救ってやることになるからだ。だが救済しなければ、蜘蛛の巣のように張り巡らされた金融ネットワークを破壊し、実体経済の活力さえも失わせることになる。リスク資産の暴落は、リスク資産を組成する事業を廃止させ新規の疑わしい企てを阻止せよとのメッセージを発信している。このメッセージこそ長引く深刻な不況を食い止める処方箋にほかならない。金融救済から生じる政治的問題は解決可能だが、大規模な不況の破壊的影響は取り返しがつかない。したがって、たとえ救うに値しない対象に利益をもたらすことになっても、全体に利益があるなら、金融救済の実行は容認しうる。たとえば二〇〇七～〇九年には、数千ほどの無責任な投資家に向けて無謀な投機をするなと教訓を垂れることは、数百万のアメリカ人さらには全世界の数千万人の雇用を確保することに比べればはるかに重要度が低かった。

クリントン政権が一九九四～九五年のメキシコ通貨危機の際に無能なメキシコ政府を救済す

る決定を下したことについて、副大統領候補のジャック・ケンプから一九九六年に批判されたとき、副大統領のアル・ゴアはこう答えた。あのときアメリカ政府はメキシコに懲罰的金利を課し、結果的に一五億ドルの利益を得ている、と。[25] 一九九七〜九八年にはクリントン政権の財務長官ロバート・ルービンとIMF専務理事のミシェル・カムドシュが、無能な東アジア諸国に融資したニューヨークの銀行を公的資金で救済したと非難された。すると彼らは、銀行を救済したのではなく損失を負担させたのだと釈明している。渋る銀行に韓国への追加的融資を強制して韓国経済を支援させ、その結果として世界的な不況を食い止めて多くの人に利益をもたらしたのだ、と。だが二〇〇九年のアメリカ政府にはこうした釈明の余地はない。実体経済で雇用の喪失が続く傍らで、銀行がボーナスを受け取り続けたことははっきりしている。

そこには合理的理由があったのかもしれない。政策当局は、中国政府のとった政策、すなわち完全雇用にすみやかに回帰できるほど大規模に借金をして政府支出に充当する政策を実行に移すには、政治的合意が必要だが、アメリカでも西ヨーロッパでもまず不可能だと判断したのかもしれない。この現実を踏まえ、すみやかな回復を実現しうる支出と投資を生み出すためには、まず企業と投資家の信頼を回復することが唯一の方法だと判断したのかもしれない。となれば、無責任な銀行を退場させ、経営幹部の首をすげ替え、管財人の管理下に置き、ボーナスを没収するという選択肢はなくなる。

だが私が思うに最も妥当な説明は、政策当局は端的に言って状況を理解していなかったし、バジョット＝ミンスキー式マニュアルも知らなかった、というものだ。

いずれにせよ、目も当てられない結果になった。失業率が一〇％に達し、大勢の人が担保を差し押さえられているというのに、銀行は救済されたのである。政策当局がバジョット＝ミンスキー式マニュアルの「懲罰的金利」の部分をしっかり実行していたら、すくなくとも人々の不公平感を和らげることができていただろう。そして、さらに手を打つための政治的基盤を強化することもできたかもしれない。だが彼らはそうしなかった。そこで政府に対する人々の信頼は薄れ、すみやかな景気回復のために必要な手立てを講じる余地が乏しくなってしまった。

だが、投資家の「信頼」回復のための多大な努力が二〇〇九年以降の景気回復に失敗した理由は、それだけではない。グローバルノース経済がまだあまりに多くのリスク資産を抱えて身動きの取れない状況だったことが、大きな原因だ。

マクロのレベルで言うと、二〇〇八年からの一〇年間は、経済分析とコミュニケーションの失敗が原因だったとされている。経済学者は何をすべきか政治家や官僚にきちんと指南できなかった、なぜなら経済学者自身が状況をリアルタイムで適切に分析できなかったからだ、というのである。だが経済学者の多くは状況を正しく理解していたし、解決策もわかっていた。

たとえばギリシャを考えてみよう。ギリシャ債務危機が二〇一〇年に発生したとき、歴史の教訓から導かれる解決策は明々白々だと私は考えた。ギリシャがユーロ加盟国でなければ、デフォルト、債務再編、通貨切り下げが最善策だ。だがあいにくギリシャは加盟国であり、欧州連合（ＥＵ）はギリシャの離脱を望んでいなかった（このことは政治同盟をめざすヨーロッパにとって後々弱点となる）。となればギリシャに対し、ユーロ離脱で得られるプラスを打ち消せるだけの十分な金融支援や債務減免を実行しなければならなかったはずである。だがギリシャの債権者はあろうことか、ネジを締め上げた。その結果ギリシャは、二〇一〇年にユーロを離脱していた場合に推定される状況よりも、現在のほうが経済規模は大幅に縮小している。二〇〇八年に金融危機に見舞われた際のアイスランドは、ギリシャとまさに対照的だ。ユーロに加盟していなかったアイスランドは早期の回復に成功している。

アメリカもまた、二〇一〇年代の前半には政策当局が緩和のアクセルペダルから足を離した。未来の歴史家は、あの時期の各国政府がなぜもっと借金をして支出に充当しようとしなかったのか、理解に苦しむことだろう。二〇〇〇年代半ばに、経済学者のラリー・サマーズが「長期停滞（secular stagnation）」と名付けた常態化した景気停滞が始まった。リスクテークの気運が低調になった上に不安定な民間投資家の間で安全資産に対する需要が高まったため、安全な債券の金利はきわめて低くなる。[26] この状況が続く限り、政府はほとんど無制限に借り入れができたわけである。あのとき政府はそれを活かしてもっと借り入れておくべきだったという点で、今日では大方の経済学者の意見が一致している。これに異を唱える人がいるとは思えない。[27]

ところが二〇一〇年初めの一般教書演説で、大統領のオバマはこう述べた。「家庭と企業が支出には慎重でなければならないように、政府も支出を抑えなければならない」。そして歳出の凍結を求め、「そのために拒否権を発動しなければならないなら、そうする」とまで宣言して、なんとしてでもそれを貫く決意を表明する。これを見て私は、大統領の強力な副官と言える下院議長のナンシー・ペロシと上院多数党院内総務のハリー・リードに対して拒否権を発動するという脅しは、党内の結束を固めるための新種の手法なのだろうかと訝《いぶか》ったものだ。[28]十分うまくやっている与党の結束を維持するにしては前代未聞のやり方ではある。この瞬間に、政策論議は「われわれは何をすべきか?」から「ボスは私だ!」に変わったと言わざるを得ない。このとき私は新自由主義の影響を色濃く受けた人間としても、政権に関わる経済の専門家としても、主流的な新古典派経済学者としても、思考能力の限界に達してしまった。グローバル経済は需要低迷と高い失業率の大発作に陥っていた。われわれ経済学者は解決策を知っていた。にもかかわらず、患者をさらに苦しませようとしたように見られているのである。

オバマの経済政策を担当した人たちによると、二〇一〇年代前半におけるグローバルノースの与党政治家の中で、オバマは最も合理的で適切な行動をとる政治家だという。となれば、アメリカの失業率がまだ九・七%と高止まりしているときになぜあのような演説をしたのか。ケインズが一九三七年に示した「不況のときではなく好況のときこそ政府は財政緊縮を行うべきである[29]」という洞察に完全に反するではないか。私からすれば、話は単純明快だ。二〇〇九年以降、アメリカ政府は三〇年物国債を実質金利一%以下で発行することができた。三〇年にわたって一%以下の金利で借金ができたということである。だから、追加的な五〇〇〇億ドルのインフラ支出を行い、政府にも国全体にも大きな利益をもたらすことが可能だった。それもほとんど借入コストなしで、である。投資家はよろこんで国債に資金を投じただろう。何しろ彼らは安全資産を渇望していたのだから。だがオバマはいっこうにその気がなかった。

オバマだけではない。二〇一一年夏にFRB議長のベン・バーナンキはひどくあかるい見通しを示している。「ゆるやかな回復が今後も続き、さらにペースは上がると見ている」と述べ、その理由として「家計部門でもバランスシートの改善が進んでおり、貯蓄が増え、借り入れが減り、金利負担も債務も減った」ことを挙げた。しかもデフレが「世帯の購買力を高める」という。とりわけ楽観的だったのは、「アメリカの基礎的な成長力は、過去四年にわたるショックをもってしても衰えていない」というものだ。[30]だがまさにその瞬間に、連邦と地方政府予算の削減によってアメリカの人的資本とインフラへの投資ペースに急ブレーキがかかり、長期的な成長曲線は下向きになって、すでに低い二%から〇・三ポイント押し下げられていたのである。

一九三〇年代の大恐慌の後には、第二次世界大戦中に工業生産力への投資が大々的に行われ、失われた一〇年の穴を埋めた。大恐慌が将来の成長に影を落とさなかったのはそのおかげである。だが二〇〇八〜一〇年の影は、消そうとしても消えない。それどころか、回復の遅れが一日過ぎるごとに影は長く伸びていく。フランクリン・ルーズベルトが完全雇用をすみやかに復活させると公約して信頼を勝ち得たように、雇用の創出はつねに政府の最優先課題だ。ところが二〇一〇年代前半のアメリカでは、人々は政府が完全雇用を復活できるのか大いに疑っていたし、それは正しかった。結果的にアメリカ経済は、景気低迷の規模と回復遅れの両方を勘案すると、失われた五年を経験することになる。そして西ヨーロッパの大半の国は失われた一〇年に苦しんだのだった。

対照的なのが中国である。あきらかに中国では、何が起きても市場を祝福すべきであるとは考えられていない。二〇〇七年以降の中国は、市場が人間のために存在するのではなく、中国共産党の目標を実現するために存在するという立場だった。目標の一つは完全雇用の維持である。その結果、完全雇用は維持された。ゴーストシティが建設され、誰にも使われないうちに老朽化する建物の建設に大勢の労働者が従事したことは、事実だ。政府から圧力をかけられなかったら銀行がけっして引き受けないような不安定な金融スキームが建設プロジェクトのために捻り出されたことも、事実だ。だがこれらのコストなど、完全雇用と経済成長の維持によって回避された損失に比べれば、スズメの涙のようなものである。手をこまぬいていたら他国と同じく大不況に巻き込まれたことはまちがいないのだ。世界が大不況に苦しんでいる間、中国はグローバルノースに追いつく競争でさらに五〜一〇年は差を縮めたと考えられる。

なぜグローバルノースの政府はあのように不合理な政策の採用にいたったのか、いまでは理論的に説明することが可能だ。カーメン・M・ラインハートやケネス・ロゴフなどきわめて有能な一部の経済学者は、金融危機の危険性を理解してはいた。だが彼らは、危機後の雇用創出のために公的支出を増やすことのリスクを大幅に過大に評価した。[31] バーナンキなどやはりきわめて有能な一部の経済学者は、低金利を維持することの重要性を理解してはいた。だが彼らは、量的緩和などいわゆる非伝統的な金融政策の追加的な効果を過大評価した[32]。私を含め少々見劣りのする経済学者たちは、金融緩和が不十分だと理解してはいた。だが世界経済の不均衡についてまちがった見方をしていたため、リスクの主因が何かを見落としてしまった。主因はアメリカの金融規制の不備だったのだが、それを理解せずに、リアルタイムで的確な政策助言をしようと現状把握にあっぷあっぷしていたのである[33]。

いまにしてみれば、専門家の判断ミスとコミュニケーションの失敗があのようにおぞましい展開を招いたのだと私には思える。われわれ経済学者が不況とその対策について持ち合わせている知識をもっと早く伝え、自分たちが正しいと確信できることについてもっと自信をもって主張し、まちがっていた点をもっと早く認めていたら、今日の状況はもっとずっとましだったのではないかと思う。もっともコロンビア大学の歴史家アダム・トゥーズは、そのような言い分にほとんど価値を認めていない。彼に言わせれば、二〇〇八年以降の一〇年におよぶ災厄は、歴史の潮流がもたらした結果にほかならない。金融の規制緩和と富裕層向け減税は、保守にとって偶像崇拝の対象となっていた。もともとそうだったのに、崇拝の度合いは一段と深まっていたという[34]。そのうえ子ブッシュ政権が悪い助言に基づいて乗り出したイラク戦争の派生的影響もまた、危機の時期に北大西洋諸国からの信頼を手ひどく傷つける結果となった。おまけに共和党がノイローゼにでもかかったのか、ついには人種差別的で野蛮なポピュリスト政治家を支持するようになる。

だがトゥーズが歴史の潮流や構造とみなすところに、私は偶然や不運を見ずにはおれない。大恐慌の時代に遡ってみよう。日本では高橋是清による迅速な通貨切り下げとリフレ政策が実行された。ドイツでは、リフレ政策が経済的成功を収めた（もっともこれは、アドルフ・ヒトラーのナチス体制を盤石にした点で悲劇の元凶となる）。アメリカではFDRがニューディールを実行した。どのケースでも、二〇〇九年のアメリカにおけるオバマ政権やヨーロッパ各国政府に比べれば資金も人員もはるかに乏しかった。それに、状況の根本的理解ができない理由はいくらでもあった。にもかかわらず、どの政府もオバマ政権よりずっとましな対応をしている。

ルーズベルトもオバマもアメリカ大統領だが、両者の対比は衝撃的だ。このことが、両者を分けたのは歴史の潮流や構造的な必然ではなく運と偶然だったとの見方をいっそう強めてくれるように思う。オバマは何が差し迫っているか知っていたし、それに対して警告を発してもいる。彼がまだ民主党の有望新人だった二〇〇四年の時点で、労働者階級と中流階級を支える「（赤と青の融合した）パープルアメリカ」を構築できなかったら、移民排斥と政治の決裂につながりかねないと述べている。大恐慌の際には、これほどの規模の問題に取り組むにはどうしたらいいかルーズベルトは知っていた。「この国は……大胆で忍耐強い実験を必要としている」と大恐慌の最中の一九三二年に述べている。「ごく常識的なやり方だが、ある方法をまず試み、もし失敗したらそれを率直に認めて別の方法を試みる。だがとにかく、何かをやってみなければならない」[35]。しかしオバマにはルーズベルトに続く意思がなかった。

オバマ政権がもっと果敢に手を打っていたら、事態は大きく変わっていただろうか。顧問役を務めた経済学者たちは、必要な対策を政権幹部に納得させ実行させることができなかった。その背景には国内の政治的分裂と対外的なアメリカの信任の喪失があったと言える。政策策定は勢力を伸長する金権政治家の悪意ある視線にさらされ、「大胆で長期的な実験」を提唱する経済学者は、たとえ信頼できる根拠に基づく経済理論から導き出された政策を進言する場合でも、波に逆らって泳がねばならなかった。

一方、一九二〇年代のルーズベルトに期待をかける人はほとんどいなかった。脳みそは二流だが、裕福な家柄と遠縁のテディ（第二六代大統領セオドア・ルーズベルト）の七光で大出世を果たした人物とみなされていたからだ[36]。

ニューディール当時のＦＲＢは、財政面の逆風を考えればできるだけのことをしたと強調している。オバマ政権の政策担当者も、第二の大恐慌を回避したと自画自賛した。そして、二〇一〇年半ばからは共和党の御し難い人物が大統領になり、財政出動の元栓を直ちに締めてしまったことを考えれば、やはり自分たちはできるだけのことをしたと強調している。もっとも彼らは、「ベルトをきつく締める」という発言をオバマ自身がだいぶ前から口にしなくなっている点には触れていない[37]。

右寄りの経済学者はといえば、オバマ政権の財政政策とＦＲＢ議長バーナンキの金融政策はどちらもインフレを誘発する危険なものだったと攻撃するのに余念がない。もし彼らの言う通りだとしたら、ジンバブエのようなハイパーインフレを免れたことを幸運だったと感謝しなければなるまい[38]。

二〇五〇年代の経済史家が、二〇〇七年に始まった大不況と一九二九年に始まった大恐慌を比較したら、前者が後者の再現にならなかったことに感動し、二一世紀の経済政策担当者を賞賛するだろう。しかし同時に彼らは、一九三三年の教訓がなぜ二一世紀に活かされなかったのか、不思議に思うにちがいない。ニューディール時代の強力な政策は、戦後の長期的好景気と平等な高度成長の基盤を形成した。こうした前例があるというのに、なぜ二一世紀の政策当局はもっと積極的に手を打とうとしなかったのか。

一九八〇年以降、政治の主導権を握り新自由主義への転回を実現させた左派新自由主義者は、市場のインセンティブを活用する政策のほうが、中央からの指揮統制よりも社会民主主義の目的をよりよく実現できると信じていた。彼らの考えでは、市場は正しく運営され、競争が維持され、外部性が適宜是正されるなら、クラウドソーシングによる問題解決に最も適しており、人間の知識と知恵を最大限に活用することができる。指揮統制への過度の依存はきわめて非効率であり、よほどハイペースで経済が成長しない限り、市場経済が機会を与えなかった有権者からの票を期待することはできなくなる。彼ら左派新自由主義者はまた、社会民主主義が成し遂げたように見えた一九四五～七三年の高度成長は、過去と未来から借りてきたものだと考えていた。彼らに言わせれば、社会民主主義がやったのは、市場原理に委ねればハイペースで成長できることを改めて示しただけだという。では、この自由市場による成長が所得と資産の不平等な分配を生んだとしたら、どうなのか。そうなるべきだったのだからそれでよいのだという。

二〇〇七年の時点では、教条的な新自由主義者はまだ言い逃れをすることが可能だった。ハイパーグローバル化と新自由主義の組み合わせのほうが、政府主導の開発をしていた時代よりすぐれていると強弁することはできたし、第二の金ピカ時代における所得と資産の甚だしい不平等は、新自由主義を選んだ人々にとっては欠点ではなく本質的な特徴だと言いくるめることもできた。情報技術革命（および視野に入ってきたバイオテクノロジー革命）は、黄金時代の成長ペースへの永久的な回帰だと売り込む材料になった。景気循環の「大いなる安定期（Great Moderation）」、すなわち循環的な高失業率というショックのない低インフレの安定期は、新自由主義の政策担当者の卓越した能力の証だとされた。そして有権者は、あまり満足はしていないとしても、政治家の過半数が中道新自由主義からあまり左に偏ったり右に偏ったりすることはまったく望んでいなかった。

だが二〇一六年までには、二〇〇七〜一〇年がすぐに正常に戻るような単なる逸脱ではないことがはっきりする。それどころか、事態は二〇〇七年になる前から悪くなっていたこともわかった。誰も気づいていなかっただけだった。ここで思い浮かぶのは古いワーナーブラザースのアニメ作品「ルーニー・テューンズ」シリーズだ。登場する野鳥のキャラクター、ロードランナーは、天敵ワイリー・コヨーテに付け狙われている。しかしワイリー・コヨーテの試みはだいたいは失敗に終わり、のべつ崖から飛び出す羽目になる。ただし途中で引っ掛かり宙吊りになるのだが、下を見て自分の状況を知った瞬間に谷底に転落するのだ。

第2章で私は、二〇〇六～一六年の一〇年にわたりアメリカの一人当たりGDPの伸びがわずか〇・六％だったと指摘した。これに対して一九七六～二〇〇六年は二・一％（伸びを牽引したのは情報技術だが、その分布は不均等だった）、一九四六～七六年は三・四％である。二〇〇六～一六年の西ヨーロッパは一段と芳しくない。イギリスが〇・六％、フランスは〇・三％、イタリアにいたってはマイナス〇・九％、ドイツがかろうじて一・一％である。

二〇〇七年に人々の抱いていた「新自由主義」のイメージが何であれ、新自由主義が作り出した知的環境や政策策定の土壌が、比較的小規模なマクロ経済ショックにお粗末で理解不能な政策対応を生み出したことはまちがいない。その結果、その小規模なショックはまず大不況を引き起こした挙句、次には緩慢な回復しかもたらさなかった。となれば新自由主義の成績をつけるなら、大きくマイナスに傾いたと言わざるを得ない。しかもこのお粗末な対応は、所得と資産の不平等を一段と強化し深刻化するという代償を伴ったのである。

誰もがそれに気づいていた。だがグローバルノースの有権者の間には、新自由主義への転回をいくらかでも引き戻そうとする真の左派新自由主義の政治家を選び、彼らが堅固な多数派となるよう票を投じる気運は生まれなかった。むしろ有権者はスケープゴート探しに血道を上げるようになり、さらにそのスケープゴートに罰を与えてくれる指導者を求めるようになる。しかもこのときアメリカはもはや世界を主導する立場ではなくなっていた。野党は、対立政党の大統領の足をすくうことを最優先にするような政党に成り下がる。「アメリカ人はお国の壊れたシステムをどうやって修復するつもりなのか」と中国共産党幹部でIMF副専務理事を務める朱民《しゅみん》に二〇一五年に質問されたとき、私には答えることができなかった。

第15章で認めたように、新自由主義への転回が始まった時期はちょうど私の研究者としてのキャリアと重なり、以来私自身の新自由主義との関わりが判断を鋭くもすれば鈍くもしてきた。過去を「あるがままに捉える（wie es eigentlich gewesen）」、あるいは「不毛な興奮（sine ira et studio）」を退け感情や偏見を抜きにものごとを見る、賛同し判断するのではなく観察し理解する、という歴史家の理想に自分が近づいているとは言い難い[39]。

私個人としてはっきり言えるのは、二〇一〇年のグローバルノースが遺憾な状況に陥ったことについて、不運、そして強い影響力を持つ人間の悪い選択が関与した度合いを過大評価せずにはおれなかったことである。

不運と悪い選択（二〇〇〇年の大統領選挙におけるフロリダ州の投票機のトラブルと疑惑、大統領としての資質がきわめて疑わしい子ブッシュを父ブッシュが何かにつけ支援し、その後に起きたこと）に加えて新自由主義の弱点と誤りが、二〇〇〇〜〇七年にアメリカのシステムを破壊したのだ、といまの私は考えている。二〇〇七年にあれほどひどい事態になったからこそ、二〇一〇年までにシステムが粉々になる可能性が高まった。能力と幸運があれば、粉砕されたシステムを修復することは可能なのだろうか。アメリカでオバマ政権、共和党幹部、有権者にその仕事ができなかったことは二〇一六年の状況を見る限りあきらかだ。西ヨーロッパでは状況はもっと悪い。

だが他の歴史家は、偶然ではなく必然を見る。私が長い二〇世紀の終わりと呼ぶものの中で行われた選択ではなく、その構造を見る。グローバルノースとりわけアメリカが未来を紡ぎ出していた時代、悪しき未来よりも良き未来を紡ぎ出していた時代が二〇〇〇年以降に終焉を迎えたことについて、彼らの意見は一致している。

未来の歴史家の判断は、おそらく私ではなく彼らと同じなのだろう。そう、私は考えている。

終章

人類はいまもなおユートピアに向かってのろのろと進んでいるのか?

Are We Still Slouching Towards Utopia?

一八七〇年に、人類には大きな変化が訪れた。産業研究所と近代的な企業が出現し、海上・陸上運賃および通信費が劇的に低下するとともに、圧倒的多数が極貧の中で暮らす状態が半ば固定された経済パターンから、新技術の発見・開発・実用化のプロセスを通じて繁栄が加速し絶えず自らを革新する経済パターンへと移行する。シュンペーターが創造的破壊と呼んだこのプロセスによって、人類の潜在的生産力は一世代ごとに二倍になった。しかしその後は、社会の基盤や支柱はたびたび揺さぶられ、砕かれることになる。私が長い二〇世紀と名付けた一八七〇~二〇一〇年のように長い世紀には、言うまでもなく非常に多くの節目がある。二〇世紀の重要な節目に大きな力を加えてさまざまな事象を引き起こしたのは創造的破壊であり、それに伴う激震や破砕だった。私がとくに重要とみなす節目は二つあり、どちらも長い二〇世紀の中間地点で起きた。

第一の節目は一九三〇年である。このときジョン・メイナード・ケインズが「孫の世代の経済的可能性」を発表し（第7章参照）、経済的な問題は人類にとって「永遠の問題」ではなくなるとし、「経済の問題が解決されれば」人類は代わりに「真の……永遠の問題に直面することになる。それは……経済的な必要から自由になった状態をいかに使い……賢明に、快適に、裕福に暮らしていくべきなのかという問題である」と述べた。この発言の重要性については、この終章の後段で改めて取り上げる。

第二の節目はもうすこし現代に近く、フランクリン・デラノ・ルーズベルトがアメリカ大統領に就任し、立ち往生していた政治を動かし、大恐慌という経済の難題を解決するための実験を始めたときである。

一九三三年三月の就任式の翌日、ＦＤＲは金《きん》の輸出を禁止し、銀行休業を宣言する。さらに連邦議会に強く働きかけ、会期四日目にして下院がＦＤＲの最初の法案を全会一致で可決している。銀行制度改革のための緊急銀行救済法で、破綻した銀行の再開と銀行の再編を可能にするとともに金《きん》はすべて大統領の管理下に置かれた。大統領が議会に提出した第二の法案もすみやかに可決される。こちらは経費節約法で、歳出削減と予算均衡をめざすものだった。第三の法案は、ビールおよびワイン収入法で、禁酒法時代の終焉、すなわち酒類の販売を禁止した憲法修正条項の撤廃を予告するものと位置付けられる。三月二九日にＦＤＲは金融市場規制の審議を議会に呼びかけた。そして三〇日にはルーズベルトの提案した失業対策としての市民保全部隊（ＣＣＣ）の創設を議会が承認する。四月一九日には大統領が金本位制からの離脱を宣言。五月一二日には議会がＦＤＲの農業調整法（ＡＡＡ）を可決し、五月一八日にはテネシー川流域開発公社（ＴＶＡ）の設立を承認した。アメリカ初の大規模な国営公益事業である。同日にＦＤＲは、最初の一〇〇日における最重要法案、全国産業復興法（ＮＩＲＡ）案を議会に提出している。新政権のあらゆる関係者は新法から何がしかの利益を得た。企業は共謀が可能になった。つまり企業同士で示し合わせて高値を維持する「行動規範」を取り決め、生産能力のほうに需要を釣り合わせるべく「計画」できるようになった。計画担当者は、企業が作成した計画を、全国復興庁（ＮＲＡ）経由で政府に承認させる手続きを確保した。労働者は、産業レベルで認められた団体交渉権と最低賃金および労働時間の上限を要求する権利を勝ち取った。財政当局は三三億ドルを公共事業に投じる権限を与えられた。

　このように第一次ニューディールは官民共同の計画立案・官民合意の下での規制・官民の協力という協調的なものとなり、農業部門における生産調整、社会保障給付の拡充、公益事業をはじめとする大規模な公共事業、金融市場規制、貯蓄銀行の小口預金保険、住宅ローン債務および失業者の救済、労働時間の短縮と賃上げの公約（一九三五年全国労働関係法、通称ワグナー法として実現した）、関税引き下げの公約（一九三五年互恵通商協定法として実現した）を伴った。

　ＮＩＲＡに加えてドル切り下げは、将来のデフレ予想を断ち切る役割を果たした。預金保険の創設と銀行制度改革は預金者を安心させ、再び銀行を信用して預けるインセンティブとなる。こうして通貨供給は再び拡大し始めた。官民協調と農業補助金は痛みを分かち合う働きをした。予算均衡が議論の対象外になったことは役に立ったし、失業者と住宅ローンに救済を約束したことは効果的だった。公共事業支出の拡大も、である。これらの政策は事態の悪化を食い止めただけでなく、一部は直ちに事態を好転させ、残りの多くも短期間で効果が現れた。

とは言え通貨切り下げ、通貨供給の拡大、デフレ不安の払拭、財政緊縮圧力の解消を別とすれば、ルーズベルトの「最初の一〇〇日」にはほかにどのような成果があったのだろうか。この時期が全体として差し引きでプラスだったのかマイナスだったのかは、じつははっきりしない。インフレを誘発し巨額の財政赤字を出してまで、大恐慌からアメリカをすみやかに救い出すような徹底的な政策が本気で実行されたとは言えないからだ。消費者はNRAのせいで物価が上がったと不平を言った。労働者は十分な権利が与えられなかったと不満だった。企業は政府にあれこれ指示されるのが不満だった。進歩主義者はNRAが独占を招いたと批判した。財政当局は、企業が結託して価格を引き上げ生産を手控え失業を増やすのではないかと懸念した。フーバー一派は、FDRがフーバーのように行動していたらすべてはもっと早く回復したはずだと主張した。

こうした批判を浴びせられても、FDRは新しいことをやり続けた。企業・労働者・政府の協調がうまくいかず、そのうえ共和党の指名した判事が過半数を占める最高裁で一部の政策に違憲判決が出されると、ならばセーフティネットの創設なら妨害されないだろうと考えた。こうして制定された一九三五年社会保障法は、ニューディールの中で最も強力で長続きする成果となる。この法律の下で、寡婦、孤児、父親のいない子供、障害者への連邦補助金制度のほか、高齢者ほぼ全員を対象とする老齢年金制度も創設されている。金のドル建て価格の押し上げはうまくいかなかったかもしれないが、おそらく労働運動の強化は効果があった。ワグナー法によって労使紛争の仲裁ルールが定められ、労働運動は強化されて、アメリカに組合化のうねりを起こす。このうねりは半世紀にわたって続いた。大規模な公共事業と雇用促進プログラムは労働者に誇りを取り戻させ、たとえ民間部門の雇用が不足していても家計にお金を回すことができた。ただし企業と労働者が将来の増税を織り込むため、景気回復がいくらか遅れるという代償は伴った。

これ以外の政策も試みている。反トラスト政策と公益事業の独占禁止、所得税の累進性の強化などだ。財政赤字も、単に一時的な必要悪としてではなく積極的な手段として、及び腰ながらも支持した。だが一九三〇年代が終わりに近づく頃にはルーズベルトの関心事は必然的にヨーロッパで迫りつつある戦争と日本の中国侵攻へと移る。かくしてニューディール博士は退場し、戦勝博士が登場する。結局、第二次ニューディールはアメリカの大恐慌の治療にはほとんど役に立っていない[1]。だがアメリカを控えめながらもヨーロッパ型社会民主主義に変容させる役割はしっかりと果たした。

重要な意味を持つことは他にもある。FDRが中道右派ではなく中道左派だったこと、大恐慌が長引いたために長持ちする制度が創設されたこと、アメリカは世界の超新星だったこと、第二次世界大戦による破壊を免れた唯一の大国だったこと、だ。これらの要素がきわめて大きな違いを生んだ。第二次世界大戦後、アメリカは鉄のカーテンの外の世界を主導する力と意思を持っている大国だったのである。実際、アメリカは世界を主導した。よって世界は反動主義者やファシストの流儀ではなくニューディールによって再形成されることになる。

ここしかないという瞬間にこれしかないという行動をとった個人は、その個人の思考を単なる思考に終わらせず、強い影響力や深い意味を持たせる機会に恵まれるものだ。ケインズとルーズベルトは、この事実を思い出させてくれる有意義な例だと言える。大きな物語においてさえも、個人の持つ意味はかくも重い。

二〇世紀の歴史の回転軸として、多くの歴史家がレーニンのボリシェビキ革命とそれに続くスターリンの実際の社会主義国家の建設を挙げる。その代表格が共産主義者であるイギリスの歴史家エリック・ホブズボームだ。[2] この見方によれば、二〇世紀の歴史を貫く太い経糸が通っているのは一九一七年から一九九〇年までで、そこでは自由主義的且つ疑似民主主義的資本主義、ファシズム、実際の社会主義の三つ巴の戦いが語られる。この物語はおそらく、善人が最

後に勝つ叙事詩になるはずだった。だがホブズボームにとって、この物語は悲劇にほかならない。実際の社会主義は人類の最後にして最大の希望だった。生まれたときはひ弱だったが、力強く育ち、世界をファシズムから救うまでになった。だがその後に腐敗し、社会主義ユートピアへの道を閉ざしてしまったのである。ホブズボームに言わせれば、最悪ではないにせよ悪人が勝ったのだった。

私はこの見方に与しない。

ある意味で、私はもっと楽観的だ。新しい技術と組織が出現したこと、近代的な経済を運営するよりよい方法が開発されたことは、一九一七年以降のクレムリンで繰り広げられた権力闘争よりずっと重要である。ただし今日ほぼすべての人がはっきり気づいているように、自由と繁栄を求める闘いに人類は決定的且つ恒久的な勝利を収めることはできなかった。

私は長い二〇世紀の歴史を四つの要素の歴史として見ている。技術が牽引する成長、グローバル化、アメリカという例外、政治経済的課題を各国が解決するにつれて人類はすくなくとものろのろとユートピアに近づいていくという信頼の四つである。ただしユートピアへののろい歩みでさえ、その速度は肌の色や性別によって均等でも平等でもなく偏っている。それでも長い二〇世紀の間に二度、一度目は一八七〇〜一九一四年に、二度目は一九四五〜七五年に、先行世代がユートピアに近いと考えるような状態に急速に近づいたことがあった。だが一世代すなわち三〇年前後におよんだこの二度にわたる経済的黄金郷は、やがて消えてしまう。その理由は、個人、思想、機会に注目して説明することができる。

一八七〇年以前には、よほど能天気な楽天家でない限り、人類はユートピアへの道を進んでいると信じることはできなかった。その稀な楽天家でさえ、その道は非常に険しく困難で、人間社会と精神の両方を根本的に変える必要があると認めていた。

そのような楽天家の一人がカール・マルクスである。マルクスは親友で同志のフリードリヒ・エンゲルスとともに一八四八年に『共産党宣言』を書き、彼らが中産階級の時代と呼ぶものへの道半ばにいることを理論的に示した。中産階級の時代になれば、私有財産と市場取引が人間社会を組織する基本的な原理となって科学研究や技術開発を促す強いインセンティブを生み出し、技術を実用化し生産性を高めるための設備投資を活発化させるという。その成果は従来の想像を上回るものになるというのだ。こうした相互作用が中産階級の時代を決定づけるのであり、マルクスとエンゲルスはこれを「救世主と悪魔」になぞらえている。人々が協力して望みの生活を送れるような富裕な社会を作る可能性を築いている限りにおいて、この相互関係は救世主となる。だがそこには悪魔的な作用もあり、人類の圧倒的多数を一段とひどい貧困に陥れ、しまいには以前よりもつらい奴隷状態に追いやる。マルクスの考えでは、ユートピアへの道を進み出すためには人類が工業化地獄に一度堕ちることが必要だった。そうなって初めて、共産主義革命と既存の社会秩序の転覆という形で天国へ昇る動きを呼び覚ますことができる。だがユートピアへの道はたしかにそこにあり、人類はまちがいなくその道を歩いていけると信じるためには、目には見えない望みのものが確実に存在し、必ず手が届くのだという強い信念がなければならない[3]。

もう一人、まずまず楽観的な人物がいた。ジョン・スチュアート・ミルである。ミルはマルクスほど大々的な転覆を必要としない控えめなユートピアを見ていた。ミルは、自由、個人の自律性、科学、技術の熱烈な信奉者だが、マルサスのジレンマを強く懸念してもいた。科学的な発見や技術の実用化によって富裕層の富は拡大し、中流層も快適な暮らしを送れる人が増えるだろう。だが圧倒的多数は労働者階級にとどまり、単調な重労働に一生縛りつけられたままとなるにちがいない。そうならないための唯一の解決策とミルが考えたのは、政府が強制的な産児制限を行って出生率を低く抑えることだった[4]。そうすれば万事がよい方向に向かうという。

もっとも楽観的だったマルクスにしてもミルにしてもかなり奇妙であり、そのせいで当時やや異質な存在になっていた。いや、彼らの楽観主義が奇妙だったというのではない。そもそも、楽観的になったこと自体が奇妙だったのである。一八七〇年の時点では、社会的平等や個人の自由と政治的民主主義、さらにはありあまるほどとは言わないまでもそれなりのゆたかさが人類の未来に待っているとはとうてい思えなかった。アメリカは七五万人の死者を出した血腥い南北戦争がようやく終わったばかりという状況である。七五万人と言えば当時の白人男性人口の一二分の一に当たる。ごくふつうのアメリカ人の生活水準は、おそろしい貧困と言うほかなかった。今日の基準からすればほとんどの人が発育不全であり、いつも空腹だったし読み書きもできなかった。

マルクスとミルは、他の人よりはっきり時代の流れを見抜いていたのだろうか。それとも、物質的ゆたかさにもうすぐ手が届く可能性があることを予見できたのは単なる幸運だったのだろうか。一八七〇年以前の人類は鉄格子を揺さぶっているだけだった。一八七〇年になるといくつかの大きな変化が錠前を壊した。産業研究所、近代的な企業、グローバル化が出現し、人類史上初めて物質的欠乏という大問題を解決するチャンスが訪れる。そのうえ人類は幸運にもグローバル化目前の市場経済にも恵まれていた。天才フリードリヒ・フォン・ハイエクが鋭く見抜いたとおり、市場経済は自らが起こした問題の解決をクラウドソーシングする。つまり市場の無数のプレーヤーに解決を動機付け、調整する。一八七〇年以降の市場経済は、高価値の資源を支配する人々には必需品も便利品も贅沢品も欲しいだけ、あるいは必要と考えるだけ潤沢に供給することに関する限り、問題をみごとに解決してきた。

こうして物質的ゆたかさへの道、ひいてはユートピアへの道は目に見えるようになり、歩けるようになり、あるいは走れるようにさえなった。となればすべてのことが変わっていくはずだったし、実際多くのことが変わった。一九一四年には、一八七〇年の悲観論は完全にまちがいとは言わないまでも、古ぼけた考えのように感じられた。一八七〇〜一九一四年の世界は、人類の経済的進歩に関する限り、桁外れの躍進を遂げた時期だったと言える。これがずっと続くと信じる理由はいくらでもあった。真にゆたかなユートピアはそう遠くない。世界の産業研究所では新たな科学的発見がどしどし行われ、それが近代的な企業の手を経て全世界に広がる。そしてグローバル経済の隅々まで浸透するのだ……

だがそこへ第一次世界大戦が勃発する。そして楽観論者が言語道断の非常識とみなしていたことが常態化し、世界は深刻な混乱に陥った。人々は市場経済が差し出すものでは満足できなくなった。政府は経済運営の能力を失い、安定と堅実な成長を確保できなくなった。ときには民主国家の市民が権威主義的なデマゴーグに乗せられて民主主義を捨て去ることさえ起きた。またときには、富豪や将軍が国家支配に乗り出すことを決意した。技術と組織は前例のない規模での独裁を可能にし、国の間でも国の中でも経済格差は開く一方となる。低い出生率と低い人口増加率への転換は早かったが、二〇世紀の人口爆発を食い止められるほどのハイペースではなかった。その結果、社会秩序にはいっそう負荷がかかり、改革の必要性が高まっていく。

このプロセスを通じて、グローバルサウスは一段と遅れをとった。平均すれば成長してはいたものの、追いつくにはほど遠く、数十年が過ぎるうちに工業は低迷し、技術者や科学者のコミュニティも相対的に縮小し、したがって生産的な知識の蓄積も先細りになった。地球上にはマーシャル・プランの被援助国とアジア太平洋沿岸諸国という二つの強運のサークルが存在したが、それ以外のグローバルサウスは、グローバルノースより早いペースで成長するという意味での成長の権利すら掴むことができなかった。その結果、後方に引き離される状況からキャッチアップに向けての第一歩をようやく記すことができたのは、一九七九年の新自由主義への転回後さらに一〇年以上が過ぎてからだったのである。中でも悲惨だったのは、レーニンの魔法の虜になり、したがって一九一七~九〇年に実際の社会主義の道を歩んだ不運な国々だった。

これに対してグローバルノースは幸運だった。第二次世界大戦後、グローバルノースの国々はユートピアへの道を再び見つけることができた、すくなくともそうと信じられる道を見つけることができたからだ。その後に出現した栄光の三〇年におけるハイペースの経済成長の中、人々は一九七〇年代末まで狂乱状態になった。多くを期待しては、あとから考えればたいしたことのない凸凹や障害物に動転することの繰り返しだった。だが単なる高度成長では右派を満足させることはできなかった。繁栄があまりに平等に共有されるのは不公平であり価値がないというのである。一方、単なる高度成長では左派も満足しなかった。たとえ社会民主主義者が手綱を取って微調整したとしても、市場は彼らの望むユートピアの一部なりとも実現できなかったという。右も左も満足できないとあって、世界は新自由主義へと転回した。だが新自由主義的政策の処方箋もまた、過去よりいくらかでもスピードアップしたと言えるようなユートピアへの歩みを導くことはできなかったのである。

一八七〇年から二〇一〇年までの間には一四〇年の歳月が横たわっている。一八七〇年に遡り、当時の貧しい人々の立場に立って、思いつく限りの物質的ゆたかさを想像してみよう。それをはるかに超えるものを二〇一〇年までにどの人も手にできるようになるなどと、誰が信じるだろう。しかも、それほどのゆたかさを手にした人類が、それを使って真のユートピアに近い世界を建設することができないとは、ますます信じがたいにちがいない。

本書の冒頭で、長い二〇世紀の初めにエドワード・ベラミーの『顧みれば』を紹介したことを覚えておられるだろうか。ベラミーの夢想した未来では、電話をすればオーケストラの生演奏を四種類から選び、それを自宅の居間のスピーカーに送り込んでもらうことができる。そんなことができるようになったらもう「人間は幸福の限界に達した」のだとベラミーは考えた。一六〇〇年代前半のイギリスでは、魔女の出てくる芝居を自分の家で観られる人間は一人しかいなかった。国王のジェームズ一世その人である。それも、シェークスピアの一座が『マクベス』を演目に選んだ場合に限られた。一八〇〇年代前半における世界最高の富豪だったネイサン・メイアー・ロスチャイルドが一八三六年に切望した唯一のものは、抗生物質だった。それさえあれば、彼は炎症の悪化により五〇代で死ぬことはなかっただろう。今日では、一八七〇年に作られていた必需品をはるかに少ない労力と時間で作れるだけでなく、かつての便利品（現在では必需品）も、かつての贅沢品（現在では便利品）も、かつてはどうやっても作れなかった品物も、容易に作れるようになった。私たちは一八七〇年の人々と比べて一〇倍以上裕福になったのだから、これほどの大変化を満足のいく形で活かせたと言ってよいのではないだろうか。

それでも二〇一〇年現在、人類はユートピアへの道を最後まで走り抜いてはいない。そのうえ、かつては見えていたように思われた道の終点ももはや視界から消えてしまった。

人類の歩みをつねに背景で、ときに表舞台で牽引したのが、さまざまな発見・開発を続ける産業研究所、技術を実用化・活用する大企業、そしてすべてを調整するグローバル化した市場経済だった。だがある意味で市場経済は、解決である以上にそれ自体が問題だった。市場経済が認めるのは財産権だけだが、人々はポラニー的権利を求める。そこには、互いに支え合うコミュニティ、しかるべきリソースを確保するための所得、確実な雇用を供給する安定した経済を手にする権利が含まれる。つまり長い二〇世紀の間に達成されたあれほどの経済的進歩にもかかわらず、物質的な富はユートピア建設に十分活かされなかったことを歴史は物語っているのである。富は重要な必要条件ではあるが、十分条件にはほど遠いということだ。そしてここで再びケインズの発言、すなわち「いかに賢明に、快適に、裕福に暮らしていくか」というほとんど永遠の問題についての発言が蘇ってくる。この発言は、人類にとって根本的な難題は何かを完璧に表現したという意味で、重要な節目となった。

フランクリン・ルーズベルトは人間が生まれながらに持っている権利として四つの自由を考えた。言論の自由、信教の自由、貧困からの自由(解放)、恐怖からの自由(解放)である。このうち物質的なゆたかさによって満たされるのは、貧困からの自由だけだ。それ以外の自由は別の手段で実現しなければならない。市場が奪い市場が与えるものは、多くの場合、他の欠乏や不足から生じる希望と恐怖に影響されることを忘れてはならない。

ケインズが祝福を与えたハイエクとポラニーの強制結婚によって、第二次世界大戦後の北大西洋諸国で発展した開発志向の社会民主主義は、人類がこれまで実現した中では最もよいものだった。だが社会民主主義は持続可能性テストに合格できなかった。たった一世代でのハイペースの成長のせいでハードルが上がってしまったことが原因の一つだが、それだけではない。社会の安定だけでは不十分だ、等しい人を平等に、等しくない人は平等でなく扱うべきだとの声が高まったことが大きな原因である。これは、創造的破壊を特徴とするハイエク＝シュンペーター型市場経済にも、万人を平等に扱う社会保障制度を特徴とするポラニー型社会民主主義にもできないことだった。

二〇〇〇年を中心とする数十年間には、長い二〇世紀を終わらせるとともに、ユートピアへの人類の歩みにもおそらく終止符を打つ動きが四つ生まれた。第一に、ドイツと日本の非常に革新的で生産性の高い産業がアメリカの技術的優位に挑戦状を叩きつけ、アメリカ例外主義の基盤を揺るがした。この動きが始まったのは一九九〇年である。第二は、９１１事件の起きた二〇〇一年に始まった。狂信的な宗教的暴力が再び火を吹き、世界が積み上げてきたものを一気に数世紀逆戻りさせる。知識人は当惑し、「文明の戦争」だなどと言ったが、そんなものはどこにも起きていなかった。第三は、二〇〇八年に始まった大不況である。一九三〇年代のケインジアンの教訓が忘れ去られ、政策当局には必要な手を打つ能力も意思もないことがはっきりしたとき、それは起きた。第四は、科学によって地球温暖化が指摘された一九八九年頃から現在にいたるまでの間、世界は決然と行動できなかったことである。これらの出来事は複合的に重なり合っていくが、その前と後とでは歴史はあきらかに違う。後の歴史に意味を持たせるためには、新しい物語を書かなければなるまい。

長い二〇世紀は二〇一〇年には終わっている。もう二度と息を吹き返すことはあるまい——そう確信させる出来事が二〇一六年一一月八日に起きた。ドナルド・トランプがアメリカ大統領に選ばれたのである。この瞬間に、長い二〇世紀を特徴づけていた四つの要素がもはや修復不可能なほど破壊されたことがはっきりする。北大西洋諸国の経済成長のペースは大幅に鈍化した。一八七〇年以前のペースに逆戻りしたとまでは言わないが、かなり近づいたことはまちがいない。グローバル化は完全に逆転し、もはや公の場で支持する人はわずかしかいないのに、反対する人は大勢いるという状況だ。

そのうえ世界中の人がアメリカを特別な国とは見ていないし、アメリカ政府が世界で信頼できるリーダーであるとも考えていない(当然である)。世界の人々のこの判断は、コロナ禍の際に一段と強まった。なにしろアメリカでは新型コロナウイルス(COVID-19)の死者が、わかっているだけでも二〇二〇年のたった一年間で三四万五三二三人に達したのである。トランプ政権の対応といえば、混乱して空回りし、中国の生物兵器が発射されることなど誰も予想していなかったのだから、政権の失敗ではないと繰り返し呟いただけだった。科学の力は驚異的な短期間で強力なワクチンを開発するという奇跡を成し遂げたが、アメリカが主導してきた世界のガバナンスは機能せず、パンデミックが拡大し新しい変異株が生まれる前に世界にワクチンを行き渡らせることができなかった。

さらに未来への信頼も、消え失せはしないもののすっかり薄れてしまった。地球温暖化という脅威はマルサスの悪魔であり、全貌はまだあきらかになっていないにしても、すくなくとも暗い影となって地球を覆っている。未来への信頼を持ち続けているのは、地球上で中国共産党の指導部だけだろう。彼らは独自の社会主義の旗を高く掲げ、毛沢東・鄧小平・習近平《しゅうきんぺい》の思想の下に自分たちが人類を導いていくのだと固く信じている。だが外から見れば、中国は監視資本主義を展開している腐敗した権威主義国家にほかならない（口先だけは平等主義の響きのある「共同富裕」構想を打ち出しているが）。よって中国の台頭がユートピアへの道を進むことを約束してくれるとは思えない。それどころか、後戻りする兆しのようにさえ見える。運命の女神が回す糸車に翻弄される時代へ、支配者と被支配者が激しく入れ替わる時代へ、弱肉強食の時代への後退である。

トランプ政権に世界観というものがあるとすれば、それは根深い疑念に彩られている。内外の敵とりわけ英語を話さない非白人はアメリカの自由と機会の価値観につけ込んでいる、との見方に基づく疑念だ。またあの政権に政策というものがあるとすれば、それは富裕層に手厚い減税、気候変動の存在の否定、官僚の費用便益計算をおおむね無視した裁量的な規制緩和で特徴付けられる。これらすべてに残酷さが見え隠れする。いや、これが政権唯一の特徴と言えるほどだ。[6] この政権は、身内である国立アレルギー・感染症研究所所長のアンソニー・ファウチ博士を手ひどく非難した。ファウチ博士はアメリカにおける新型コロナウイルス感染対策の総指揮をとった人物である(もっともトランプは非難はしても更迭しようとはしなかった)。「ファウチこそが災厄だ。彼の言うとおりにしていたら、五〇万人が死んでいただろう」、「ファウチ博士とバークス博士(政府の新型コロナウイルス対策調整官を務めたデボラ・バークス)……は自分たちのまちがった直観と勧告を糊塗するために新たな筋書きを発明するという調子で自己宣伝に終始している。だが彼らの誤りは私がだいたいすぐに修正しておいたがね」。そして世間が「ファウチをクビにしろ」と騒ぐと、「ここだけの話だが、選挙のあとまで待ってほしい。みなさんの助言は感謝している、感謝しているとも!」と発言している。[7] パンデミックは最終的に一〇〇万人以上のアメリカ人の命を奪い、トランプの任期最終年である二〇二〇年の間に国中に広がった。感染者が集中していたのは、地方選挙で当選した政治家がトランプへの忠誠を表明していた地域である。カナダでの死者数は、人口比でみて四分の一に過ぎない。

二〇一六年の大統領選挙では、アメリカはほぼすべての論点で対立する二つの陣営に完全に分裂した。それでも陣営を問わずほとんどの人が、自分たちの国が大きな問題を抱えていると感じている。トランプはアメリカ衰退の象徴だと主張する人がいる一方で、彼こそがユナイテッド航空93便(911テロの際に乗員乗客の抵抗により唯一突入に失敗した航空機)のような救世主だと信じる人もいる。[8] だがトランプをどう捉えるにせよ、アメリカはすっかり変わったとみる点では一致している。変化はすでに起きていてアメリカ例外主義という物語を終わらせたのかもしれないし、羅針盤を失ったアメリカを再び偉大にするための変革が必要だったのかもしれない。そしてこのような不満足な状況に置かれているのはひとりアメリカだけではなかった。アメリカも世界も、山積する新たな問題、しかも次第に深刻化する問題に直面していた。長い二〇世紀の間に文明が達成した多くのことに疑義を突きつけ、覆しかねない問題ばかりである。トランプは、疲弊した長い二〇世紀に終止符を打っただけではない。悲観論と恐怖とパニックは、楽観論と希望と信頼と同じく人々を興奮させること、そして熱狂的な意見や行動に走らせることを思い知らせる役割を果たした。

どこで道を踏み外したのだろうか。おそらくハイエクとその後継者たちは、ジキル博士のごとき天才を持ち合わせていると同時に、ハイド氏のごとく暗愚だった。彼らは、市場にはすべてができると考え、「市場は与え、そして奪う、市場の御名に祝福あれ」と信じるよう人類に命じた。だが人類は反発した。市場にすべてができるわけではないことはあきらかだ、と。そして市場経済がやってきたことを拒絶し、「送り主に返送」した。

かくしてカール・ポラニー、セオドア・ルーズベルト、ジョン・メイナード・ケインズ、ベニート・ムッソリーニ、フランクリン・ルーズベルト、ウラジーミル・レーニン、マーガレット・サッチャーは他の解決方法を考え始める。彼らは「市場は与え……」の呪文に建設的かつ破壊的に異論を唱え、市場の役割を減らし、あるいは別のやり方に変え、あるいは他の制度に多くを委ねることを求めた。おそらく人類が「別のやり方」に最も近づいたのは、ハイエクとポラニーの強制結婚にケインズが祝福を与えたときだった。それは具体的には、第二次世界大戦後の北大西洋諸国において開発志向の社会民主主義という形で実現した。だが社会民主主義の下に構築された制度は、持続可能性テストに合格できなかった。代わって登場した新自由主義は、グローバルノースのエリートたちに向けて掲げた公約の多くを果たしはしたものの、望ましいユートピアへと賢く前進したかと言えば、そうではなかった。

かくして世界は、ケインズが一九二四年に述べた状態に似てきている。このとき彼は、「社会の変革に関する道徳的および知的問題はすでに解決されており、計画はすでに存在しあとはそれを実行するだけである」というレオン・トロツキーの仮定を批判した。ケインズに言わせれば、この仮定は正しくない。「われわれはどの時代にも増して、一貫性のある進歩を構想しておらず、理想も具体的に描けていない。どの政党も新しい思想ではなく過去の思想に依拠している。中でもそれが顕著なのはマルクス主義者だ。誰も絶対的な信条を持ち合わせていない以上、暴力によって信条を広めることの是非を議論するにはおよばない。次に使うべきは頭脳であって、拳骨は控えていてもらおう[2]」。

のろのろ歩きあるいは駆け足で達成された経済的改善は重要な意味を持つ。衣食住に加えて諸々のモノが十二分に満たされたことも重要な意味を持つ。いったんそれらを手にすると、悲観論者ですら手放したくなくなるものだ。またある種の思想は、いったん頭に宿ったら容易に忘れられなくなる。よって、蓄積された有用な知識の総合価値を量的に表したら、それは膨大なものになるだろう。その恩恵は十分に評価されていない。そうした思想の中には「市場は与え、そして奪う、市場の御名に祝福あれ」があり、また「市場は人間のために作られたのであって、人間が市場のために作られたのではない」がある。そこに私はもう一つ付け加えたい。多くの場合に需要は供給を生むのだから、政府はそれを適切に管理しなければならず、ときに強権的に管理しなければならない、と。

人類が抱いてきたユートピアの概念や構想はじつにさまざまである。地上に降臨した天の王国、古代ギリシャの理想郷《アルカディア》の牧歌的な田園生活、古代ギリシャで繁栄を謳歌したシバリスの豪奢で遊惰な生活、スパルタの厳しい規律と鍛錬による輝かしい武勲、アテネの活発な議論と言論および行動の自由、古代ローマの社会秩序と共通の目的意識およびパクス・ロマーナ、等々。物質的な欠乏（神学上の理由によるものを除く）が人類の恒久的なユートピア実現の機会を阻んできたこと、今後もそれは変わらないという点で、大方の意見は一致している。黄金時代はほぼつねに過去のものとして、すくなくとも遠く隔たったもの、あるいは半分神話の中のものとして見られるようになった。あの頃はさまざまな資源が豊富だったが、それは未来には望めないと考えられたからである。[10]

ものごとが変わり始めたのは一八七〇年だった。一九一九年にはやくもケインズは、人類がすでに「他の時代なら最も富裕で最も大きな権力を持つ君主でさえ手が届かなかったような利便性、快適性、娯楽」を生み出す能力を手にしたと強調している。もっともそれは、まだ上流階級に限定されていた。[11]紀元前三五〇年にアリストテレスは、主人の権威や奴隷の身分が廃止されることなどあり得ないと独白している。そのためには鍛冶の神ダイダロスの作った青銅製の自動人形や、ヘパイストスがオリンポス山での神々の宴会で使用した自分で歩いて料理を出す真鍮の三脚器といったものを制作し制御しなければならないという。[12]だが人類は二〇一〇年の時点でアリストテレスの夢や想像をはるかに超えてしまった。

昔の人々が二〇一〇年までに人類が手にした技術力や組織力を目にしたら、まちがいなく感動し目を疑うことだろう。だが彼らはきっと次の質問を発するはずだ。自然を支配し人間を組織する神の如き能力を獲得したにもかかわらず、ユートピアに近い人間界を築き上げることに関してあまりに成果が乏しいのはどうしてなのか、と。

二〇一〇年には、覇権国家としてのアメリカの役割に対する疑念は、中東での不運な失敗もあって決定的なものとなっていた。所得と資産の格差が急速に拡大し、しかもそれが経済成長の押し上げにはほとんどつながらないことに対して、不満が募っていく。二〇〇八~一〇年の大不況は、新自由主義を掲げる政策担当者たちが経済運営の問題をついに完璧に解決したとの主張の虚しさを暴く結果となった。グローバルノースの政治体制は、地球温暖化という大問題に立ち向かうことさえできない。しかも生産性の伸びを牽引してきたエンジンも失速し始めた。グローバルノースの主要国は、完全雇用のすみやかな回復を優先することにも、国民の不満を理解しうまく対応することにも失敗しかかっている。このままでは、二〇一〇年代にネオファシストやファシストに近い政治家が世界を席巻するような事態になりかねない。

こうして二〇一〇年をもって長い二〇世紀は終わった。

終わるべきではなかったのかもしれない。クリントン政権のときに多くの人が思い描いた輝かしい未来、いまの政策を続けていけば情報技術の進歩に後押しされて平等な高度成長を再び実現できるという期待は、ずっと幻想だったのかもしれない。偶然が別の方向に転がっていれば、人類はユートピア実現の機会を摑めていたのかもしれない。たとえば二〇〇八年にアメリカがFDRを大統領に選んでいたら、奇跡を起こせたかもしれない。本物のFDRが一九三三年に誰も期待していなかった奇跡を起こしたように。いや、長い二〇世紀における生産性のハイペースの伸びというパターンがすっかり干からびた二〇一六年になってからでさえ、政府はかつて世界に誇った創造的破壊による変革を起こし、アメリカ例外主義を生き返らせることができたかもしれない。

だが二〇一〇年以降のアメリカはドナルド・トランプを大統領に選び、西ヨーロッパもそれよりましとは言えない状況に陥った。長い二〇世紀の復活の可能性は潰えたのである。

新しい筋書きがどうなるのか、それはどのような大きな物語の中で展開されるのか、私たちはまだ知らない。だがそれはもう始まっている。

謝辞

本書の執筆にあたってはじつに多くの人の助けを借りた。まず妻アン・マリー・マルシアリール、そして子供たち、マイケルとジャンナ。彼らのおかげで長い執筆作業はとても楽しいものになった。二人の編集者トーマス・レビーンとブライアン・ディステルベルグにもたいへんお世話になった。本書の多くは彼らとの哲学談義として構成したほうがよかったかもしれないと考えたくなるくらい、本書は彼らなしには存在しなかったと言える。学問的な面でも多くの人に恩義がある（ただし本書の多くの誤りはすべて私一人の責任である）が、ここではいくらかずるをして、一〇人だけお名前を挙げて感謝することにしたい。まっさきに感謝したいのはアンドレ・シュライファーとラリー・サマーズである。書き記して広める価値がありそうなことを考えついたときは、だいたいにおいて私の思考回路は「ラリーなら何と言うかな？」とか「アンドレならどう考えるだろう？」というところから始まる。社会学学位審査会にも多くを負っている。とくにジェフ・ワイントローブとシャノン・スティムソンには心から感謝したい。ハーバード大学経済史セミナーの教授陣にも。ピーター・テミン、ジェフリー・ウィリアムソン、クラウディア・ゴールディン、故デビッド・ランデス、ありがとう。また多くの場合に遠くからではあったが、ポール・クルーグマンからも多大な影響を受けた。同世代の経済学者の中でジョン・メイナード・ケインズに最も近い後継者は彼だと思う。最後の一〇人目には、またしてもずるをさせてほしい。カリフォルニア大学バークレー校の同僚たちに感謝する。二〇世紀末における経済学の知的集団として彼ら以上のものはなく、集団としての知は個々人の総和よりはるかに大きいと確信する。また思いつく限りで最高の教育者集団でもある。ここにお名前を挙げることができなかったすべての人についても、私が負っている知的恩義をけっして忘れないよう努力し、必ずいずれお返しするつもりでいることをここに記しておく。

原注

第9章　ファシズムとナチズム

1. Aleksandr Solzhenitsyn, The Gulag Archipelago, vol. 1, New York: Harper and Row, 1976, 79. 彼が念頭に置いていたのは、ボルシェヴィキとソビエト共産党だった。だが実際に存在した社会主義とその二卵性双生児であるファシズムにも当てはまると私は考えている。
2. Andrew Carnegie, "Wealth," *North American Review* 148, no. 391 (June 1889), n.p., available from Robert Bannister at Swarthmore College, June 27, 1995, www.swarthmore.edu/SocSci/rbannis1/AIH19th/Carnegie.html.
3. Benito Mussolini, "The Doctrine of Fascism," first published in *Enciclopedia Italiana di Scienzek Lettere ed Arti*, vol. 14, Rome: Instituto Giovanni Treccani, 1932, available at San José State University faculty webpage of Andrew Wood at https://sjsu.edu/faculty/wooda/2B-HUM/Readings/TheDoctrine-of-Fascism.pdf; Antonio Scurati, *M: Son of the Century*, New York: HarperCollins, 2021; R. J. B. Bosworth, *Mussolini's Italy: Life Under the Fascist Dictatorship, 1915–1945*, New York: Penguin, 2005.
4. Leon Trotsky, "Political Profiles: Victor Adler," *Kievskaya Mysl*, no. 191 (July 13, 1913), available at Marxists Internet Archive, www.marxists.org / archive/trotsky/profiles/victoradler.htm.
5. Jasper Ridley, *Mussolini: A Biography*, New York: St. Martin's Press, 1998, 64.
6. George Orwell, "In Front of Your Nose," *London Tribune*, March 22, 1946, reprinted at Orwell Foundation, www.orwellfoundation.com/the -orwell-foundation/orwell/essays-and-other-works/in-front-of-your-nose.
7. John Lukacs, *A Short History of the Twentieth Century*, Cambridge, MA: Belknap Press of Harvard University Press, 2013; Francis Fukuyama, *The End of History and the Last Man*, New York: Free Press, 1992.（邦訳は、フランシス・フクヤマ『新版　歴史の終わり　歴史の「終点」に立つ最後の人間　上・下』渡部昇一訳、三笠書房）
8. ヒトラーに対する民衆の反応について最もよく書かれているのは、私の考えでは以下である。Ron Rosenbaum, *Explaining Hitler: The Search for the Origins of His Evil*, New York: Random House, 1998.
9. ナチズムの歴史として私がいまも好んで読むのは、以下である。William L. Shirer,

The Rise and Fall of the Third Reich: A History of Nazi Germany, New York: Simon and Schuster, 1960（邦訳は、ウィリアム・L・シャイラー『第三帝国の興亡』全5巻、松浦怜訳、東京創元社）. その理由は以下を参照されたい。Ron Rosenbaum, “Revisiting the Rise and Fall of the Third Reich,” Smithsonian, February 2012, www.smithsonianmag.com/history/revisiting-the-rise-and-fall-of-the-third-reich-20231221. シラーがウィリアム・シャイラーにとってなぜこれほど特別な存在になったのかを知ることのできる一次資料は、以下を参照されたい。William L. Shirer, Berlin Diary, New York: Knopf, 1941.

10. Adolf Hitler, *Mein Kampf*, Baltimore: Pimlico, 1992 [1925], 298.（邦訳は、アドルフ・ヒトラー『わが闘争』上下、平野一郎他訳、角川文庫）
11. Hitler, *Mein Kampf*, 121.
12. Hitler, *Mein Kampf*, 119.
13. Hitler, *Mein Kampf*, 500.
14. 以下を参照されたい。David Ceserani, Final Solution: The Fate of the Jews, 1933–49, New York: Pan Macmillan, 2017; Christopher Browning, Ordinary Men: Reserve Police Battalion 101 and the Final Solution in Poland, New York: Harper Perennial, 1993. 私の考えでは、すくなくとも“Conspiracy（謀議）”（監督フランク・ピアソン、脚本ロリング・マンデル、主演ケネス・ブラナー）（BBC and HBO Films, 2001）は見る価値がある。
15. Leo Strauss, Letter to Karl Löwith, May 19, 1933, in Leo Strauss, *Gesammelte Schriften, Bd. 3: Hobbes' politische Wissenschaft und zugehörige Schriften, Briefe*, ed. Heinrich Meier, Stuttgart: Metzler Verlag, 2001, 624–625, translation by Scott Horton at Balkinization, https://balkin.blogspot.com/2006/07/letter_16.html.
16. Ludwig von Mises, *Liberalism: The Classical Tradition*, Jena, Germany: Gustav Fischer Verlag, 1927, 51.
17. Margaret Thatcher, Letter to Friedrich von Hayek, February 17, 1982, transcript and digitized image available at Corey Robin, “Margaret Thatcher's Democracy Lessons,” Jacobin, n.d., https://jacobinmag.com/2013/07 /margaret-thatcher-democracy-lessons.
18. Hitler, *Mein Kampf*.（ヒトラー前掲書）
19. George Orwell, *Homage to Catalonia*, London, Seeker and Warburg, 1938, 34.（邦訳は、ジョージ・オーウェル『カタロニア讃歌』都築忠七訳、岩波文庫）
20. Hermann Rauschning, *The Voice of Destruction*, New York: Pelican, 1940, 192.
21. Eric Hobsbawm, *Age of Extremes: The Short Twentieth Century, 1914– 1991*,

London: Michael Joseph, 1984, 76.（邦訳は、エリック・ホブズボーム『20世紀の歴史　両極端の時代』大井由紀訳、筑摩書房）
22. Anton Antonov-Ovseenko, The Time of Stalin—Portrait of a Tyranny, New York: Harper and Row, 1981, 165. おそらく証人クリメント・ヴォロシーロフからアナスタス・ミコヤンへの伝達網があったと思われる。
23. Rosa Luxemburg, *The Russian Revolution*, New York: Workers' Age Publishers, 1940 [1918], 34.（邦訳は、ローザ・ルクセンブルク『ロシア革命論』伊藤成彦他訳、論創社）
24. Janek Wasserman, *The Marginal Revolutionaries: How Austrian Economists Fought the War of Ideas*, New Haven, CT: Yale University Press, 1919, 98.
25. Eric Phipps, *Our Man in Berlin: The Diary of Sir Eric Phipps, 1933– 1937*, Basingstoke, UK: Palgrave Macmillan, 2008, 31.

第10章　第二次世界大戦

1. William L. Shirer, *The Rise and Fall of the Third Reich: A History of Nazi Germany*, New York: Simon and Schuster, 1960, 197.（シャイラー前掲書）
2. Eric Phipps, *Our Man in Berlin: The Diary of Sir Eric Phipps, 1933– 1937*, Basingstoke, UK: Palgrave Macmillan, 2008, 31.
3. 「だから言わんこっちゃない」的な文章で金メダルに値するのは、以下である。Winston S. Churchill, The Gathering Storm, Boston: Houghton Mifflin, 1948. この著作はすばらしいが、以下による修正が必要である。David Reynolds, In Command of History: Churchill Fighting and *Writing the Second World War*, New York: Random House, 2005.
4. チャーチルは、トルコでのダーダネルス作戦を、「フランダースの有刺鉄線を噛む」ために若者を送り込むことに比べればイギリスの資源のはるかに望ましい使い方だと考えていたが、これは正しい。Winston S. Churchill to Herbert Henry Asquith, December 29, 1914, Churchill Papers, 26/1; quoted by W. Mark Hamilton, "Disaster in the Dardanelles: The History of the History," International Churchill Society, November 10, 2015, https://winstonchurchill.org/publications/finest-hour/finest-hour-169 /disaster-in-the-dardanelles-the-history-of-the-history.
5. David Faber, *Munich: The Appeasement Crisis*, London: Pocket Books, 2008.
6. Neville Chamberlain, "Peace for Our Time," speech, September 30, 1938, transcript at EuroDocs, https://eudocs.lib.byu.edu/index.php/Neville_Chamberlain%27s_%22Peace_For_Our_Time%22_speech.

7. Martin Gilbert, ed., *Winston S. Churchill, Companion*, vol. 5, pt. 3, *The Coming of War, 1936–1939*, London: Heinemann, 1982.
8. "The End of Czecho-Slovakia: A Day-to-Day Diary," *Bulletin of International News* 16, no. 6 (March 25, 1939): 23–39.
9. Winston S. Churchill, "The Russian Enigma," BBC, October 1, 1939, transcript at Churchill Society, www.churchill-society-london.org.uk/RusnEnig.htm
10. 第二次世界大戦に関して推薦できる最も簡潔な著作は、以下である。Gerhard Weinberg, World War II: A Very Short Introduction, Oxford: Oxford University Press, 2014.（邦訳は、ゲアハード・L・ワインバーク『第二次世界大戦　シリーズ戦争学入門』矢吹啓訳、創元社）。より深く知るためには、以下を読まれたい。Gerhard Weinberg, A World at Arms: A Global History of World War II, Cambridge: Cambridge University Press, 1994; R. J. Overy, Why the Allies Won, London: Pimlico, 1996.
11. ここにはすくなくとも脚注が一つは必要だろう。ヴェルナー・フォン・ブラウンは1945年にアメリカに移住してから、ナチスの奴隷頭として殺人兵器を作っていた場合よりも長生きをした。とは言え、アラバマ州ハンツヴィルの中心部にヴェルナー・フォン・ブラウン・センターが今もあることに私は驚きを禁じ得ない。このセンターは「会議、催事、演奏会、ブロードウェイ公演、バレエ、交響楽団、あらゆるスポーツ大会等々」に供されるという。以下を参照されたい。www.vonbrauncenter.com/about-us
12. David Glantz, *Barbarossa: Hitler's Invasion of Russia, 1941*, Stroud, UK: Tempus Books, 2001.
13. Ernest May, *Strange Victory: Hitler's Conquest of France*, New York: Hill and Wang, 2000, 410.
14. William L. Shirer, *The Collapse of the Third Republic: An Inquiry into the Fall of France in 1940*, New York: Pocket Books, 1971, 690.
15. Shirer, Collapse, 691. フランス第6軍司令官ロベール=オーギュスト・トゥション将軍は、ドゴールの第4機甲師団の活動域で総指揮をとっていたが、後日こう報告している。機甲師団は「激しい一撃」を加え、その結果として「パンサーの進軍速度を遅らせた」。
16. Charles de Gaulle, "The Appeal of June 18," BBC, June 18, 1940, Internet Archive Wayback Machine, https://web.archive.org/web/20130423194941/http://www.france.fr/en/institutions-and-values/appeal-18-june.
17. Winston S. Churchill, *Their Finest Hour*, Boston: Houghton Mifflin, 1949, 5
18. Churchill, *Their Finest Hour*

19. これは、二〇世紀全体でみて最も驚異的な偉業の一つであるが、それについて私はごくわずかしか知らない。

第11章　敵対しつつ共存する二つの体制の冷戦

1. Ron Rosenbaum, *How the End Begins: The Road to a Nuclear World War III*, New York: Simon and Schuster, 2011.
2. Nikita S. Khrushchev, "On Peaceful Coexistence," *Foreign Affairs* 38, no. 1 (October 1959): 1–18.
3. "We Will Bury You," *Time*, November 26, 1956, Internet Archive Wayback Machine, https://web.archive.org/web/20070124152821/http:// www.time.com/time/magazine/article/0,9171,867329,00.html.
4. 冷戦について次に読むべきは、以下である。John Lewis Gaddis, *The Cold War: A New History*, New York: Penguin, 2005（邦訳は、ジョン・L・ガディス『冷戦　その歴史と問題点』河合秀和他訳、彩流社）、We Now Know: Rethinking Cold War History, Oxford: Clarendon Press, 1997（邦訳は、ジョン・ルイス・ギャディス『歴史としての冷戦　力と平和の追求』赤木莞爾他訳、慶應義塾大学出版会）, and The United States and the Origins of the Cold War, New York: Columbia University Press, 1972.
5. Vladimir Lenin, Imperialism: The Highest Stage of Capitalism, London: Lawrence and Wishart, 1948 [1916].（邦訳は、レーニン『帝国主義論』角田安正訳、光文社古典新訳文庫）
6. Paul Sweezy, The Theo*ry of Capitalist Development*, New York: Monthly Review Press, 1942, 361.（邦訳は、ポール・スウィージー『資本主義発展の理論』都留重人訳、新評論）
7. Charles Maier, *In Search of Stability: Explorations in Historical Political Economy*, Cambridge: Cambridge University Press, 1987, 153.
8. J. Bradford DeLong and Barry Eichengreen, "The Marshall Plan: History's Most Successful Structural Adjustment Program," in *Postwar Economic Reconstruction and Its Lessons for the East Today*, ed. Rüdiger Dornbusch, Willem Nolling, and Richard Layard, Cambridge, MA: MIT Press, 2003, 189–230.
9. Richard Strout, TRB (column), *New Republic*, May 5, 1947.
10. As reported by Clark Clifford. Forrest C. Pogue, *George C. Marshall: Statesman, 1945–1959*, Plunkett Lake Press, 2020 [1963], 236.
11. 以下を参照されたい。Barry Eichengreen and Marc Uzan, "The Marshall Plan:

Economic Effects and Implications for Eastern Europe and the Former USSR," *Economic Policy* 7, no. 14 (1992): 13–75.

12. Paul Krugman, "The Conscience of a Liberal," *New York Times*, November 30, 2010, https://krugman.blogs.nytimes.com/2010/11; Étienne Davignon, "Address," in *Jean Monnet: Proceedings of Centenary Symposium Organized by the Commission of the European Communities, Brussels, 10 November 1988*, Luxembourg: Office for Official Publications of the European Communities, 1989, 36, available at Archive of European Integration, University of Pittsburgh, http://aei-dev.library.pitt.edu/52373/1/A7287.pdf.
13. Dean Acheson, "Speech on the Far East," January 12, 1950, available at Teaching American History, https://teachingamericanhistory.org/document/speech-on-the-far-east.
14. Max Hastings, *The Korean War*, New York: Simon and Schuster, 1987.
15. John Foster Dulles, "The Evolution of Foreign Policy," Council on Foreign Relations, New York, January 12, 1954, reprinted in archives of *Air Force Magazine*, www.airforcemag.com/PDF/MagazineArchive/Documents/2013/September%202013/0913keeperfull.pdf.
16. George F. Kennan, "Sources of Soviet Conduct," *Foreign Affairs* 25, no. 4 (July 1947): 566–582.
17. "We Will Bury You"; "False Claim: Nikita Khrushchev 1959 Quote to the United Nations General Assembly," Reuters, May 11, 2020, www .reuters.com/article/uk-factcheck-khrushchev-1959-quote/false-claim-nikita-khrushchev-1959-quote-to-the-united-nations-general-assembly-idUSKBN 22N25D.
18. Dwight D. Eisenhower, Letter to Edgar Newton Eisenhower, November 8, 1954, available at Teaching American History, https://teachingamericanhistory.org/library/document/letter-to-edgar-newton-eisenhower.

第12章　グローバルサウスの経済開発へ向けた見せかけ（および本物）のスタート

1. W. Arthur Lewis, *Growth and Fluctuations, 1870–1913*, London: G. Allen and Unwin, 1978, 215–219.
2. Lant Pritchett, "Divergence, Bigtime," *Journal of Economic Perspectives* 11,

no. 3 (Summer 1997): 3–17.

3. Robert Allen, *Global Economic History: A Very Short Introduction*, Oxford: Oxford University Press, 2013, 131–144.（邦訳は、ロバート.C.アレン『なぜ豊かな国と貧しい国が生まれたのか』グローバル世界史研究会訳、NTT出版）
4. Stanley Engerman and Kenneth Sokoloff, “Institutions, Factor Endowments, and Paths of Development in the New World,” *Journal of Economic Perspectives* 14, no. 3 (Summer 2020): 217–232, available at American Economic Association, www.aeaweb.org/articles?id=10.1257/jep.14.3.217; Rafael La Porta, Florencio Lopez-de-Silanes, and Andrei Shleifer, “The Economic Consequences of Legal Origins,” *Journal of Economic Literature* 46, no. 2 (June 2008): 285–332.
5. Harold Macmillan, “Winds of Change,” BBC, February 3, 1960, www .bbc.co.uk/archive/tour-of-south-africa—rt-hon-macmillan/zv6gt39.
6. Ashutosh Varshney, “The Wonder of Indian Democracy,” *East Asia Forum Quarterly* (February 29, 2012), www.eastasiaforum.org/2012/02/29 /the-wonder-of-indian-democracy.
7. Robert Bates, *Markets and States in Tropical Africa: The Political Basis of Agricultural Policies*, Berkeley: University of California Press, 1981, 1.
8. Nathan Nunn, “Long Term Effects of Africa's Slave Trades,” *Quarterly Journal of Economics* 123, no. 1 (February 2008): 139–176.
9. Abubakar Tafawa Balewa, Shaihu Umar, Princeton, NJ: Markus Weiner Publishers, 1989 [1934]; 以下の討論も参照されたい。Aaron Bady (@zunguzungu), Twitter, May 9, 2021, https://twitter.com/zunguzungu/status/139146383631 4607618.
10. Niccolò Machiavelli, *The Prince*, 1513.（邦訳は、マキャベリ『君主論』森川辰文訳、光文社古典新訳文庫）
11. Bates, *Markets and States*, 131.
12. Carlos Diaz-Alejandro, *Essays on the Economic History of the Argentine Republic*, New Haven, CT: Yale University Press, 1970; Gerardo della Paolera and Alan M. Taylor, *A New Economic History of Argentina*, Cambridge: Cambridge University Press, 2011.
13. Paul H. Lewis, Guerrillas and Generals: The “Dirty War” in Argentina, Westport, CT: Praeger, 2002. ルイスの基本的な考えは、「アルゼンチンの根底にあるのは……我が国の衰退は凝り固まったエリート層が……大衆政治の時代を受け入れようとしなかったからだ」というものである（p. 4）。
14. J. Bradford DeLong and Barry Eichengreen, “The Marshall Plan: History's

Most Successful Structural Adjustment Program," in *Postwar Economic Reconstruction and Its Lessons for the East Today*, ed. Rüdiger Dornbusch, Willem Nolling, and Richard Layard, Cambridge, MA: MIT Press, 2003.
15. Said Amir Arjomand, *The Turban for the Crown: The Islamic Revolution in Iran*, Oxford: Oxford University Press, 1988.
16. Roderick MacFarquhar, ed., *The Politics of China: Sixty Years of the People's Republic of China*, Cambridge: Cambridge University Press, 2011.
17. Roderick MacFarquhar and Michael Schoenhals, *Mao's Last Revolution*, Cambridge, MA: Belknap Press of Harvard University Press, 2006.
18. Victor Shih, *Coalitions of the Weak: Mao and Deng's Power Strategy*, forthcoming.
19. Joe Studwell, *How Asia Works: Success and Failure in the World's Most Dynamic Region*, New York: Grove Press, 2013.
20. Ellen Hillbom and Jutta Bolt, *Botswana—A Modern Economic History: An African Diamond in the Rough*, Basingstoke, UK: Palgrave Macmillan, 2018.
21. Carl von Clausewitz, *On War*, Princeton, NJ: Princeton University Press, 1976 [1832].（邦訳は、カール・フォン・クラウゼヴィッツ『戦争論　上・下』清水多吉訳、中公文庫）
22. Pritchett, "Divergence, Bigtime."

第13章　包摂

1. Chinua Achebe, *Things Fall Apart*, New York: Anchor Books, 1958, 178.
2. W. Arthur Lewis, "Biographical," in *Nobel Lectures: Economics, 1969– 1980*, ed. Assar Lindbeck, Singapore: World Scientific Publishing Company, 1992 [1979], 395, reprinted at NobelPrize.org, www.nobelprize.org/prizes / economic-sciences/1979/lewis/biographical.
3. W. Arthur Lewis, *The Evolution of the International Economic Order*, Princeton, NJ: Princeton University Press, 1978.（邦訳は、アーサー・ルイス『国際経済秩序の発展』水上健造訳、文化書房博文社）
4. Aristotle, *Politics*, trans. B. Jowett, Oxford: Clarendon Press, 1885 [350 bce], 6.（邦訳は、アリストテレス『政治学　上・下』三浦洋訳、光文社古典新訳文庫）
5. W. E. B. Du Bois, "The Souls of White Folk," *The Collected Works of Du Bois*, e-artnow, 2018 [1903], n.p.
6. Doug Jones, "Toba? Or the Sperm Whale Effect?," *Logarithmic History*, August 6, 2017, https://logarithmichistory.wordpress.com/2017/08/05 /

toba-or-the-sperm-whale-effect-2.
7. Thomas Sowell and Lynn D. Collins, *Essays and Data on American Ethnic Groups*, Washington, DC: Urban Institute, 1978, 208.
8. Sheera Frenkel and Cecilia Kang, An Ugly Truth: Inside Facebook's Battle for Domination, New York: HarperCollins, 2021.リチャード・ヘルンシュタインやチャールズ・マレーらは単に「質問を設定して答えとしてのデータを示す」作業を行い（以下を参照されたい。Richard Herrnstein and Charles Murray, The Bell Curve: Intelligence and Class Structure in American Life, New York: Simon and Schuster, 1994）、その結果として知性には遺伝子による決定的に重要な人種間格差があると結論するにいたった、と考える人たちがいる。そういう人たちは、もっと深く考えるべきである。チャールズ・マレーは、自分が育った中西部郊外に暮らす黒人の家族二組を恐怖に陥れるために十字架を燃やし（KKKがよくやる儀式）、厚かましくも「我々の純粋な精神には人種差別の思想などない。あるのは無知だけだ」と主張したのだ。以下を参照されたい。Jason DeParle, "Daring Research or 'Social Science Pornography'? Charles Murray," New York Times, October 9, 1994, https:// timesmachine.nytimes.com/timesmachine/1994/10/09/397547.html. またそういう人たちは、自分たちが容易にマレーらの主張を信じやすく、且つアメリカの黒人が今日相対的に貧しいのは、過去・現在の差別が原因ではなく生まれついての固定的要因のせいだと信じたがっている理由は何なのかも真剣に考えるべきである。
9. Abraham Lincoln and Stephen Douglas, "First Debate: Ottawa, Illinois," August 21, 1858, National Park Service, www.nps.gov/liho/learn / historyculture/debate1.htm.
10. Lincoln and Douglas, "First Debate."
11. Martin Luther King Jr., "I Have a Dream Today," August 28, 1963.
12. 共和党の選挙戦術家リー・アトウォーターは、1981年にアレクサンダー・P・ラミスのインタビューに応えて、共和党は人種差別的な組織ではないと断言した。理由は、もし差別的なら、黒人の投票を妨害し投票権法を覆すことが「南部（共和党贔屓）の支持を繋ぎ止めるための重要な戦略となっていたはずだ」という。だが今や「そんなことをする必要はない。南部の支持を維持するために必要なのは、レーガンに今のやり方をやらせておくことだ……つまり、財政規律、予算均衡、減税といった、例のあの古いやり方をね。それと、国防の強化だ」。要するにアトウォーターは大いに期待していた。彼が1981年の時点で正しかったのかどうかはわからない。だが彼が述べた共和党が人種差別的かどうかを判断する基準に照らせば、今日では完全にまちがっている。動画Lee Atwater, "Southern Strategy Interview," 1981 を参照されたい。この動画はジョン・スミス名義で、3パートに分けて2013年8月3日にYouTube

に投稿された。www.youtube .com/watch?v=yeHFMIdDuNQ, www.youtube.com/watch?v=btW831W0o34, and www.youtube.com/watch?v=dxmh5vXyhzA.

13. Continental Congress, Declaration of Independence, July 4, 1776, transcript at National Archives, www.archives.gov/founding-docs/declaration -transcript; Roger B. Taney, Dred Scott v. Sandford, 60 U.S. 393 (1856), Justia, https://supreme.justia.com/cases/federal/us/60/393; Harry V. Jaffa, *Crisis of the House Divided: An Interpretation of the Issues in the Lincoln-Douglas Debates*, Seattle: University of Washington Press, 1973; Harry V. Jaffa, *Storm over the Constitution*, New York: Lexington Books, 1999.
14. Tim Naftali, "Ronald Reagan's Long-Hidden Racist Conversation with Richard Nixon," *Atlantic*, July 30, 2019, www.theatlantic.com/ideas / archive/2019/07/ronald-reagans-racist-conversation-richard-nixon/595102; George Stigler, "The Problem of the Negro," *New Guard* 5 (December 1965): 11–12.
15. Dan Ziblatt, *Conservative Parties and the Birth of Democracy*, Cambridge: Cambridge University Press, 2017.
16. Edmund S. Morgan, *American Slavery, American Freedom: The Ordeal of Colonial Virginia*, New York: W. W. Norton, 1975.
17. Charles Murray, *Losing Ground: American Social Policy, 1950–1980*, New York: Basic Books, 1984.
18. George Gilder, *Wealth and Poverty*, New York: ICS Press, 1981.（邦訳は、ジョージ・ギルダー『富と貧困　供給重視の経済学』斎藤精一郎訳、日本放送出版協会）
19. Daniel Patrick Moynihan, *The Negro Family: The Case for National Action*, Office of Policy Planning and Research, US Department of Labor, March 1965, full text at US Department of Labor, www.dol.gov/general / aboutdol/history/webid-moynihan.
20. Aristotle, *Politics*, 24.（アリストテレス前掲書）
21. Doug Jones, "The Patriarchal Age," *Logarithmic History*, September 27, 2015, https://logarithmichistory.wordpress.com/2015/09/27/the-patriarchal-age; Monika Karmin, Lauri Saag, Mário Vicente, Melissa A. Wilson Sayres, Mari Järve, Ulvi Gerst Talas, Siiri Rootsi, et al., "A Recent Bottleneck of Y Chromosome Diversity Coincides with a Global Change in Culture," *Genome Research* 25, no. 4 (April 2015): 459–466.

22. Claudia Goldin, *Understanding the Gender Gap: An Economic History of American Women,* New York, Oxford University Press, 1990.
23. Louis Menand, "How Women Got in on the Civil Rights Act," *New Yorker,* July 21, 2014, www.newyorker.com/magazine/2014/07/21/sex-amendment.
24. Goldin, *Understanding the Gender Gap*, 217.
25. Betty Friedan, *The Feminine Mystique*, New York: W. W. Norton, 1963, 474.（邦訳は、ベティ・フリーダン『新しい女性の創造』三浦富美子訳、大和書房）

第14章　社会民主主義の栄光の三〇年

1. Jean Fourastié, *Les Trente Glorieuses: Ou, la Révolution Invisible de 1946 à 1975*, Paris: Hachette Littérature, 1997 [1949].
2. Antonio Gramsci, "Americanism and Fordism," in *Selections from the Prison Notebooks of Antonio Gramsci*, London: Lawrence and Wishart, 1971 [1934], 277–320（邦訳は、アントニオ・グラムシ『グラムシ=獄中からの手紙』上杉聰彦訳、合同出版社）; Charles S. Maier, "Between Taylorism and Technocracy: European Ideologies and the Vision of Industrial Productivity in the 1920s," *Journal of Contemporary History* 5, no. 2 (1970): 27–61.
3. Martin Weitzman, "Prices Versus Quantities," *Review of Economic Studies* 41, no. 4 (October 1974): 477–491.
4. Ronald Coase, "The Nature of the Firm," *Economica* 4, no. 16 (1937): 386–405.（邦訳は、ロナルド・H・コース「企業の本質」、『企業・市場・法』所収。宮澤健一他訳、ちくま学芸文庫）
5. Janos Kornai, *The Economics of Shortage*, Amsterdam: North-Holland, 1979.
6. シカゴ学派の共同創設者ヘンリー・サイモンズが、 すっかり信用を失墜した連邦取引委員会は本来であれば政府の重要な実務機関になるべきだったと考えていた点に留意されたい。Henry Simons, Economic Policy for a Free Society, Chicago: University of Chicago Press, 1948.
7. John Maynard Keynes, *The General Theory of Employment, Interest and Money*, London: Macmillan, 1936, chap. 24.（邦訳は、ジョン・メイナード・ケインズ『雇用、金利、通貨の一般理論』大野一訳、日経BPクラシックス）
8. Franklin Delano Roosevelt, "First Inaugural Address," March 4, 1933, American Presidency Project, University of California, Santa Barbara, www.presidency.ucsb.edu/documents/inaugural-address-8.
9. フリードマンは一時期、過去の相関性を持ち出して、「中立的」な金融政策は自

動的に運用できると主張した。だがチャールズ・グッドハートが指摘したとおり、中央銀行が金融のコントロール・メカニズムとしてその方法に頼ろうとした途端、過去の相関性は崩れた。以下を参照されたい。C. A. E. Goodhart, "Problems of Monetary Management: The UK Experience," in Monetary Theory and Practice: The UK Experience, London: Palgrave Macmillan, 1984, 91–121. そこでフリードマンは、「中立でありさえすればよい」との立場に逃げ込んだ。以下を参照されたい。Timothy B. Lee, "Milton Friedman Would Be Pushing for Easy Money Today," *Forbes*, June 1, 2012, www.forbes.com/sites / timothylee/2012/06/01/milton-friedman-would-be-pushing-for-easy-money -today/?sh=76b918545b16.

10. Keynes, *General Theory*, chap. 24.（ケインズ前掲書）
11. Employment Act of 1946, 15 U.S.C. § 1021, archived at Federal Reserve Archival System for Economic Research (FRASER), https://fraser . stlouisfed.org/title/employment-act-1946-1099; J. Bradford De Long, "Keynesianism, Pennsylvania Avenue Style: Some Economic Consequences of the Employment Act of 1946," *Journal of Economic Perspectives* 10, no. 3 (Fall 1996): 41–53.
12. Dwight D. Eisenhower, Letter to Edgar Newton Eisenhower, November 8, 1954, available at Teaching American History, https:// teachingamericanhistory.org/library/document/letter-to-edgar-newton-eisenhower.
13. Thomas Piketty and Emmanual Saez, "Income Inequality in the United States," *Quarterly Journal of Economics* 118, no. 1 (February 2003): 1–39, https://eml.berkeley.edu/~saez/pikettyqje.pdf.
14. Nelson Lichtenstein, *The Most Dangerous Man in Detroit: Walter Reuther and the Fate of American Labor*, New York: Basic Books, 1995.
15. J. Bradford DeLong and Barry Eichengreen, "The Marshall Plan: History's Most Successful Structural Adjustment Program," in *Postwar Economic Reconstruction and Its Lessons for the East Today*, ed. Rüdiger Dornbusch, Willem Nolling, and Richard Layard, Cambridge, MA: MIT Press, 2003.
16. Charles Kindleberger, *Europe's Postwar Growth: The Role of Labor Supply*, Cambridge, MA: Harvard University, Center for International Affairs, 1967; Barry Eichengreen, *The European Economy Since 1945: Coordinated Capitalism and Beyond*, Princeton, NJ: Princeton University Press, 1947.
17. Marcel Mauss, *The Gift: The Form and Reason for Exchange in Archaic Societies*, New York: Routledge, 1990 [1950].（邦訳は、マルセル・モース『贈

与論　他二篇』森山工訳、岩波文庫）

18 Robert Gordon, "Postwar Macroeconomics: The Evolution of Events and Ideas," National Bureau of Economic Research (NBER) working paper 459, issue date March 1980, available at NBER, www.nber.org/system/files / working_papers/w0459/w0459.pdf.

19. Richard Nixon, *Six Crises*, New York: Doubleday, 1962.

20. Paul Volcker and Toyoo Gyohten, *Changing Fortunes: The World's Money and the Threat to American Leadership*, New York: Random House, 1992.（邦訳は、ポール・ボルカー、行天豊雄『富の興亡　円とドルの歴史』）江澤雄一監訳、東洋経済新報社）

21. Arthur Burns, "Progress Towards Economic Stability," *American Economic Review* 50, no. 3 (March 1960): 1–19.

22. John Maynard Keynes, *The Economic Consequences of the Peace*, London: Macmillan, 1919, 220.（邦訳は、ジョン・メイナード・ケインズ『平和の経済的帰結』山形浩生訳、東洋経済新報社）

23. Keynes, *Economic Consequences*, 235–236.（ケインズ前掲書）

第15章　新自由主義の登場

1. John Maynard Keynes, *The Economic Consequences of the Peace*, London: Macmillan, 1919, 22.（ケインズ前掲書）

2. John Maynard Keynes, "Economic Possibilities for Our Grandchildren," reprinted in John Maynard Keynes, *The Collected Writings of John Maynard Keynes*, vol. 9, *Essays in Persuasion*, Cambridge: Cambridge University Press, 2013, 328.（邦訳はケインズ「孫の世代の経済的可能性」、『ケインズ説得論集』所収。山岡洋一訳、日経ビジネス人文庫）

3. Gareth Dale, Karl Polanyi: A Life on the Left, New York: Columbia University Press, 2016. 同じく読むに値するのは、以下である。Tim Rogan, The Moral Economists: R. H. Taw*ney, Karl Polanyi, E. P. Thompson, and the Critique of Capitalism*, Princeton, NJ: Princeton University Press, 2017.

4. Joan Robinson, *The Cultural Revolution in China*, New York: Penguin, 1967; Jan Myrdal, *Report from a Chinese Village*, New York: Pantheon Books, 1965.

5. Robert Gordon, *The Rise and Fall of American Growth: The U.S. Standard of Living Since the Civil War*, Princeton, NJ: Princeton University Press, 2017.（邦訳は、ロバート・J・ゴードン『アメリカ経済　成長の終焉　上・下』高遠裕子、

山岡由美訳、日経BP社）
6. William Nordhaus, *Retrospectives on the 1970s Productivity Slowdown*, Cambridge, MA: National Bureau of Economic Research, 2004.
7. ニクソンとキッシンジャーが原油価格の3倍もの値上がりを容認したことについて（理由は、原油価格の高騰でイランのパーレヴィは兵器を購入する資金ができ、ソ連を不快にさせるので、アメリカにとってメリットがあるとの迂遠な考えからだった）、私はどうしても得心がいかなかった。当時の財務長官ウィリアム・サイモンは、あれが支配的な意見だったが大きな間違いだったと考えている。V. H. Oppenheim, "See the Past: We Pushed Them," Foreign Policy 25 (Winter 1976–1977): 24–57; David M. Wight, *Oil Money: Middle East Petrodollars and the Transformation of US Empire*, Ithaca, NY: Cornell University Press, 2021.
8. Jonathon Hazell, Juan Herreño, Emi Nakamura, and Jón Steinsson, "The Slope of the Phillips Curve: Evidence from U.S. States," National Bureau of Economic Research (NBER) working paper 28005, issue date October 2020, revised May 2021, available at NBER, www.nber.org/papers / w28005; Olivier Blanchard, "The U.S. Phillips Curve: Back to the 60s?," Peterson Institute for International Economics, January 2016, www.piie.com /publications/pb/pb16-1.pdf.
9. John A. Farrell, *Richard Nixon: The Life*, New York, Doubleday, 2017.
10. Martin Feldstein, "Introduction," in *The American Economy in Transition*, ed. Martin Feldstein, Chicago, University of Chicago Press, 1980, 1–8; Albert O. Hirschman, *The Rhetoric of Reaction: Perversity, Futility, Jeopardy*, Cambridge, MA: Belknap Press of Harvard University Press, 1991.（邦訳は、ハーシュマン『反動のレトリック　逆転・無益・危険性』岩崎稔訳、法政大学出版局）
11. Eric Hobsbawm, *Age of Extremes: The Short Twentieth Century, 1914– 1991*, London: Michael Joseph, 1984, 460.（ホブズボーム『20世紀の歴史』）
12. 以下を参照されたい。Eric Hobsbawm's interview with Michael Ignatieff, "The Late Show—Eric Hobsbawm—Age of Extremes (24 October 1994)," YouTube, posted by "tw19751," November 6, 2012, www.youtube.com/watch?v=Nnd 2Pu9NNPw; Sarah Lyall, "A Communist Life with No Apologies," *New York Times*, August 23, 2003, www.nytimes.com/2003/08/23/books/a-communist -life-with-no-apology.html.
13. George Stigler, "The Problem of the Negro," *New Guard* 5 (December 1965): 11–12, available at Digressions and Impressions, website of Eric Schliesser, https://digressionsnimpressions.typepad.com/digressionsimpres

sions/2020/06/stiglerracism.html.

14. Paul Volcker and Toyoo Gyohten, Changing Fortunes: The World's Money and the Threat to American Leadership, New York: Random House, 1992.（ボルカー、行天前掲書）ボルカーは、バーンズがFRB議長だったときに彼に「いくらか憤慨して」話したと語っている。「アーサー……、君は家へ帰って金融を引き締めるほうがいい」。以下も参照されたい。Arthur Burns, "Progress Towards Economic Stability," *American Economic Review* 50, no. 3 (March 1960): 1–19.
15. Stuart Eizenstat, "Economists and White House Decisions," *Journal of Economic Perspectives* 6, no. 3 (Summer 1992): 65–71.
16. Barrie Wigmore and Peter Temin, "The End of One Big Deflation," MIT Department of Economics working paper 503, 1988, https://dspace .mit.edu/bitstream/handle/1721.1/63586/endofonebigdefla00temi.pdf; Thomas Sargent, "Stopping Moderate Inflations: The Methods of Poincaré and Thatcher," Federal Reserve Bank of Minneapolis, working paper W, May 1981, JSTOR, www.jstor.org/stable/10.2307/community.28111603; Laurence Ball, "The Genesis of Inflation and the Costs of Disinflation," *Journal of Money, Credit and Banking* 23, no. 3, Part 2: Price Stability (August 1991): 439–452.
17. Laurence Ball, "What Determines the Sacrifice Ratio?," in *Monetary Policy*, ed. N. Gregory Mankiw (Chicago: University of Chicago Press, 1994), 155–194.
18. Martin Feldstein, "The Dollar and the Trade Deficit in the 1980s: A Personal View," National Bureau of Economic Research (NBER) working paper 4325, issue date April 1993, available at NBER, www.nber.org/system / files/working_papers/w4325/w4325.pdf.
19. Milton Friedman and Rose Friedman, *Free to Choose: A Personal Statement*, New York: Avon, 1979.（邦訳は、ミルトン・フリードマン、ローズ・フリードマン『選択の自由　自立社会への挑戦』西山千明訳、日経ビジネス人文庫）
20. Bill Clinton, "Address Before a Joint Session of the Congress on the State of the Union," January 23, 1996, American Presidency Project, University of California, Santa Barbara, www.presidency.ucsb.edu/documents /address-before-joint-session-the-congress-the-state-the-union-10.
21. Barack Obama, "Address Before a Joint Session of the Congress on the State of the Union," January 27, 2010, American Presidency Project, University of California, Santa Barbara, www.presidency.ucsb.edu/documents /

address-before-joint-session-the-congress-the-state-the-union-17.
22. Martín Carcasson, "Ending Welfare as We Know It: President Clinton and the Rhetorical Transformation of the Anti-Welfare Culture," *Rhetoric and Public Affairs* 9, no. 4 (Winter 2006): 655–692.
23. Alwyn W. Turner, *A Classless Society: Britain in the 1990s*, London: Aurum Press, 2013.
24. J. Bradford DeLong, "Private Accounts: Add-on, Not Carve-Out," *Grasping Reality*, May 3, 2005, https://delong.typepad.com/sdj/2005/05 /private_account.html.
25. Thomas Piketty and Emmanuel Saez, "Income Inequality in the United States, 1913–1998," *Quarterly Journal of Economics* 118, no. 1 (February 2003): 1–39, https://eml.berkeley.edu/~saez/pikettyqje.pdf.
26. Takashi Negishi, "Welfare Economics and Existence of an Equilibrium for a Competitive Economy," *Metroeconomica* 12 (June 1960): 92–97.
27. Jeremiah 7:18.（邦訳は、エレミヤ書7.18、「旧約聖書」新共同訳）
28. "Globalization over Five Centuries, World," Our World in Data, https://ourworldindata.org/grapher/globalization-over-5-centuries?country=~OWID_WRL.
29. Thomas Piketty, *Capital in the Twenty-First Century*, Cambridge, MA: Harvard University Press, 2014.（邦訳は、トマ・ピケティ『21世紀の資本』山形浩生他訳、みすず書房）;
30. Rosa Luxemburg, *The Russian Revolution*, New York: Workers' Age Publishers, 1940 [1918].（ローザ・ルクセンブルク前掲書）
31. Yegor Gaidar, "The Soviet Collapse: Grain and Oil," American Enterprise Institute for Public Policy Research, April 2007, www.aei.org/wp-content / uploads/2011/10/20070419_Gaidar.pdf.

第16章　再グローバル化、情報技術、ハイパーグローバル化

1. Michael Kremer, Jack Willis, and Yang You, "Converging to Convergence," in *NBER Macroeconomics Annual 2021*, vol. 36, ed. Martin S. Eichenbaum and Erik Hurst, Chicago: University of Chicago Press, 2021, available at National Bureau of Economic Research, www.nber.org/books-and-chapters /nber-macroeconomics-annual-2021-volume-36/converging-convergence.
2. Alan S. Blinder and Janet Louise Yellen, *The Fabulous Decade: Macroeconomic Lessons from the 1990s*, New York: Century Foundation, 2001（邦訳は、アラ

ン・S・ブラインダー、ジャネット・L・イェレン『良い政策悪い政策　1990年代アメリカの教訓』山岡洋一訳、日経BP社）; Dale W. Jorgenson, Mun S. Ho, and Kevin J. Stiroh, “A Retrospective Look at the U.S. Productivity Growth Resurgence,” *Journal of Economic Perspectives* 22, no. 1 (Winter 2008): 3–24, available at American Economic Association, https://pubs.aeaweb.org/doi/pdfplus/10.1257/jep.22.1.3.

3. Marc Levinson, *The Box: How the Shipping Container Made the World Smaller and the World Economy Bigger*, Princeton, NJ: Princeton University Press, 2008.（邦訳は、マルク・レビンソン『コンテナ物語』村井章子訳、日経BP社）
4. David S. Landes, *The Unbound Prometheus: Technological Change and Industrial Development in Western Europe from 1750 to the Present*, Cambridge, UK: Cambridge University Press, 1969（邦訳は、D.S. ランデス『西ヨーロッパ工業史　産業革命とその後　1750-1968　1・2』石坂昭雄他訳、みすず書房）Robert S. Gordon, *The Rise and Fall of American Growth: The U.S Standard of Living since the Civil War*, Princeton, NJ: Princeton University Press, 2016.（ゴードン前掲書）
5. Elhanan Helpman, *General Purpose Technologies and Economic Growth*, Cambridge, MA: MIT Press, 1998.
6. Paul E. Ceruzzi, *Computing: A Concise History*, Cambridge, MA: MIT Press, 2012.（邦訳は、ポール・E・セルージ『コンピュータって　機械式計算機からスマホまで』山形浩生訳、東洋経済新報社）
7. Gordon Moore, “Cramming More Components onto Integrated Cir-cuits,” *Electronics* 38, no. 8 (April 1965), available at Intel, https://newsroom . intel.com/wp-content/uploads/sites/11/2018/05/moores-law-electronics.pdf.
8. “EUV Lithography Systems: TwinScan NXE:3400,” ASML, www.asml .com/en/products/euv-lithography-systems/twinscan-nxe3400c.
9. Richard Baldwin, *The Great Convergence: Information Technology and the New Globalization*, Cambridge, MA: Harvard University Press, 2016.（邦訳は、リチャード・ボールドウィン『世界経済 大いなる収斂　ITがもたらす新次元のグローバリゼーション』遠藤真美訳、日本経済新聞出版）
10. Dani Rodrik, *Has Globalization Gone Too Far?*, Washington, DC: Institute for International Economics, 1997; David Autor, “Work of the Past, Work of the Future,” *American Economic Association Papers and Proceedings* 109 (2019): 1–32; J. Bradford DeLong, “NAFTA and Other Trade Deals Have Not Gutted American Manufacturing—Period,” *Vox*, January 24, 2017,

www .vox.com/the-big-idea/2017/1/24/14363148/trade-deals-nafta-wto-china-job -loss-trump.

第17章　大不況と緩慢な景気回復

1. John Fernald, "Productivity and Potential Output Before, During, and After the Great Recession," National Bureau of Economic Research (NBER) working paper 20248, issue date June 2014, available at NBER, www.nber.org/papers/w20248.
2. James H. Stock and Mark W. Watson, "Has the Business Cycle Changed, and Why?," *NBER Macroeconomics Annual* 17 (2002): 159–230, available at National Bureau of Economic Research, www.nber.org/system/files/chapters/c11075/c11075.pdf.
3. Amanda Robb, "Anatomy of a Fake News Scandal," *Rolling Stone*, November 16, 2017, www.rollingstone.com/feature/anatomy-of-a-fake-news-scandal-125877.
4. Barack Obama, "2004 Democratic National Convention Speech," *PBS NewsHour*, July 27, 2004, www.pbs.org/newshour/show/barack-obamas-key note-address-at-the-2004-democratic-national-convention.
5. J. Bradford DeLong, "This Time, It Is Not Different: The Persistent Concerns of Financial Macroeconomics," in *Rethinking the Financial Crisis*, ed. Alan Blinder, Andrew Lo, and Robert Solow, New York: Russell Sage Foundation, 2012.
6. Warren Buffett, Berkshire-Hathaway chairman's letter, February 28, 2002, Berkshire-Hathaway, www.berkshirehathaway.com/2001ar/2001letter.html.
7. Olivier Blanchard and Lawrence Summers, "Hysteresis and the European Unemployment Problem," National Bureau of Economic Research (NBER) working paper 1950, *NBER Macroeconomics Annual* 1 (1986): 15– 78, available at NBER, www.nber.org/papers/w1950.
8. 代表的な見解は、Ben Bernanke, "Japanese Monetary Policy: A Case of Self-Induced Paralysis?," Princeton University, December 1999, www.princeton.edu/~pkrugman/bernanke_paralysis.pdf; Kenneth Rogoff, "Comment on Krugman," *Brookings Papers on Economic Activity* 2 (1998): 194–199, www.brookings.edu/wp-content/uploads/1998/06/1998b _bpea_krugman_dominquez_rogoff.pdf.

9. Raghuram Rajan, "Has Financial Development Made the World Riskier?," in The Greenspan Era: Lesson for the Future, Kansas City: Federal Re- serve Bank of Kansas City, 2005, 313–369, www.kansascityfed.org/documents/3326/PDF-Rajan2005.pdf. このほかにカッサンドラとして有名なのは、ポール・クルーグマンである。彼の以下の論文を参照されたい。"It's Baaack: Japan's Slump and the Return of the Liquidity Trap," Brookings Papers on Economic *Activity* 199, no. 2 (1998): 137–187; and his book *The Return of Depression Economics*, New York: Norton, 1999.
10. "What Should Economists and Policymakers Learn from the Financial Crisis?," London School of Economics, March 25, 2013, www.lse.ac.uk / lse-player?id=1856.
11. "What Should Economists and Policymakers Learn . . . ?"
12. Carol Loomis, "Robert Rubin on the Job He Never Wanted," *Fortune*, November 26, 2007, available at Boston University Economics Department, www.bu.edu/econ/files/2011/01/Loomis.pdf.
13. 例えば、以下を参照されたい。Chris Giles, "Harvard President Warns on Global Imbalances," Financial Times, January 28, 2006, www.ft.com/content/f925 a9e0-9035-11da-9e7e-0000779e2340; Maurice Obstfeld and Kenneth Rogoff, "The Unsustainable U.S. Current Account Position Revisited," in G7 Current Account Imbalances: Sustainability and Adjustment, ed. Richard Clarida, Chicago: University of Chicago Press, 2007, 339–375, available at National Bureau of Economic Research, www.nber.org/system/files/chapters /c0127/c0127.pdf.
14. 証券価格研究センターのフォーラム(シカゴ大学グリッチャー・センター)での基調講演。以下で引用された。John Lippert, "Friedman Would Be Roiled as Chicago Disciples Rue Repudiation," Bloomberg, December 23, 2008, available at "John Lippert on the Chicago School," *Brad DeLong's Egregious Moderation*, blog, December 30, 2008.
15. Brad Setser, "Bernanke's Global Savings Glut," Council on Foreign Relations, May 21, 2005, www.cfr.org/blog/bernankes-global-savings-glut.
16. 全体像を掴むうえで最も優れた著作と私が考えるのは、以下である。Barry J. Eichengreen, *Hall of Mirrors: The Great Depression, the Great Recession, and the Uses—and Misuses—of History*, New York: Oxford University Press, 2015.
17. John Stuart Mill, *Essays on Some Unsettled Questions in Political Economy*, London: John W. Parker, 1844 [1829].](邦訳は、ミル『経済学試論集』末永

茂喜訳、岩波文庫）
18. Nick Rowe, "Money Stocks and Flows," Worthwhile Canadian Initiative, September 11, 2016, https://worthwhile.typepad.com/worthwhile _ canadian_initi/2016/09/money-stocks-and-flows.html.
19. Hyman Minsky, *Stabilizing an Unstable Economy*, New Haven, CT: Yale University Press, 1986（邦訳は、ハイマン・ミンスキー『金融不安定性の経済学 歴史・理論・政策』吉野紀他訳、多賀出版）; Charles P. Kindleberger, *Manias, Panics, and Crashes: A History of Financial Crises*, New York: Basic Books, 1978.（邦訳は、キンドルバーガー『熱狂、恐慌、崩壊　金融恐慌の歴史』吉野俊彦他訳、日本経済新聞出版）
20. J. Bradford DeLong, "John Stewart Mill vs. the European Central Bank," Project Syndicate, July 29, 2010, www.project-syndicate.org/commen tary/john-stewart-mill-vs—the-european-central-bank; Ricardo J. Caballero, Emmanuel Farhi, and Pierre-Olivier Gourinchas, "The Safe Assets Shortage Conundrum," *Journal of Economic Perspectives* 31, no. 3 (Summer 2017): 29– 46, available at American Economic Association, https://pubs.aeaweb.org/doi /pdfplus/10.1257/jep.31.3.29.
21. Donald Kohn, "Financial Markets and Central Banking," Board of Governors of the Federal Reserve System, November 28, 2007, www.federa lreserve.gov/newsevents/speech/kohn20071128a.htm.
22. 大不況が進展する中での私の見解は、以下を参照されたい。J. Bradford DeLong, "Battered but not and Beaten," GitHub, October 29,2010, https://github.com/braddelong/public-files/blob/master/2010-10-29 -battered-and-beaten.pdf.
23. Walter Bagehot, Lombard Street: A Description of the Money Market, London: Henry S. King, 1873.（邦訳は、ウォルター・バジョット『ロンバート街 金融市場の解説』久保恵美子訳、日経BPクラシックス）
24. Alan Blinder and Mark Zandi, "The Financial Crisis: Lessons for the Next One," Center on Budget and Policy Priorities, October 15, 2015, www .cbpp.org/sites/default/files/atoms/files/10-15-15pf.pdf.
25. "Gore vs. Kemp: The 1996 Vice-Presidential Debate," YouTube, posted by PBS NewsHour, September 26, 2020, www.youtube.com/watch ?v=HZCcSTz1qLo.
26. Lawrence Summers, "The Age of Secular Stagnation," *Foreign Affairs*, March/April 2016, www.foreignaffairs.com/articles/united-states/2016 -02-15/age-secular-stagnation.

27. 以下を参照されたい。Olivier J. Blanchard, "Public Debt and Low Interest Rates," American Economic Association, January 4, 2019, www.aeaweb.org/webcasts/2019 /aea-presidential-address-public-debt-and-low-interest-rates.
28. Barack Obama, "Remarks by the President in State of the Union Address," White House, President Barack Obama, January 27, 2010, https://obamawhitehouse.archives.gov/the-press-office/remarks-president -state-union-address.
29. John Maynard Keynes, "How to Avoid a Slump," *The Times*, January 12–14, 1937, reprinted in John Maynard Keynes, *Collected Writings of John Maynard Keynes*, vol. 21, *Activities, 1931–1939: World Crises and Policies in Britain and America*, Cambridge: Cambridge University Press, 1982, 390.
30. Ben Bernanke, "The Near- and Longer-Term Prospects for the U.S. Economy," August 26, 2011, archived at Federal Reserve Archival System for Economic Research (FRASER), https://fraser.stlouisfed.org/title / statements-speeches-ben-s-bernanke-453/near—longer-term-prospects-us -economy-9116. Cf. J. Bradford DeLong, "Ben Bernanke's Dream World," Project Syndicate, August 30, 2011, www.project-syndicate.org/commentary /ben-bernanke-s-dream-world.
31. Josh Bivens, "The Reinhart and Rogoff Magical 90 Percent Threshold Loses Its Magic?," Economic Policy Institute, April 16, 2013, www.epi.org /blog/reinhart-rogoff-magical-90-percent-threshold.
32. Ben Bernanke, "Japanese Monetary Policy: A Case of Self-Induced Paralysis?," Princeton University, December 1999, 14–15, www.princeton .edu/~pkrugman/bernanke_paralysis.pdf.
33. J. Bradford DeLong, "Understanding the Lesser Depression" (incomplete draft), *Grasping Reality*, August 2011, https://delong.typepad.com /delong_long_form/2011/09/understanding-the-lesser-depression-incomplete -draft.html.
34. Adam Tooze, *Crashed: How a Decade of Financial Crises Changed the World*, New York: Penguin, 2018.
35. "Franklin Delano Roosevelt Speeches: Oglethorpe University Address. The New Deal," May 22, 1932, Pepperdine School of Public Policy, https://publicpolicy.pepperdine.edu/academics/research/faculty-research/new-deal / roosevelt-speeches/fr052232.htm.
36. Geoffrey Ward, *A First-Class Temperament: The Emergence of Franklin*

Roosevelt, 1905–1928, New York: Vintage, 2014, xv; Randy Roberts, "FDR in the House of Mirrors," *Reviews in American History* 18, no. 1 (March 1990): 82–88.

37. Obama, 2010 State of the Union Address.
38. Cliff Asness et al., "Open Letter to Ben Bernanke," *Wall Street Journal*, November 15, 2010, www.wsj.com/articles/BL-REB-12460.
39. Leopold von Ranke, "Preface: Histories of the Latin and Germanic Nations from 1494–1514," excerpted in Fritz Stern, *The Varieties of History*, Cleveland, OH: Meridian Books, 1956, 57; Max Weber, *From Max Weber: Essays in Sociology*, ed. and trans. C. Wright Mills and Hans Heinrich Gerth, New York: Oxford University Press, 1946, 95.

終章　人類はいまもなおユートピアに向かって のろのろと進んでいるのか？

1. ジョン・メイナード・ケインズはルーズベルトに重要な手紙を1930年代に2通書いている。どちらももっとケインジアン政策を採用するよう要請する内容だ。社会民主主義的な構造改革に注ぐエネルギーを減らし、完全雇用に目を向けるよう懇願している。以下を参照されたい。John Maynard Keynes, "An Open Letter to President Roosevelt," *New York Times*, December 31, 1933, www.nytimes.com/1933/12/31 /archives/from-keynes-to-roosevelt-our-recovery-plan-assayed-the-british .html; John Maynard Keynes to President Franklin Roosevelt, February 1, 1938, facsimile on my website at https://delong.typepad.com/19380201-keynes-to-roosevelt.pdf.
2. Eric Hobsbawm, *Age of Extremes: The Short Twentieth Century, 1914– 1991*, London: Michael Joseph, 1984.（ホブズボーム前掲書）
3. Hebrews 11:1.
4. John Stuart Mill, Principles of Political Economy, with Some of Their Applications to Social Philosophy, London: Longmans, Green, Reader, and Dyer, 1873, 455.（邦訳は、J.S.ミル『経済学原理』全5巻、末永茂喜訳、岩波文庫）ミルの考えでは、教育を受けていない労働者階級は思慮深くなり得ない。ユートピアに達して初めて、一人当たりのリソースが増えて労働者階級に適切な教育を受けさせることができるようになるという。
5. "Transcript of President Franklin Roosevelt's Annual Message (Four Freedoms) to Congress," January 6, 1941, Our Documents, www.ourdocuments.gov/doc.php?flash=false&doc=70&page=transcript.

6. Adam Serwer, *The Cruelty Is the Point: The Past, Present, and Future of Trump's America*, New York: One World Books, 2021.
7. Will Steakin, "Trump Dismisses Pandemic, Rips Fauci as 'Disaster' in Campaign All-Staff Call," ABC News, October 19, 2020, https://abc news.go.com/Politics/trump-dismisses-pandemic-rips-fauci-disaster-cam paign-staff/story?id=73697476; Benjamin Din, "Trump Lashes Out at Fauci and Birx After CNN Documentary," *Politico*, March 29, 2021, www.politico .com/news/2021/03/29/trump-fauci-birx-cnn-documentary-478422; "'Fire Fauci' Chant Erupts at Trump Rally as Tensions Simmer," YouTube, posted by "Bloomberg Quicktake: Now," November 2, 2020, www.youtube.com / watch?v=nWBqeTXKdTQ.
8. 以下を参照されたい。Publius Decius Mus, "The Flight 93 Election," *Claremont Review of Books*, September 5, 2016, https://claremontreviewofbooks.com/digital/the -flight-93-election.
9. John Maynard Keynes, *Essays in Biography*, London: Macmillan, 1933, reprinted in John Maynard Keynes, *Collected Writings*, vol. 10, Cambridge: Cambridge University Press, 2013, 66–67.
10. Francis Bacon and Tomasso Campanella, *New Atlantis and City of the Sun: Two Classic Utopias*, New York: Dover, 2018.（邦訳は、ベーコン『ニュー・アトランティス』川西進訳、トマーゾ・カンパネッラ『太陽の都』近藤恒一訳、いずれも岩波文庫）
11. John Maynard Keynes, *The Economic Consequences of the Peace*, London: Macmillan, 1919, 9, 12.（ケインズ『平和の経済的帰結』）
12. Aristotle, *Politics*, trans. Ernest Barker, Oxford: Oxford University Press, 2009 [350 bce], 14, Bekker sections 1253b–1254a.（アリストテレス前掲書）

索引

サ行

タ行

ナ行

ハ行

マ行

ヤ行

ラ行

ワ行

[著者略歴]

ブラッドフォード・デロング（Bradford DeLong）

カリフォルニア大学バークレー校経済学教授。1960年生まれ。専門は、経済史、マクロ経済学、経済成長論、金融論。全米経済研究所（NBER）研究員。クリントン政権時代の1993年から1995年まで財務省次官補代理を務めた。共著に『アメリカ経済政策入門　建国から現在まで』（みすず書房）。

タイラー・コーエンらと並ぶ人気ブロガーの1人。金融市場の非合理的な「ノイズ・トレーダー」の研究や商品経済から情報注目経済（information-attention economy）への移行の研究で知られる。

[訳者略歴]

村井章子（むらい・あきこ）

翻訳家。上智大学文学部卒業。アダム・スミス『道徳感情論』（共訳）、ミルトン・フリードマン『資本主義と自由』（いずれも日経BPクラシックス）、ファーガソン『キッシンジャー　1・2』、レビンソン『コンテナ物語　増補改訂版』（以上、日経BP）、カーネマン『ファスト&スロー』（ハヤカワ文庫）など多数。

20世紀経済史
ユートピアへの緩慢な歩み
下

2024年6月24日　第1版第1刷

著者　ブラッドフォード・デロング
訳者　村井章子
発行者　中川ヒロミ
発行　株式会社日経BP
発売　株式会社日経BPマーケティング
〒105-8308　東京都港区虎ノ門4-3-12
https://bookplus.nikkei.com/

装丁　水戸部 功
製作　マーリンクレイン
印刷・製本　中央精版印刷

Printed in Japan 2024
ISBN 978-4-296-00201-6

本書に関するお問い合わせ、ご質問は下記にて承ります。
https://nkbp.jp/booksQA